智能财税岗课赛证融通教材·中职系列

税费计算与智能申报

中联集团教育科技有限公司　组　编
马婷洁　岳　颖　主　编
张晓琴　方　岚　刘秀艳　副主编
高素芬　袁　悦　张　丹　参　编
薄海民　主　审

电子工业出版社
Publishing House of Electronics Industry
北京·BEIJING

内 容 简 介

本书以最新颁布的税收法规为依据，引入财务共享服务中心典型税务处理业务，按税种将企业税务工作划分为8个学习单元，每个单元又分为若干任务，每个任务按照任务情境、知识准备、任务实施、任务评价的体系贯穿始终。本书所提供的票据、税收表格样式都来自实际工作，内容真实且新颖。学生可以进行税费计算、纳税申报等模拟财务共享环境下企业税务业务各环节的练习，达到了解税收知识、熟悉税法内容、熟练操作涉税业务的目的。为了便于教学，部分学习资源以二维码形式提供在相关内容旁，学习者可扫码获取。

本书既可作为智能财税职业技能等级证书（初级）配套培训用书，也可作为中等职业学校财务会计类专业"税费核算与智能申报"课程的教学用书，还可作为财税培训机构的培训用书。

未经许可，不得以任何方式复制或抄袭本书的部分或全部内容。
版权所有，侵权必究。

图书在版编目（CIP）数据

税费计算与智能申报 / 马婷洁，岳颖主编．—北京：电子工业出版社，2023.5
ISBN 978-7-121-45554-4

Ⅰ．①税…　Ⅱ．①马…　②岳…　Ⅲ．①税费－计算－中等专业学校－教材　②纳税－税收管理－中国－中等专业学校－教材　Ⅳ．① F810.423　② F812.42

中国国家版本馆 CIP 数据核字（2023）第 080484 号

责任编辑：贾瑞敏
印　　刷：三河市双峰印刷装订有限公司
装　　订：三河市双峰印刷装订有限公司
出版发行：电子工业出版社
　　　　　北京市海淀区万寿路 173 信箱　邮编：100036
开　　本：880×1230　1/16　印张：13.25　字数：305 千字
版　　次：2023 年 5 月第 1 版
印　　次：2023 年 5 月第 1 次印刷
定　　价：48.00 元

凡所购买电子工业出版社图书有缺损问题，请向购买书店调换。若书店售缺，请与本社发行部联系，联系及邮购电话：(010) 88254888，88258888。

质量投诉请发邮件至 zlts@phei.com.cn，盗版侵权举报请发邮件至 dbqq@phei.com.cn。

本书咨询联系方式：邮箱 fservice@126.com；手机 18310186571（微信同号）。

前言

"税费核算与智能申报"是一门与我们的生活、工作都息息相关的课程。

自国家出现以来,税收一直是亘古不变的永恒话题。税收既是国家财政收入的主要来源,也是国家调控经济的重要杠杆。纳税是每位公民必须履行的义务。

从专业角度来说,根据相关调查,90%以上的企业要求会计从业人员具备涉税业务知识,能准确计算应纳税额并及时完成纳税申报,为企业降低成本出谋划策。

从生活角度来说,掌握税务知识,时刻关注税收法规,可以维护自身的权益、把握经济动脉、提高信息利用率。特别是在"双创"背景下,越来越多的人选择创业,必要的税务知识作为"刚需",有助于创业的统筹规划,提高创业成功率。

从学习角度来说,"税费核算与智能申报"不仅是会计事务专业开设的专业核心课程,还是智能财税职业技能等级证书、会计专业技术资格证书(初级会计师、中级会计师)、注册会计师证书等职业资格证书考试的必考内容,也是学生参加各类财税技能竞赛的必备基础。

本书以最新颁布的税收法规为依据,引入财务共享服务中心典型税务处理业务,以岗课赛证融通为目标,按税种将企业税务工作划分为认识纳税工作、增值税的计算与申报、消费税的计算与申报、附加税费的计算与申报、企业所得税的计算与申报、个人所得税的计算与申报、财产和行为税的计算与申报、关税申报8个学习单元,每个单元又分为若干任务,每个任务按照任务情境、知识准备、任务实施、任务评价的体系贯穿始终。本书所提供的票据、税收表格样式都来自实际工作,内容真实且新颖。

本书具有以下几个特点。

1. 内容时效性强

以截至2023年3月国家颁布的最新的税收法规为依据,反映税收领域改革动态,内容新颖,实用性强。

2. 工作情境感强

本书将财务共享服务中心、代理记账公司等新型财务组织纳入教学体系,模拟真实工作场景,通过流程化的工作任务,循序渐进地引导学生认识财务共享服务中心,了解工作职责,掌握各种税费的计算知识,掌握税费申报操作技能。

3.配套资源丰富

本书为发票开具、纳税申报等内容配备了相关操作视频、微课、课件等资源,并精选部分资源在书中以二维码形式提供。学习者可通过移动终端随扫随学,完成线下和线上学习的自由转换。

本书是唐山职业技术学院与中联集团教育科技有限公司校企合作共建教材,由唐山职业技术学院马婷洁、岳颖担任主编;唐山职业技术学院张晓琴、方岚、刘秀艳担任副主编;唐山职业技术学院高素芬、袁悦,信阳职业技术学院张丹参编;唐山职业技术学院薄海民担任主审。本书由马婷洁拟定编写提纲,具体编写分工如下:单元一由刘秀艳、袁悦编写;单元二和单元四由张晓琴、高素芬编写;单元三、单元七和单元八由马婷洁、张丹编写;单元五由岳颖编写;单元六由方岚编写。

本书编写过程中,编者参考了部分国内外同行的著作和文献,书中未能一一列明,在此一并表示感谢。

限于时间和编者水平,不足之处在所难免,欢迎批评指正,以便再版时修改和完善。

编 者

说明:全书有小数或除不尽的情况,默认保留2位小数。

目 录

单元一　认识纳税工作　1

任务一　税务会计岗位认知　/1
　　一、任务情境　/1
　　二、知识准备　/2
　　三、任务实施　/3
　　四、任务评价　/3

任务二　税收基础知识　/4
　　一、任务情境　/4
　　二、知识准备　/4
　　三、任务实施　/8
　　四、任务评价　/9

任务三　办理税务登记　/9
　　一、任务情境　/9
　　二、知识准备　/10
　　三、任务实施　/16
　　四、任务评价　/17

任务四　发票管理　/17
　　一、任务情境　/17
　　二、知识准备　/18
　　三、任务实施　/28
　　四、任务评价　/32

思政栏目　/32

单元二　增值税的计算与申报　33

任务一　增值税认知　/33
　　一、任务情境　/33
　　二、知识准备　/34
　　三、任务实施　/41
　　四、任务评价　/41

任务二　一般纳税人销项税额的计算　/41
　　一、任务情境　/41
　　二、知识准备　/42
　　三、任务实施　/47
　　四、任务评价　/47

任务三　一般纳税人进项税额的计算　/48
　　一、任务情境　/48
　　二、知识准备　/48
　　三、任务实施　/52
　　四、任务评价　/52

任务四　进口货物应纳税额的计算　/52
　　一、任务情境　/52
　　二、知识准备　/53
　　三、任务实施　/54
　　四、任务评价　/54

任务五　一般纳税人增值税的计算与申报　/55
　　一、任务情境　/55
　　二、知识准备　/55

三、任务实施 /60

四、任务评价 /65

任务六 小规模纳税人增值税的计算与申报 /66

一、任务情境 /66

二、知识准备 /66

三、任务实施 /69

四、任务评价 /72

思政栏目 /72

单元三 消费税的计算与申报 73

任务一 消费税认知 /73

一、任务情境 /73

二、知识准备 /74

三、任务实施 /78

四、任务评价 /78

任务二 消费税的计算 /78

一、任务情境 /78

二、知识准备 /79

三、任务实施 /86

四、任务评价 /87

任务三 消费税的申报 /87

一、任务情境 /87

二、知识准备 /87

三、任务实施 /88

四、任务评价 /90

思政栏目 /90

单元四 附加税费的计算与申报 91

一、任务情境 /91

二、知识准备 /92

三、任务实施 /95

四、任务评价 /96

思政栏目 /96

单元五 企业所得税的计算与申报 97

任务一 企业所得税认知 /97

一、任务情境 /97

二、知识准备 /98

三、任务实施 /102

四、任务评价 /102

任务二 企业所得税的计算 /103

一、任务情境 /103

二、知识准备 /104

三、任务实施 /114

四、任务评价 /116

任务三 企业所得税的申报 /116

一、任务情境 /116

二、知识准备 /117

三、任务实施 /124

四、任务评价 /126

思政栏目 /126

单元六 个人所得税的计算与申报 127

任务一 个人所得税认知 /127

一、任务情境 /127

二、知识准备 /128

三、任务实施 /132

四、任务评价 /132

任务二 个人所得税的计算 /133

一、任务情境 /133

二、知识准备 /133

三、任务实施 /146
四、任务评价 /148

任务三　个人所得税的申报 /148
　　一、任务情境 /148
　　二、知识准备 /149
　　三、任务实施 /152
　　四、任务评价 /157

思政栏目 /158

单元七　财产和行为税的计算与申报　159

任务一　城镇土地使用税的计算与申报 /159
　　一、任务情境 /159
　　二、知识准备 /160
　　三、任务实施 /163
　　四、任务评价 /170

任务二　房产税的计算与申报 /170
　　一、任务情境 /170
　　二、知识准备 /170
　　三、任务实施 /173
　　四、任务评价 /178

任务三　车船税的计算与申报 /178
　　一、任务情境 /178

　　二、知识准备 /179
　　三、任务实施 /183
　　四、任务评价 /185

任务四　印花税的计算与申报 /185
　　一、任务情境 /185
　　二、知识准备 /186
　　三、任务实施 /191
　　四、任务评价 /193

思政栏目 /193

单元八　关税申报　194

任务一　关税认知 /194
　　一、任务情境 /194
　　二、知识准备 /195
　　三、任务实施 /197
　　四、任务评价 /197

任务二　关税的计算与申报 /197
　　一、任务情境 /197
　　二、知识准备 /198
　　三、任务实施 /200
　　四、任务评价 /202

思政栏目 /202

单元一

认识纳税工作

↘ 思政目标

1. 了解中国税制体系，对国家政策产生认同感，潜移默化地培育学生爱国情怀，增强学生专业自豪感。

2. 从总体上认识税法，逐步树立全局意识和大局观，培养自身决策能力和规划能力。

↘ 知识目标

1. 了解税务会计岗位的工作职责及工作内容。

2. 理解税收的含义、分类和税制的构成要素。

3. 掌握发票的含义及分类。

4. 明确税务登记的相关规定。

5. 掌握发票开具的相关要求。

↘ 技能目标

1. 能为企业办理各种税务登记。

2. 能够正确审核发票。

3. 能够准确开具发票。

4. 发票开具错误时，能正确进行处理。

任务一　税务会计岗位认知

一、任务情境

（一）任务场景

李晓为某中职院校的毕业生，某天在人才交流会上看到某财务共享服务中心在招聘税务会计，于是前去应聘，被当场录用。李晓非常兴奋，但同时也感到紧张。税务会计岗位应该履行哪些工作职责？具体的工作内容是什么呢？

（二）任务布置

① 熟知税务会计岗位的工作职责。

② 能阐述税务会计岗位的具体工作内容。

二、知识准备

（一）税务会计岗位职责

税务会计岗位是专门进行税务筹划、税费核算和纳税申报的一种会计工作岗位。它是以税收法律制度为准绳，以货币为计量单位，运用会计学的原理和方法，对企业应纳税款的形成、申报、缴纳进行反映和监督的一种管理岗位，是税务与会计结合而形成的一个交叉学科岗位。其具体工作职责如下。

① 了解国家现行的会计、税收相关法律法规，对纳税筹划等有基本的思路。

② 负责增值税专用发票、普通发票等各种发票的申请、领购、开具及保管，按规定及时登记发票领购簿。

③ 严格对各种发票，特别是增值税专用发票进行审核，及时进行发票认证，每月核对增值税销项税额和进项税额。

④ 负责报税和编制月度、季度、年度税务报表，负责各税种按时纳税申报及企业所得税汇算清缴工作，并对税务相关资料进行档案管理。

⑤ 用好税收政策，规避企业涉税风险，依法纳税；负责减免税、退税的申报；做好企业的纳税统计工作，填报公司涉税的各种统计报表。

⑥ 负责搜集、整理涉税相关法律法规，并对本行业相关政策进行解读；编制内部税务操作手册，组织内部税务培训，及时向其他会计岗位宣传税法知识，规范税务方面的凭证审核及账务处理。

⑦ 积极协调与当地税务机关的关系，负责应对当地税务机关下户督导检查和稽查等，关注对公司有利的信息。

⑧ 其他非日常性的税务工作及领导交办的其他工作。

（二）税务会计岗位的工作内容

1. 月初工作内容

① 分税种分别进行网上申报，并打印报表。

② 根据"应交税费"科目的贷方余额划转税款。

③ 缴纳税款并取得完税凭证，报送申报表。

④ 编制纳税的记账凭证，完成上月的税务处理工作。

2. 月中工作内容

① 根据涉税业务的原始凭证编制记账凭证，在"应交税费"明细账上登记。

② 做好发票的购买、领用、开具、验收、保管工作。

③ 做好减免税和退税办理工作。

④ 积极配合税务专管员的工作，及时沟通和提供相关信息。

⑤ 做好纳税筹划工作。

⑥ 其他非经常性涉税工作，如税务变更登记、税务大检查等。

3. 月末工作内容

① 做好"应交税费"科目的总分类账登记工作，并与明细账核对；月度结转，将各相关科目结出余额。

② 汇总发票，编制发票使用汇总表。

③ 填写发票取得汇总表，并到税务机关进行认证。

④ 填写发票领用库存月报表，检查空白发票的库存数。

⑤ 按照税务机关的规定，办理预缴税款的业务。

⑥ 对需要调整的账项，按会计制度、会计准则和税法的要求进行调整。

三、任务实施

① 税务会计负责各种发票的申请、领购、开具及保管；严格对发票进行审核，及时进行发票认证，每月核对增值税销项税额和进项税额；负责各税种纳税申报，并对税务相关资料进行档案管理。

② 税务会计工作的具体内容主要有4个方面：税费计算、纳税申报、会计核算和纳税筹划。

四、任务评价

请在表1-1中客观填写每项工作任务的完成情况。

表1-1 任务评价表

工作任务清单	完成情况
① 了解税务会计岗位的工作职责	
② 了解税务会计岗位的具体工作内容	

任务二　税收基础知识

一、任务情境

（一）任务场景

2021年9月，北京海淀商贸有限公司从丰台汽车4S店购买一辆商务用车，不含税价款130 000元、增值税税率13%、车辆购置税税率10%、上牌及保险等费用6 000元，共支出165 900元。2021年10月上旬，北京海淀商贸有限公司和丰台汽车4S店向税务机关申报缴纳税款。

（二）任务布置

① 准确判断北京海淀商贸有限公司是否为纳税人。
② 准确判断征税对象。
③ 准确判断税率。
④ 准确判断纳税地点。
⑤ 准确判断纳税期限。

二、知识准备

（一）税收的概念及分类

1. 税收的含义

税收是国家为满足社会公共需要，凭借公共权力，按照法律所规定的标准和程序，参与国民收入分配，强制地、无偿地取得财政收入的一种方式。

对税收的内涵可以从以下几个方面来理解：国家征税的目的是满足社会成员获得公共产品的需要；国家征税凭借的是公共权力（政治权力），税收征收的主体只能是代表社会全体成员行使公共权力的政府，其他任何社会组织和个人是无权征税的，与公共权力相对应的必然是政府管理社会和为民众提供公共产品的义务；税收是国家筹集财政收入的主要方式；税收必须借助法律形式进行。

2. 税收的特征

税收与其他分配方式相比，具有强制性、无偿性和固定性的特征。习惯上将其称为税收的"三性"。

（1）强制性

税收的强制性是指国家凭借其公共权力，以法律、法令形式对税收征纳双方的权利与义务进行规范，依据法律进行征税。

纳税义务人必须依法纳税，否则就要受到法律的制裁。税收的强制性主要体现在征税过程中。

（2）无偿性

税收的无偿性是指国家征税后，税款一律纳入国家财政预算统一分配，而不直接向具体纳税人返还或支付报酬。

无偿性反映的是一种社会产品所有权、支配权的单方面转移关系，而不是等价交换关系。

（3）固定性

税收的固定性是指国家征税之前预先规定了统一的征税标准，包括纳税人、课税对象、税率、纳税期限、纳税地点等。这些标准一经确定，在一定时间内是相对稳定的。

税收的3个特征是统一的整体。其中，强制性是实现税收无偿征收的强有力保证；无偿性是税收本质的体现；固定性是强制性和无偿性的必然要求，对国家来说可以保证收入的稳定。

3. 税收的分类

目前，我国税收可按以下4个标准分类。

（1）按征税对象

按征税对象，税收可以分为货物劳务税、所得税、财产行为税和资源税。

① 货物劳务税又称流转税，是指在生产、流通和服务领域以销售商品或提供劳务而取得的销售收入额或营业收入额为征税对象的税收。它主要包括增值税、消费税、车辆购置税、关税。

② 所得税是指以各种所得额为征税对象的税收。它主要包括两大税种，即个人所得税和企业所得税。

③ 财产行为税是指以纳税人拥有的财产数量或财产价值为征税对象，或者是为了实现某种特定的目的，以纳税人的某些特定行为为征税对象的税收。在我国现行税制体系中，属于财产行为税的有契税、土地增值税、印花税、房产税、城市维护建设税、城镇土地使用税、车船税等。

④ 资源税是以各种应税自然资源为征税对象，为了调节资源级差收入并体现国有资源有偿使用而征收的一种税。

（2）按计算依据

按计算依据，税收可以分为从量税和从价税。

① 从量税是指以征税对象的自然计量单位（重量、面积、件数等）为依据，按固定税额计征的税收。从量税实行定额税率，具有计算简便等优点，如我国现行的耕地占用税、车船税和城镇土地使用税等。

② 从价税是指以征税对象的价值量为依据，按一定比例计征的税收。从价税实行比例税率和累进税率，税收负担比较合理，如我国现行的增值税、关税和所得税等。

（3）按税收与价格的关系

按税收与价格的关系，税收可以分为价内税和价外税。

① 价内税是指税款包含在应税商品价格内，作为商品价格组成部分的税收，如消费税、关税等。

② 价外税是指税款独立于商品价格之外，不作为商品价格组成部分的税收，如增值税等。

（4）按税收的管理和使用权限

按税收的管理和使用权限，税收可以分为中央税、地方税和中央与地方共享税。

① 中央税是指由中央政府征收和管理使用或由地方政府征收后全部划归中央政府所有并支配使用的税收，如关税等。

② 地方税是指由地方政府征收和管理使用的税收，如财产行为税等。地方税一般收入稳定，并与地方经济利益关系密切。

③ 中央与地方共享税是指税收的管理权和使用权为中央政府与地方政府共同拥有的税收，如增值税、资源税等。

（二）税制构成要素

一个完整的税收法律一般包括纳税人、征税对象、税目、税基、税率、纳税地点、纳税期限、税收优惠等内容。

1. 纳税人

纳税人是纳税义务人的简称，又称纳税主体，是指税法规定直接负有纳税义务的单位与个人。

纳税人应当与负税人进行区分：纳税人是依法缴纳税收的人；负税人是税收的实际负担者。二者有时相同，有时不同。例如，增值税的纳税人与负税人不同，销售方收取的商品价款中含增值税，承担直接向税务机关纳税的义务，是增值税的纳税人，而消费者是负税人。车辆购置税的纳税人与负税人一致，纳税人也是负税人。

此外，纳税人还应当与扣缴义务人进行区分：扣缴义务人是法律规定负有扣缴义务的单位和个人。例如，个人所得税由单位代扣代缴，单位是扣缴义务人。

2. 征税对象

征税对象又称课税对象、征税客体，是指税法规定的对什么征税，是征纳双方权利义务共同指向的客体或标的物，是区分一种税与另一种税的重要标志。例如，征税对象是一项销售行为中的产品、一家企业当年获得的净利润等。

3. 税目

税目是征税对象的具体化。设置税目的目的有两个：一是明确征税范围；二是确定差别税率，不同税目的税率一般不同。

4. 税基

税基是计算应纳税额的依据和标准，解决的是征税量的计算问题。计税依据可以分为3种类型：从价计征；从量计征；复合计征。

（1）从价计征

计税金额是从价计征应纳税额的计税依据：应纳税额＝计税金额×适用税率。例如，购买汽车无税价款为130 000元、车辆购置税税率为10%，则车辆购置税应纳税额＝130 000×10%＝13 000（元）。

（2）从量计征

计税数量是从量计征应纳税额的计税依据：应纳税额＝计税数量×单位适用税率。例如，销售黄酒2吨，每吨需缴240元消费税，则需要缴纳的消费税税额＝2×240＝480（元）。

（3）复合计征

征税对象的价格和数量均为复合计征应纳税额的计税依据：应纳税额＝计税数量×单位适用税率＋计税金额×适用税率。例如，白酒厂销售白酒500千克，销售额为10 000元、消费税定额税率为0.5元/斤、比例税率为20%，则需要缴纳的消费税税额＝10 000×20%＋500×2×0.5＝2 500（元）。

5. 税率

税率是应纳税额和征税对象之间的数量关系或比例，是计算税额的尺度。税率主要有比例税率、累进税率和定额税率3种基本形式。

① 比例税率是对同一征税对象不论数额大小都按同一比例征税，税额占征税对象的比例总是相同的。例如，增值税税率就是比例税率。

② 超额累进税率是把计税金额按数额多少分成若干级距，分别规定相应的差别税率，征税对象每超过一定的级距，对超过的部分就按高一级的税率计算税额。例如，我国居民个人综合所得的个人所得税采用超额累进税率。

③ 超率累进税率是把征税对象数额的相对率划分为若干级距，分别规定相应的差别税率，相对率每超过一个级距的，对超过的部分按高一级的税率计算税额。例如，我国土地增值税采用超率累进税率。

④ 定额税率又称固定税率，是按征税对象的计量单位直接规定应纳税额的税率形式。征税对象的计量单位主要有吨、米、辆等。定额税率一般适用于从量定额计征的某些征税对象，实际是从量比例税率。例如，黄酒的消费税采用的就是定额税率，固定为每吨240元。

6. 纳税地点

纳税地点是指税法规定的纳税人缴纳税款的场所，解决纳税人在什么地方缴纳税款的问题。纳税地点一般为纳税人的户籍所在地、居住地，营业执照颁发地，也有的在生产经营所在地、财产所在地或特定行为发生地或报关地。

7. 纳税期限

纳税期限是指纳税人缴纳税款的期限，包括税款计算期和税款缴纳期。税款计算期是指计算税款的期限，包括按时间计算和按次计算两种；税款缴纳期是指税款计算期满后缴纳税款的期限。

8. 税收优惠

税收优惠是指税法对某些特定的纳税人或征税对象给予的一种免除规定，包括减免税、税收抵免等多种形式。例如，我国对新能源车船免征车船税。

税收减免需要理解两个概念：起征点和免征额。

（1）起征点

征税对象的数额没有达到起征点的不征税，征税对象的数额达到起征点的就其全部数额征税，即不达不征，达到全征。

例如，小王取得1 000元的应税收入，税率为10%，假设税法规定的起征点为400元，则小王应纳税额＝1 000×10%＝100（元）。

（2）免征额

免征额是税法规定征税对象中免予征税的数额。无论征税对象的数额大小，免征额的部分都不征税，仅就其余部分征税，即不达不征，达到只征超过部分。

例如，小王取得1 000元的应税收入，税率为10%，假设税法规定的免征额为400元，则小王应纳税额＝(1 000－400)×10%＝60（元）。

三、任务实施

1. 纳税人

按《中华人民共和国增值税暂行条例》（以下简称《增值税暂行条例》）的规定，丰台汽车4S店销售汽车，为增值税纳税人；按《中华人民共和国车辆购置税法》（以下简称《车辆购置税法》）的规定，北京海淀商贸有限公司购买汽车，为车辆购置税纳税人。

2. 征税对象

丰台汽车4S店销售汽车，汽车是增值税征税对象；北京海淀商贸有限公司购买汽车，汽车是车辆购置税征税对象。

3. 税率

销售汽车的增值税税率13%是比例税率，车辆购置税税率10%也是比例税率。

4. 纳税地点

丰台汽车4S店增值税纳税地点为销售方机构所在地北京市丰台区；北京海淀商贸有限公司车辆购置税纳税地点为车辆登记注册地。

5. 纳税期限

增值税的纳税义务发生时间为纳税人销售汽车当月。如果纳税人按月缴纳，则应当在次月（10月）1日至15日进行纳税申报。

车辆购置税的纳税义务发生时间为纳税人购置应税车辆的当日。纳税人应当自纳税义务发生之日起60日内申报缴纳车辆购置税。

四、任务评价

请在表1-2中客观填写每项工作任务的完成情况。

表1-2 任务评价表

工作任务清单	完成情况
① 判断纳税人	
② 判断征税对象	
③ 判断税率	
④ 判断纳税地点	
⑤ 判断纳税期限	

任务三　办理税务登记

一、任务情境

（一）任务场景

北京未来科技有限责任公司因企业发展需要，经股东会决议通过，于2021年3月20日变更了法定代表人、财务负责人、注册地址、经营地址和联系电话，并于2021年3月23日完成了市场监督管理局的变更。现委托北京紫林财务共享服务中心（以下简称财务共享服务中心）企业管家张明月为其办理税务变更业务。相关信息如下所示。

1. 该公司原注册信息

统一社会信用代码：91110109MA61C81UTX

企业经营地址：北京市海淀区中关村翠微大厦1001室

注册地和经营地联系电话：010-68002201

附行业信息：批发和零售业

法定代表人：王东；居民身份证号：23022119851003361X；手机号：15010234731；固定电话：010-24637464；电子邮箱：wangdong@163.com

财务负责人：陈伊珊；居民身份证号：130636199010132086；手机号：13530224069；

固定电话：010-68892271；电子邮箱：890539112@qq.com

2.该公司变更后信息

企业经营地址：北京市丰台区马家堡西路3号

注册地和经营地联系电话：010-68238889

法定代表人：孙博；居民身份证号：110112198703161915；手机号：13927890338；固定电话：010-68237879；电子邮箱：sunbo@126.com

财务负责人：高欣；居民身份证号：110110198801120224；手机号：15868681116；固定电话：010-68238779；电子邮箱：gaoxin1988@163.com

批准机关名称：北京市丰台区市场监督管理局

批准文件：营业执照

企业账号：北京未来科技有限责任公司

一证通密码：123456

（二）任务布置

以企业管家张明月的身份为北京未来科技有限责任公司办理税务变更事宜。

① 确定变更事项，准备相关资料。

② 提交相关资料，申请办理变更事项。

二、知识准备

（一）税务登记的含义及种类

税务登记是税务机关依据税法规定，对纳税人的生产、经营活动进行登记管理的一项基本法定制度。通过税务登记，建立税务机关和纳税人之间正常的工作联系，有利于税务机关了解纳税人的基本情况、掌握税源、加强征收与管理、防止漏管漏征。税务登记主要包括开业登记，变更登记，停业、复业登记，注销登记，外出经营报验登记，扣缴税款登记等。

（二）开业税务登记

1.开业登记范围

根据《中华人民共和国税务登记管理办法》（以下简称《税务登记管理办法》）的规定，除国家机关、个人和无固定生产、经营场所的流动性农村小商贩外，企业，企业在外地设立的分支机构和从事生产、经营的场所，个体工商户和从事生产、经营的事业单位，均应按规定办理税务登记。

例如，公积金管理中心是事业单位，有了一笔收入，想开发票，就需要办理税务登记，领取发票后自行开具；而财政局也有一笔收入，想开发票，但因为财政局是国家机关，所以不需要办理税务登记，到税务局代开即可。

> **提示**
>
> 　　即使是享受减税、免税待遇的纳税人也需要办理税务登记，并且扣缴义务人在发生扣缴义务时，同样需要办理税务登记。

2. 新办企业税务登记的时间要求

　　从事生产、经营的纳税人应当自领取营业执照之日起30日内，向生产、经营地或纳税义务发生地的主管税务机关申报办理税务登记。

　　纳税人未按照规定的期限申报办理税务登记、变更或注销登记的，由税务机关责令限期改正，并可以处2 000元以下的罚款；情节严重的，处2 000元以上10 000元以下的罚款。

　　纳税人不办理税务登记的，由税务机关责令限期改正；逾期不改正的，经税务机关提请，由市场监督管理机关吊销其营业执照。

3. 办理税务登记的渠道

　　新办企业税务登记可以在办税服务厅、电子税务局、移动终端、自助办税终端办理，具体渠道由省税务机关确认。

　　新办纳税人"套餐式"服务是国家税务总局优化税收营商环境系列举措的重要内容，各省套餐服务项目和流程略有差异。例如，陕西省电子税务局套餐服务为新办纳税人提供登记信息确认、财务制度备案等7个涉税事项，打包一次性办结。

4. 开业税务登记流程

　　新办企业开业税务登记流程如图1-1所示。

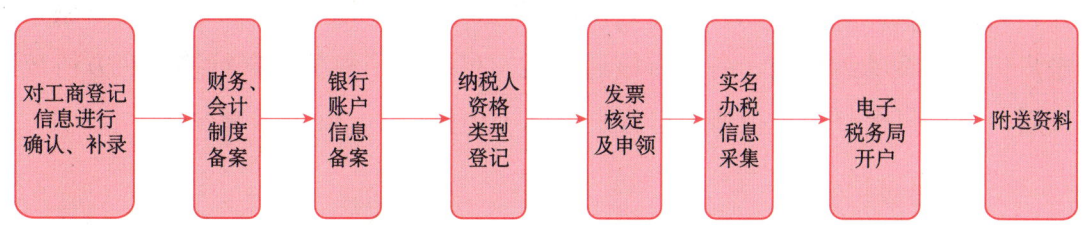

图1-1　新办企业开业税务登记流程

新办企业开业税务登记流程操作说明如表1-3所示。

表1-3　新办企业开业税务登记流程操作说明

工作序号	工作任务	操作指导	备注
1	对工商登记信息进行确认、补录	对工商登记信息进行确认，对其中不全的信息进行补充，对不准的信息进行更正，包括纳税人基本信息确认、补录，注册资本投资总额和相关人员等信息确认	
2	财务、会计制度备案	从事生产、经营的纳税人应当自首次办理涉税事宜之日起15日内，将其财务、会计制度或财务、会计处理办法等信息报送税务机关备案。进行财务、会计制度备案前，最好由财务人员完善该备案信息	

(续表)

工作序号	工作任务	操作指导	备注
3	银行账户信息备案	从事生产、经营的纳税人应当自开立基本存款账户或其他存款账户之日起15日内,向主管税务机关报告其全部账号。账户账号发生变化的,应当自发生变化之日起15日内,向主管税务机关报告。在做此项设置之前,需要先在银行开立公户。在电子税务局进行备案后,后期可以直接在电子税务局签订三方协议	
4	纳税人资格类型登记	企业可根据经营情况自行在电子税务局选择申请小规模纳税人和一般纳税人。 纳税人年应税销售额超过规定标准的,除特殊情况外,应当向主管税务机关办理一般纳税人登记。目前,小规模纳税人标准统一为年应税销售额在500万元及以下。年应税销售额未超过规定标准的纳税人,如能够按照国家统一的会计制度规定设置账簿,根据合法、有效凭证进行核算,能够准确提供税务资料,也可以向主管税务机关办理一般纳税人登记。 如果选择登记为一般纳税人,则需要进行一般纳税人登记	
5	发票核定及申领	纳税人在申请领用发票之前需要到税务机关进行发票票种核定。已办理发票票种核定的纳税人,当前领用发票的种类、数量或开具额度不能满足经营需要的,可以向主管税务机关申请调整	
6	实名办税信息采集	实名办税是指税务机关在纳税人办理涉税事项前,对相关人员的实名信息进行采集和验证的制度。法定代表人、财务负责人、办税人员都可以在公众号上进行实名信息采集。在套餐中,其他业务办理完成后,可通过扫描二维码办理实名信息采集。经过实名信息验证的办税人员,再次办理相关涉税事项时,不用再提供登记证件和身份证件复印件等资料	
7	电子税务局开户	新办套餐业务完成以后,税务机关会以短信形式发放登录密码至经办人手机号	
8	附送资料	填写完所有表单信息后,需要上传相对应的附送资料,方可提交申请。申请提交成功后,要耐心等待税务机关工作人员审批	

5. 网签三方协议

三方协议是纳税人、税务局和银行之间签订的协议,以便实现网上申报实时缴纳。进行了银行账户信息备案的纳税人,备案审核通过后方可在电子税务局自行签订三方协议。签订三方协议后,方可每个月在申报期内自行进行网上申报。

(三)变更税务登记

1. 税务变更申请的情形

一照一码户市场监督管理等部门登记信息发生变更的,向市场监督管理等部门申报办理变更登记。税务机关接收市场监督管理等部门变更信息,经纳税人确认后更新系统内的对应信息;一照一码户生产经营地、财务负责人等非市场监督管理等部门登记信息发生变化时,向主管税务机关申请办理变更。

2. 变更税务登记的相关规定

① 从事生产、经营的纳税人,税务登记内容发生变化的,自市场监督管理机关办理变更登记之日起30日内或在向市场监督管理机关申请办理注销登记之前,持有关证件向税务机关申报办理变更或注销税务登记。

② 被调查企业在税务机关实施特别纳税调查调整期间,申请变更经营地址的,税务机关在调查结案前原则上不予办理变更手续。

③ 变更税务登记既可以在办税服务厅办理，也可以全程在电子税务局办理。办税服务厅实行实名办税，纳税人办理业务需要携带本人身份证原件，非市场监督管理等部门登记信息发生变化的，还需要携带变更信息的有关材料复印件，经办人身份证明在查验后返还，税务机关将复印件留存。经过实名信息验证的办税人员，不用再提供登记证件和身份证件复印件等资料。

（四）停业、复业税务登记

1. 停业登记

（1）停业申报的条件

实行定期定额征收的个体工商户或比照定期定额户进行管理的个人独资企业发生停业的，应当在停业前向税务机关书面提出停业报告；纳税人停业期满不能及时恢复生产经营的，应当在停业期满前到主管税务机关申报办理延长停业登记。

停业登记适用于定期定额征收，不适用于查账征收。查账征收的纳税人，如果无营业额，则应采用零申报方式。

① 定期定额征收是先由纳税人自报生产、经营情况和应纳税款，再由税务机关对纳税人核定一定时期的税款征收率或征收额，实行增值税和所得税一并征收的一种征收方式。这种方式主要对一些营业额、所得额难以准确计算的小型工矿企业和个体工商户适用。

② 查账征收是由纳税人依据账簿记载，先自行计算缴纳，事后经税务机关查账核实，如有不符，可多退少补的一种征收方式。这种征收方式适用于账簿、凭证、财务核算制度比较健全的纳税人。

（2）停业登记的注意事项

① 纳税人在停业期间发生纳税义务的，应当按照税收法律、行政法规的规定申报缴纳税款。

② 纳税人在申报办理停业登记时，应如实填写停业复业报告书，说明停业理由、停业期限、停业前的纳税情况和发票的领用存情况，并结清应纳税款、滞纳金、罚款。

③ 纳税人的停业期限不得超过一年。

2. 复业登记

纳税人按申报停业登记时的停业期限准期复业的，应当在停业到期前向主管税务机关申报办理复业登记；纳税人提前复业的，应当在恢复生产、经营之前向主管税务机关申报办理复业登记；纳税人停业期满未按期复业又不申请延长停业的，视为已恢复生产经营，税务机关将其纳入正常管理，并按核定税额按期征收税款。

（五）注销税务登记

1. 注销税务登记的情形

纳税人发生以下情形的，应当向主管税务机关申报办理注销税务登记。

①纳税人发生解散、破产、撤销的。

②纳税人被市场监督管理部门吊销营业执照的。

③纳税人因住所、经营地点或产权关系变动而涉及变更主管税务机关的。

④纳税人发生其他应办理注销税务登记的情况。

2. 注销税务登记的时限要求

一般情况下，向市场监督管理部门办理注销登记前，应先向主管税务机关申报办理注销税务登记。纳税人办理注销税务登记前，需要先结清应纳税款、多退（免）税款、滞纳金和罚款，缴销发票和相关税务证件，税务部门出具清税证明，然后才能到市场监督管理部门办理注销登记。办理注销登记，有以下时限要求。

① 按规定不需要在市场监督管理部门办理注销登记的，应自有关机关批准或宣告终止之日起 15 日内，申报办理注销税务登记。

② 被市场监督管理部门吊销营业执照的，应自营业执照被吊销之日起 15 日内，申报办理注销税务登记。

③ 纳税人因住所、经营地点变动，涉及变更税务登记机关的，应当在向市场监督管理部门或其他机关申请办理变更或注销登记前，或者住所、经营地点变动前，向原税务登记机关申报办理注销税务登记，并在 30 日内向迁达地税务机关申报办理税务登记。

3. 注销税务登记需提供的材料

① 已实行"五证合一、一照一码"登记模式的纳税人办理注销登记，需要提交清税申报表。

② 提供营业执照或经办人身份证件原件。

③ 有以下情形的，还应提供相应材料（前 5 种情况，已实行实名办税的纳税人，可取消报送）。

- 上级主管、董事会决议注销的，提供上级主管部门批复文件或董事会决议复印件。
- 境外企业在中国境内承包建筑、安装、装配、勘探工程和提供劳务的，提供项目完工证明、验收证明等相关文件复印件。
- 被市场监督管理机关吊销营业执照的，提供市场监督管理机关发出的吊销营业执照决定复印件。
- 已领取发票领用簿的纳税人，提供发票领用簿。
- 未办理过涉税事宜的纳税人，提供带统一社会信用代码的营业执照原件（查验后退回）。
- 经人民法院裁定宣告破产的，还应报送人民法院终结破产程序裁定书或判决书复印件。

4. 简易注销

简易注销实行清税证明免办服务。纳税人未办理过涉税事宜或办理过涉税事宜但未领用发票、无欠税（滞纳金）及罚款的，可向市场监督管理部门申请简易注销，即直接去市场监督管理部门申请就可以注销。

5. 即时注销

① 未办理过涉税事宜的纳税人，主动到税务机关办理清税的，税务机关可根据纳税人提供的营业执照即时出具清税文书。

② 经人民法院裁定宣告破产的纳税人，持人民法院终结破产程序裁定书向税务机关申请税务注销的，税务机关即时出具清税文书。

③ 以下两种情况，纳税人在办理税务注销时，税务机关提供即时办结服务，采取承诺制容缺办理，即纳税人在办理税务注销时，如果资料不齐，可在其做出承诺后，税务机关即时出具清税文书。

第一，办理过涉税事宜但未领用发票、无欠税（滞纳金）及罚款的纳税人，主动到税务机关办理清税。资料齐全的，即时出具清税文书；资料不全的，采用承诺制容缺办理。

第二，对未处于税务检查状态、无欠税（滞纳金）及罚款、已缴销增值税专用发票及税控专用设备，且符合下列情形之一的纳税人，采用承诺制容缺办理。

- 纳税信用级别为 A 级和 B 级的纳税人。
- 控股母公司纳税信用级别为 A 级的 M 级纳税人。
- 省级人民政府引进人才或经省级以上行业协会等机构认定的行业领军人才等创办的企业。
- 未纳入纳税信用级别评价的定期定额个体工商户。
- 未达到增值税纳税起征点的纳税人。

知识拓展 1-1　　"五证合一、一照一码"登记制度

2015 年 10 月 1 日之前，新公司成立需要到不同部门办理 5 个证件，分别是：在工商行政管理部门取得营业执照；在质量技术监督部门取得组织机构代码证；在税务部门取得税务登记证；在社保部门取得社会保险登记证；在统计部门取得统计证。2015 年 10 月 1 日起，我国在全国范围内推行"三证合一、一照一码"登记模式，将营业执照、组织机构代码证、社会保险登记证合为一证。2016 年 10 月之后，我国又推行"五证合一、一照一码"登记制度，将这 5 个证件合并为一个证件，只需要一次申请，由市场监督审批部门统一收件，并由质检部门、税务部门、人力社保部门、统计部门并联审批，统一核发一个加载统一社会信用代码的营业执照就可以了。

五证合一后，虽然不需要办理税务登记证了，但税务登记还是要做的。新办企业领取营业执照后，需要核对完善信息，企业以后办理涉税事项，只要提供营业执照即可。

三、任务实施

（一）任务流程

变更税务登记流程如图 1-2 所示。

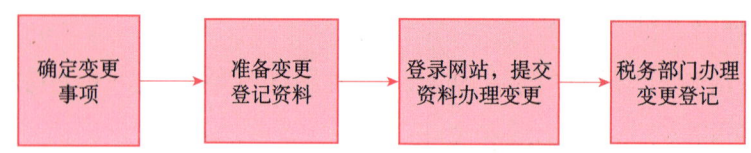

图 1-2　变更税务登记流程

（二）任务操作

步骤 1　单击"开始练习"，再单击"我要办税"，输入企业名称和密码。然后单击"登录"。

步骤 2　单击"综合信息报告"|"身份信息报告"|"一照一码户登记信息变更"，如图 1-3 所示。

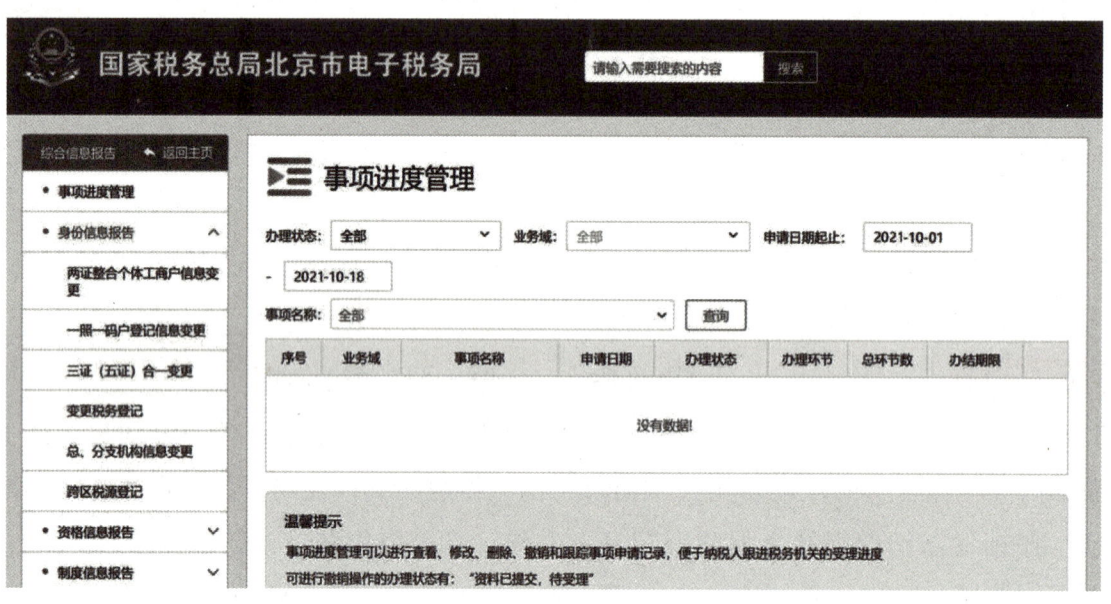

图 1-3　税务变更登录界面

步骤 3　单击"变更税务登记表"，打开"变更税务登记表"界面，如图 1-4 所示。输入纳税人识别号，即统一社会信用代码。

步骤 4　选择变更项目"生产经营地址"，输入变更前内容，再输入变更后内容；输入批准机关名称"丰台区市场监督管理局"、批准文件"营业执照"。单击"添加"按钮。采用同样的方法继续输入其他变更项目。

步骤 5　输入申请日期并单击"保存"按钮，再单击"完成变更"按钮。最后，单击"任务提交"按钮。

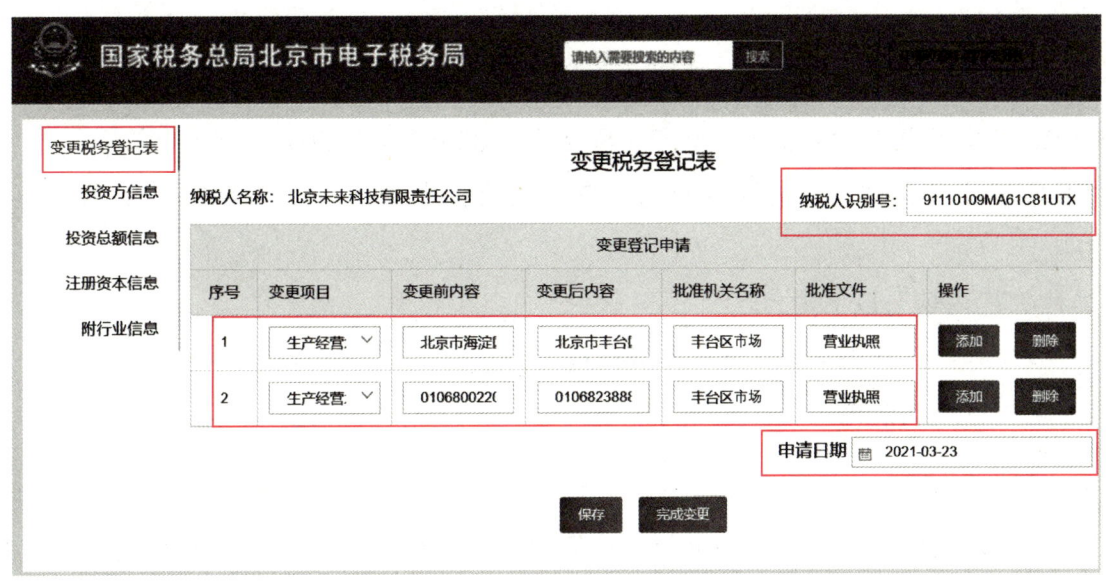

图1-4 "变更税务登记表"界面

四、任务评价

请在表1-4中客观填写每项工作任务的完成情况。

表1-4 任务评价表

工作任务清单	完成情况
① 能够办理开业税务登记	
② 能够办理变更税务登记	
③ 能够办理停业、复业税务登记	
④ 能够办理注销税务登记	

任务四 发票管理

一、任务情境

（一）任务场景

7月6日，北京田艺装饰有限公司按照合同完成了对天津艾丝碧西餐饮管理公司餐饮门店的装修服务，合同约定装修服务费价税合计27 000.00元。请财务共享服务中心涉税服务岗人员开具不含税增值税普通发票。其发票信息如下。

税收分类名称：装饰服务（税率9%）

客户名称：天津艾丝碧西餐饮管理公司

纳税人类型：小规模纳税人

纳税人识别号：91120102700049964M

地址及电话：天津市河北区海河东路231号 022-67829989

开户银行及账户：交通银行天津市红桥支行 1100687095735035

领取增值税普通发票、增值税专用发票、增值税电子普通发票各25张。税控盘密码：88888888

"备注"栏内填写以下内容。

项目发生地：天津市河北区海河东路231号

项目名称：门店装修

（二）任务布置

共享中心涉税服务岗人员按要求开具增值税普通发票。其具体要求如下。

① 对开票信息进行认真核查。

② 导入发票信息。

③ 填写购买方信息。

④ 填写商品信息。

⑤ 开具发票。

二、知识准备

（一）发票认知

1. 发票的含义及作用

发票是指一切单位和个人在购销商品、提供或接受服务及从事其他经营活动中，开具和收取的法定业务凭证。简单来说，发票就是发生的成本、费用或收入的原始凭证。对于公司来说，发票主要是公司做账的依据，同时也是缴税的费用凭证；对于员工来说，发票主要是用来报销的凭证；对于审计机关、税务机关来说，发票是执法检查的重要依据。

发票在我国社会经济活动中具有极其重要的意义和作用。

① 发票具有合法性、真实性、统一性、及时性等特征，是较基本的会计原始凭证之一。

② 发票是记录经济活动内容的载体，是财务管理的重要工具。

③ 发票是税务机关控制税源、征收税款的重要依据。

④ 发票是国家宏观监督经济活动、维护经济秩序、保护国家财产安全的重要手段。

2. 发票的分类

发票按增值税抵扣凭证，分为增值税专用发票和增值税普通发票。

① 增值税专用发票。增值税专用发票是增值税一般纳税人销售货物或提供应税劳务开

具的发票，是购买方支付增值税税额并可按照增值税有关规定据以抵扣增值税进项税额的凭证，有纸质专用发票（折叠票）和电子专用发票两种。增值税专用发票通过本省增值税发票综合服务平台对扣税凭证信息进行用途确认后抵扣。

②增值税普通发票。增值税普通发票是增值税纳税人销售货物或提供应税劳务、服务时，主要有增值税普通发票（折叠票）、增值税普通发票（卷票）、增值税电子普通发票、通行费发票。增值税普通发票除以下发票允许作为抵扣增值税进项税额的凭证外，其他发票不能作为抵扣凭证：机动车销售统一发票、农产品销售发票、通行费发票、收费公路通行费增值税电子普通发票、国内旅客运输服务增值税电子普通发票、航空运输电子客票行程单、铁路车票和公路、水路等其他客票。

通常情况下，增值税专用发票只限于一般纳税人领用和使用。自2020年2月1日起，小规模纳税人（其他个人除外）发生增值税应税行为，需要开具增值税专用发票的，可以自行开具。未选择自行开具增值税专用发票的小规模纳税人，可以向税务机关申请为其代开增值税专用发票；选择自行开具增值税专用发票的小规模纳税人，税务机关不再为其代开增值税专用发票。

增值税普通发票主要由小规模纳税人开具使用，一般纳税人在不能开具增值税专用发票的情况下也可使用增值税普通发票。例如，一般纳税人提供应税劳务给其他个人，需要开具增值税普通发票。

常见发票有以下几种。

（1）增值税专用发票（纸质）

增值税专用发票（纸质）（见图1-5）由基本联次或基本联次附加其他联次构成，分为三联版和六联版两种。其基本联次为三联：第一联为记账联，作为销售方核算销售收入和增值税销项税额的记账凭证；第二联为抵扣联，作为购买方报送主管税务机关认证和留存备查的凭证；第三联为发票联，作为购买方核算采购成本和增值税进项税额的记账凭证。其他联次的用途，由纳税人自行确定。

（2）增值税电子专用发票

自2021年1月21日起，我国在新办纳税人中全面实行增值税专用发票电子化。增值税电子专用发票（见图1-6）属于增值税专用发票，其法律效力、基本用途、基本使用规定等与增值税专用发票（纸质）相同，但不分联次。增值税电子专用发票与增值税专用发票（纸质）有3点不同：一是增值税电子专用发票将"货物或应税劳务、服务名称"栏次名称简化为"项目名称"，样式更加简洁；二是增值税电子专用发票取消了原"销售方：（章）"栏次，取消了发票专用章，采用电子签名代替发票专用章；三是监制章有变化，使用了经过税务数字证书签名的电子发票监制章。

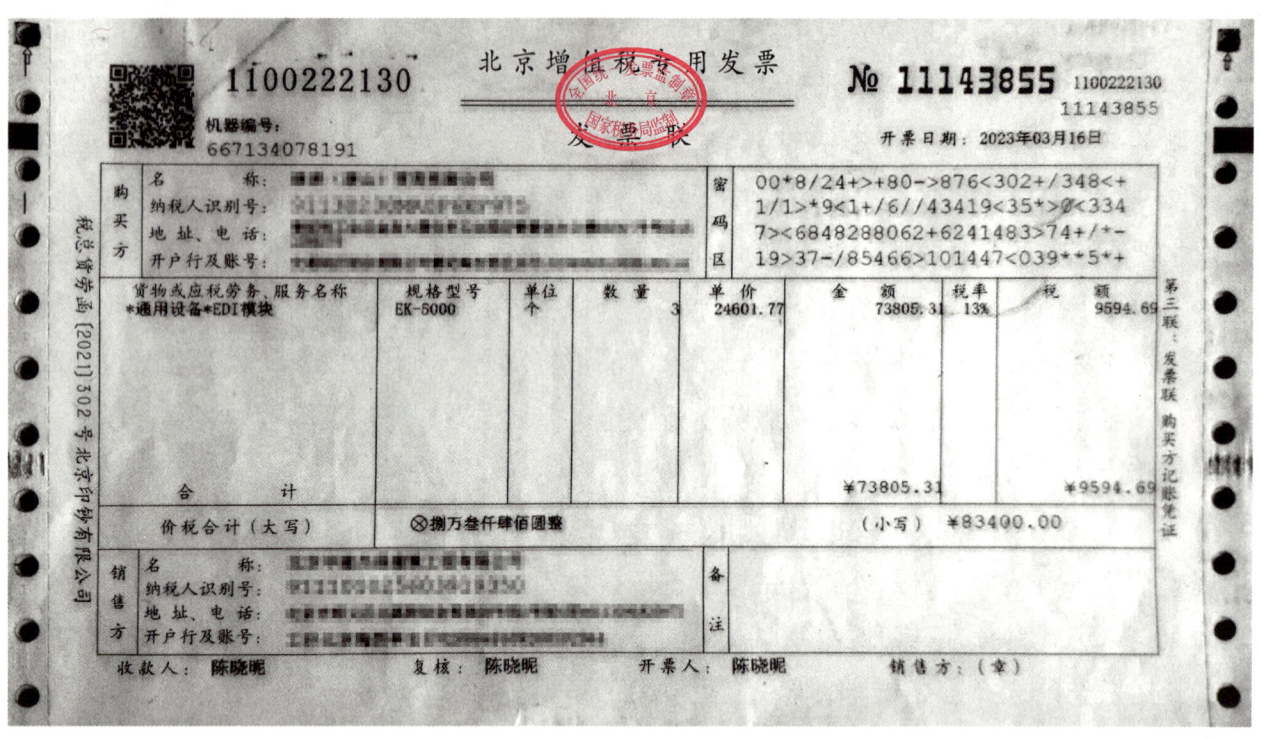

图 1-5　增值税专用发票（纸质）

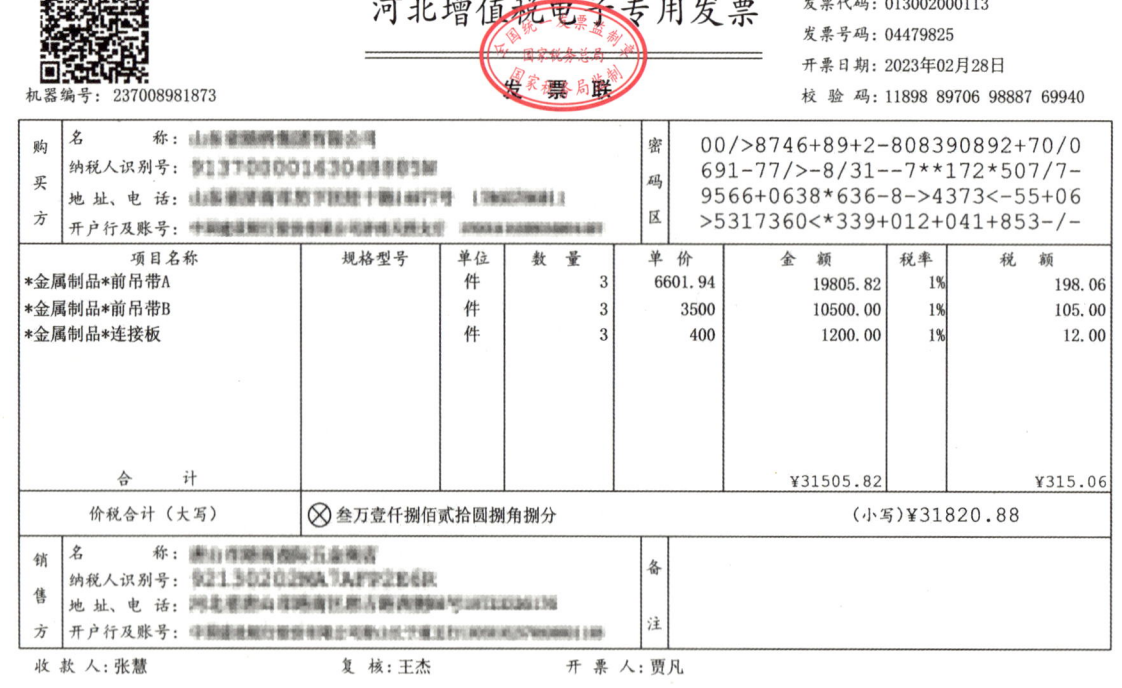

图 1-6　增值税电子专用发票

（3）增值税普通发票（折叠票）

增值税普通发票（折叠票）（见图 1-7）由基本联次或基本联次附加其他联次构成，分为两联版和五联版两种。其基本联次为两联：第一联为记账联，是销售方记账凭证；第二联为发票联，是购买方记账凭证。其他联次的用途，由纳税人自行确定。

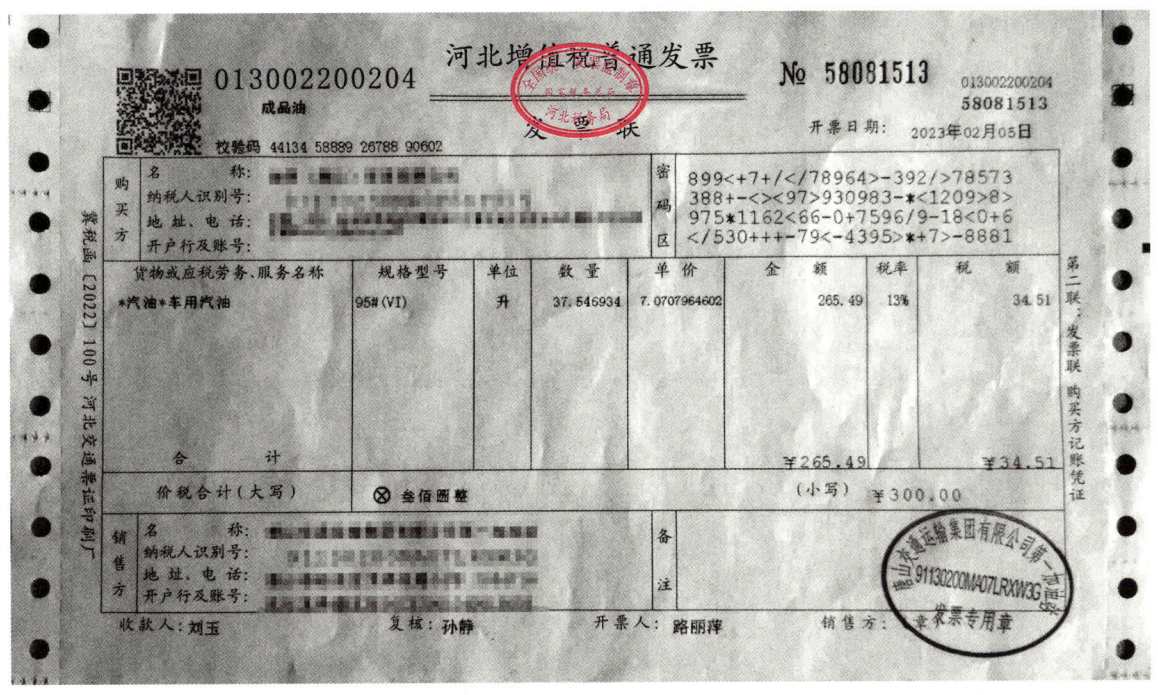

图 1-7 增值税普通发票（折叠票）

（4）增值税普通发票（卷票）

增值税普通发票（卷票）（见图 1-8）为定长发票，发票宽度有 76 毫米、57 毫米两种，长度固定为 177.8 毫米。发票基本联次为一联，即"发票联"，重点在生活性服务业纳税人中推广使用。

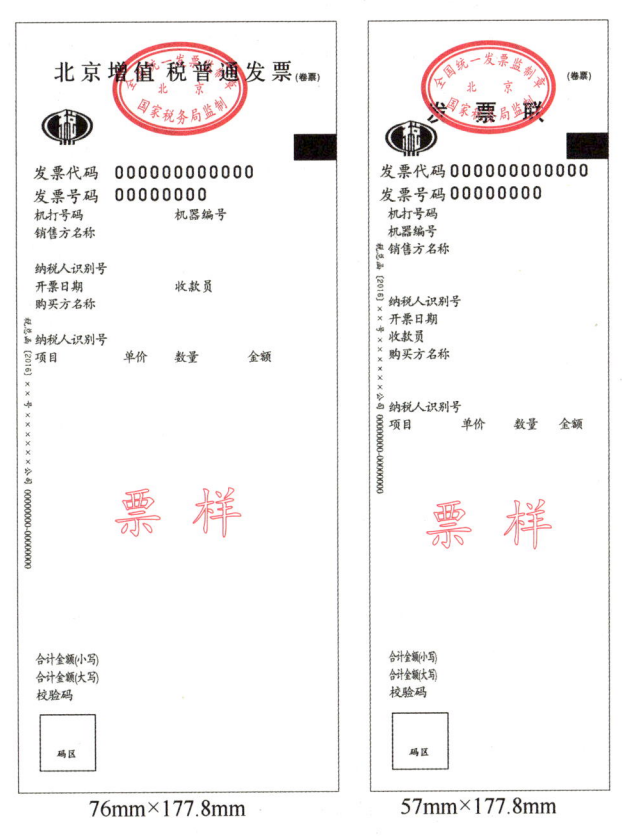

76mm×177.8mm   57mm×177.8mm

图 1-8 增值税普通发票（卷票）

（5）增值税电子普通发票

增值税电子普通发票（见图1-9）的开票方和受票方需要纸质发票的，可以自行打印增值税电子普通发票的版式文件，其法律效力、基本用途、基本使用规定等与税务机关监制的增值税普通发票相同。

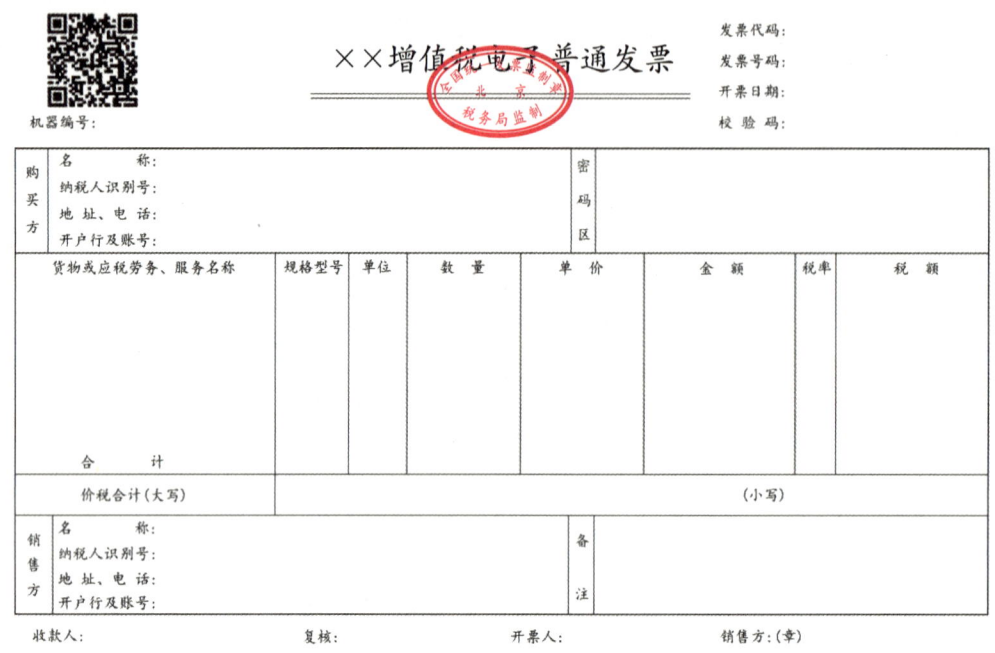

图1-9　增值税电子普通发票

（6）收费公路通行费增值税电子普通发票

通行费电子发票有两种：一种是左上角标识"通行费"字样，且"税率"栏显示适用税率或征收率的，如图1-10所示；一种是左上角无"通行费"字样，且"税率"栏显示"不征税"的。

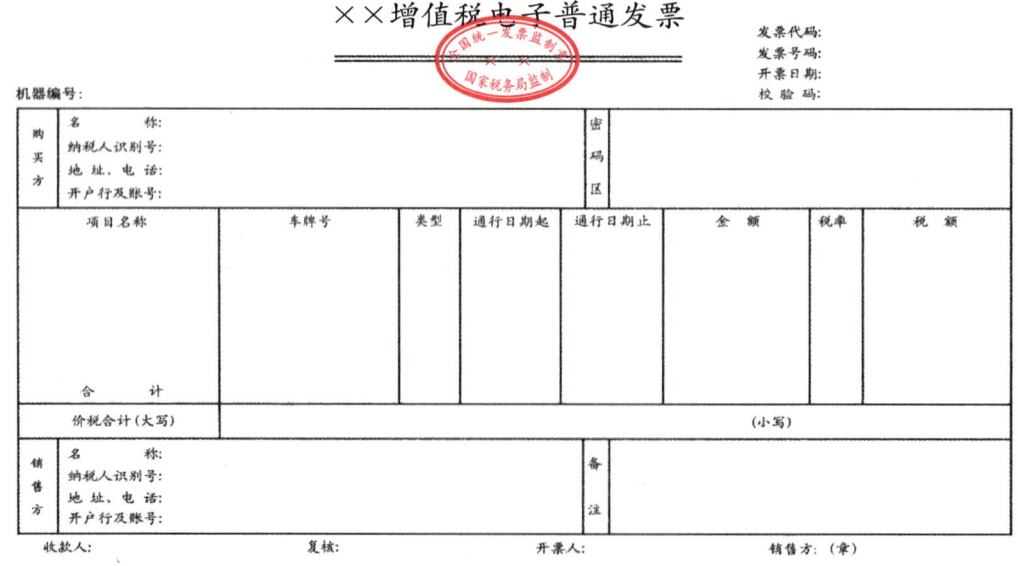

图1-10　收费公路通行费增值税电子普通发票

（7）机动车销售统一发票

从事机动车零售业务的单位和个人，在销售机动车（不包括销售旧机动车）收取款项时，开具机动车销售统一发票。机动车销售统一发票为用计算机开具的六联式发票。

（8）二手车销售统一发票

二手车销售统一发票是二手车经销企业、经纪机构和拍卖企业，在销售、中介和拍卖二手车收取款项时，通过开票软件开具的发票。二手车销售统一发票为用计算机开具的五联式发票。

3. 发票管理的基本要求

发票管理应遵循以下要求。

① 不符合规定的发票，不得作为财务报销凭证，任何单位和个人有权拒收。例如，取得的增值税专用发票，购买方地址、电话、开户银行及账号必须填写齐全且准确；纸质发票必须加盖发票专用章，发票专用章的纳税人识别号必须与销售方信息栏中的纳税人识别号相同，还要注意检查发票专用章的真实性；法律规定应写"备注"栏的必须填写"备注"栏。

② 任何单位和个人应当按照发票管理规定使用发票，不得有下列行为。

- 转借、转让、介绍他人转让发票、发票监制章和发票防伪专用品。
- 知道或应当知道是私自印制、伪造、变造、非法取得或废止的发票而受让、开具、存放、携带、邮寄、运输。
- 扩大发票使用范围。
- 用其他凭证代替发票使用。

4. 发票真伪的鉴别方法

（1）依据纸质发票的防伪措施鉴别

防伪油墨颜色摩擦可变。增值税专用发票各联次左上方的发票代码使用防伪油墨印制，油墨印记在外力摩擦作用下可以发生颜色变化，产生红色擦痕。鉴别方法：使用白纸摩擦票面的发票代码区域，在白纸表面及发票代码的摩擦区域均会产生红色擦痕。

（2）在增值税发票查验平台查验

取得增值税发票的单位和个人可登录国家税务总局全国增值税发票查验平台，对通过增值税发票管理新系统开具的增值税专用发票（纸质）、机动车销售统一发票、二手车销售统一发票、增值税普通发票（折叠票）、增值税电子普通发票、增值税普通发票（卷票）、收费公路通行费增值税电子普通发票信息进行查验。

（3）请相关机关鉴定

由鉴定受理税务机关负责；受理税务机关鉴定有困难的，可以提请发票监制税务机关协助鉴定。

5. 发票丢失的处理方法

增值税专用发票或机动车销售统一发票丢失，其他联次可以起同样的作用。

纳税人同时丢失已开具的增值税专用发票发票联和抵扣联，可凭加盖销售方发票专用章的相应发票记账联复印件，作为增值税进项税额的抵扣凭证、退税凭证或记账凭证；纳税人丢失已开具的增值税专用发票发票联，可凭相应发票的抵扣联复印件，作为记账凭证；纳税人丢失已开具的增值税专用发票抵扣联，可凭相应发票的发票联复印件，作为增值税进项税额的抵扣凭证或退税凭证。

（二）发票领用

1. 领用发票的纳税人范围

① 依法办理税务登记或领取营业执照的单位和个人，可以申请领用发票，属于法定的发票领购对象。

② 依法不需要办理税务登记或领取营业执照而需要临时使用发票的单位和个人，凭购销商品、提供或接受服务及从事其他经营活动的书面证明、经办人身份证明，直接向经营地税务机关申请代开发票。

③ 临时到本省、自治区、直辖市以外从事经营活动的单位或个人，向机构所在地的税务机关填报跨区域涉税事项报告表。按规定需要领用经营地发票的，应在按要求提供保证人或缴纳保证金的前提下，从经营地税务机关领用。

2. 发票领用与分发

（1）首次领用发票

首次领用发票的主要涉税事项包括票种核定、领取税务 U-Key、发票领用等。

<1> 票种核定

首次领用发票，需要先进行票种核定。票种核定是指主管税务机关根据纳税人的经营范围和规模，确认领用发票的数量、种类、最高开票限额等事宜。一般纳税人可以领用增值税专用发票和增值税普通发票，小规模纳税人可以领用增值税普通发票；增值税专用发票领用份数不超过 25 份，增值税普通发票领用份数不超过 50 份；在规定范围内，纳税人可根据自身需求选择发票的种类和份数等。

<2> 领取税务 U-Key

税务 U-Key 是增值税电子发票公共服务平台的身份认证及信息加密设备，能够帮助纳税人办理发票的开具、报税、查询、上传等基础业务。简单地说，税务 U-Key 就是可开票、报税的税控设备，相当于航信的金税盘和百旺的税控盘。

自各地实行增值税专用发票电子化之日起，本地区需要开具增值税普通发票（纸质）、增值税电子普通发票、增值税专用发票（纸质）、增值税电子专用发票、机动车销售统一发票（纸质）和二手车销售统一发票（纸质）的新办纳税人，统一领取税务 U-Key 开具发票。税务机关向新办纳税人免费发放税务 U-Key，并依托增值税电子发票公共服务平台为纳税人提供免费的电子专用发票开具服务。已经使用金税盘、税控盘等税控专用设备的纳税人，可以自愿换领税务 U-Key 开具对应的发票。

拿到税务 U-Key 后，需要安装开票软件。先下载软件的安装包，安装包的下载地址在国家税务总局全国增值税发票查验平台。进入网站后，单击"相关下载"，下载增值税开票软件税务 U-Key 版和增值税电子发票版式文件阅读器，下载后进行安装。

（2）非首次领购发票

非首次领购发票的，应先办理发票验旧事项，才能领购发票。发票验旧就是税务机关对已开具的发票存根联（记账联）、红字发票和作废发票进行查验，检查发票的开具是否符合规定。发票验旧既可以在办税服务厅进行，也可以在电子税务局进行。完成验旧事项后，既可以在办税服务厅前台领用发票，也可以在自助办税终端、24 小时自助机领用，还可以在电子税务局申请、线下配送领取。在领用发票时，不同信用等级的纳税人领用量不同。

（3）发票网络分发

发票申领成功后要将企业的网络发票分发到税务 U-Key 中。这是开具发票的前提。

（三）发票开具

1. 发票开具要求

① 销售商品、提供服务及从事其他经营活动的单位和个人，对外发生经营业务收取款项，收款方应当向付款方开具发票。特殊情况下，由付款方向收款方开具发票。

收购单位和扣缴义务人支付个人款项时可以由付款方向收款方开具发票。例如，向农民收购农产品。

② 开具发票应当按照规定的时限、顺序、栏目，全部联次一次性如实开具，并为纸质发票加盖发票专用章。

所有单位和从事生产、经营的个人，在购买商品、接受服务，以及从事其他经营活动支付款项时从收款方取得发票，不得要求变更品名和金额。

2. 发票开具类型

一般情况下，一般纳税人向一般纳税人开具增值税专用发票，一般纳税人向小规模纳税人开具增值税普通发票；选择自行开具增值税专用发票的小规模纳税人向一般纳税人自行开具增值税专用发票，未选择自行开具增值税专用发票的小规模纳税人可以由税务局代开增值税专用发票；小规模纳税人向小规模纳税人开具增值税普通发票。

3. 虚开发票行为

任何单位和个人不得有下列虚开发票行为。

① 为他人、为自己开具与实际经营业务情况不符的发票。

② 让他人为自己开具与实际经营业务情况不符的发票。

③ 介绍他人开具与实际经营业务情况不符的发票。

虚开发票的，由税务机关没收违法所得；虚开金额在 1 万元以下的，可以并处 5 万元以下的罚款；虚开金额超过 1 万元的，并处 5 万元以上 50 万元以下的罚款；构成犯罪的，依法追究刑事责任。

虚开发票警示案例1　　　　加油站出纳伙同开票员虚开增值税专用发票

某自然人李某认识某社会加油站出纳张某，为牟取非法收益，伙同张某所在加油站开票员王某和郑某，利用职务之便，为33家企业虚开增值税专用发票500余份，用于企业抵扣增值税税款，4人分别收取不同比例的好处费。该加油站在发票管理中发现问题，向公安机关报案。法院审理后认为，4名犯罪嫌疑人的行为已构成虚开增值税专用发票罪，故依法判处被告人张某有期徒刑5年，王某、郑某、李某分别判处有期徒刑4年，并各处罚金若干万元。同时，涉案的33家企业中，20余家企业的涉案当事人被判处刑罚，其余涉案金额未达到刑法追诉标准的企业及相关责任人员也受到税务机关的相应处理。

虚开发票警示案例2　　　　通过票货分离虚开增值税专用发票

2019年4月，江西省吉安市税警协作打掉一个利用"黄金票"虚开增值税发票的团伙。经查，该团伙伪造生产假象、拉长资金链条掩盖虚开轨迹，通过票货分离的方式，向9个省的25家企业虚开增值税专用发票2 496份，虚开金额达25.49亿元。2021年5月，该案主犯因犯虚开增值税专用发票罪被判处有期徒刑15年。

（四）发票作废与冲红

1. 增值税普通发票（折叠票）的作废与冲红

（1）当月开错且未进行抄报税的发票，可以将其作废

进入"发票开具"界面，在发票列表中选择开错的发票并选择"作废"选项，如图1-11所示。

图1-11　作废开错的发票

（2）跨月的或已经抄报税的增值税普通发票发现开错，需要进行发票冲红

进入"发票开具"界面，在发票列表中选中需要冲红的对应蓝字增值税普通发票，如图1-12所示。选择"开红字发票"即完成增值税普通发票的冲红，这时就可以下载和打印红字增值税普通发票了。

图1-12　选择对应的蓝字增值税普通发票进行冲红

单元一　认识纳税工作

> **提示**
>
> 增值税电子普通发票不能作废，只能冲红。

2. 增值税专用发票的作废与冲红

（1）增值税专用发票的作废

增值税专用发票当月开票，未用于申报抵扣，且发票联和抵扣联退回的，可以直接作废——遵循谁开票谁作废的原则，或者以管理员权限登录开票软件进行作废。增值税专用发票作废的操作方法与增值税普通发票作废的操作方法相同。

（2）增值税专用发票的冲红

国家税务总局2016年第47号公告规定：一般纳税人开具增值税专用发票后，发生销货退回、开票有误、应税服务中止等情形但不符合发票作废条件，或者因销货部分退回及发生销售折让，需要开具红字专用发票的，先填开开具红字增值税专用发票信息表（以下简称信息表），上传信息表并审核通过后，再开具红字增值税专用发票。

信息表填开有两种情况：一种是购买方申请填开；另一种是销售方申请填开。

① 增值税专用发票已用于申报抵扣和尚未申报抵扣但发票联或抵扣联无法退回的，由购买方填开信息表并上传。购买方填开信息表时，若选择"已抵扣"，则不需要填写对应蓝字增值税专用发票的代码和号码；若选择"未抵扣"，则应填写对应蓝字增值税专用发票的代码和号码。

② 销售方开具增值税专用发票尚未交付购买方，以及购买方尚未用于申报抵扣并将发票联和抵扣联退回的，由销售方按规定在系统中填开信息表并上传。销售方填开信息表时，应填写对应的蓝字增值税专用发票的代码和号码。

主管税务机关通过网络接收纳税人上传的信息表，系统自动校验通过后，生成带有红字发票信息表编号的信息表，并将信息同步至纳税人端系统中。销售方凭税务机关系统校验通过的信息表，在系统中以销项负数开具红字增值税专用发票，然后下载并打印红字增值税专用发票。红字增值税专用发票应与信息表一一对应。

（3）增值税电子专用发票的冲红

增值税电子专用发票于2021年1月21日起在全国范围内的新办纳税人中全面实行。电子发票不能作废，只能冲红。信息表的填开有两种情况：购买方已申报抵扣的，由购买方开具信息表，无须填写蓝字增值税电子专用发票信息；购买方未申报抵扣的，由销售方开具信息表，需要填写蓝字增值税电子专用发票信息。税务机关通过网络接收纳税人上传的信息表，系统自动校验通过后生成带有红字发票信息表编号的信息表并将信息同步至纳税人端系统中。销售方在发票管理中查询到已经校验通过的信息表后，便可开具红字增值税电子专用发票。

知识拓展 1-2　　不得开具增值税专用发票的情形

第一类　取得方不具有抵扣的能力（最终消费者为增值税的税负人）

① 商业企业一般纳税人零售烟、酒、食品、服装、鞋帽（不包括劳保专用的部分）、化妆品等消费品。

② 向消费者个人销售货物或提供销售服务、无形资产或不动产。

第二类　销售方（开具方）未缴纳销项税额，购买方（取得方）不能抵扣进项税额

销售免税货物或提供免征增值税的销售服务、无形资产或不动产。

第三类　差额计税，针对增值额进行征税（无须销项税额抵扣进项税额）

① 金融商品转让。

② 2016 年 4 月 30 日前签订融资性售后回租合同且选择按扣除向承租方收取的价款本金及对外支付的利息缴纳增值税的纳税人，向承租方收取的有形动产价款本金。

③ 提供旅游服务，选择按扣除向旅游服务购买方收取并支付的住宿费、餐饮费、交通费、签证费、门票费和其他接团旅游企业的旅游费用缴纳增值税的纳税人，向旅游服务购买方收取并支付的上述费用。

第四类　代收款项

① 提供经纪代理服务，向委托方收取的政府性基金或行政事业性收费。

② 提供签证代理服务，向服务接受方收取并代为支付的签证费、认证费。

第五类　销售方采用简易计税方式且选择开具增值税普通发票

① 增值税一般纳税人的单采血浆站销售非临床用人体血液选择简易计税方法的。

② 销售旧货，按简易计税方法依照 3% 征收率减按 2% 征收增值税的。

③ 纳税人销售自己使用过的固定资产，适用简易计税方法依照 3% 征收率减按 2% 征收增值税的。

> **提示**
> 纳税人销售自己使用过的固定资产，可以放弃减税，按照简易计税方法依照 3% 征收率缴纳增值税，并可以开具增值税专用发票。

第六类　收取款项未发生销售行为

例如，预付卡销售和充值、建筑服务预收款等情形均属此类。

三、任务实施

（一）任务流程

开具发票流程如图 1-13 所示。

单元一　认识纳税工作

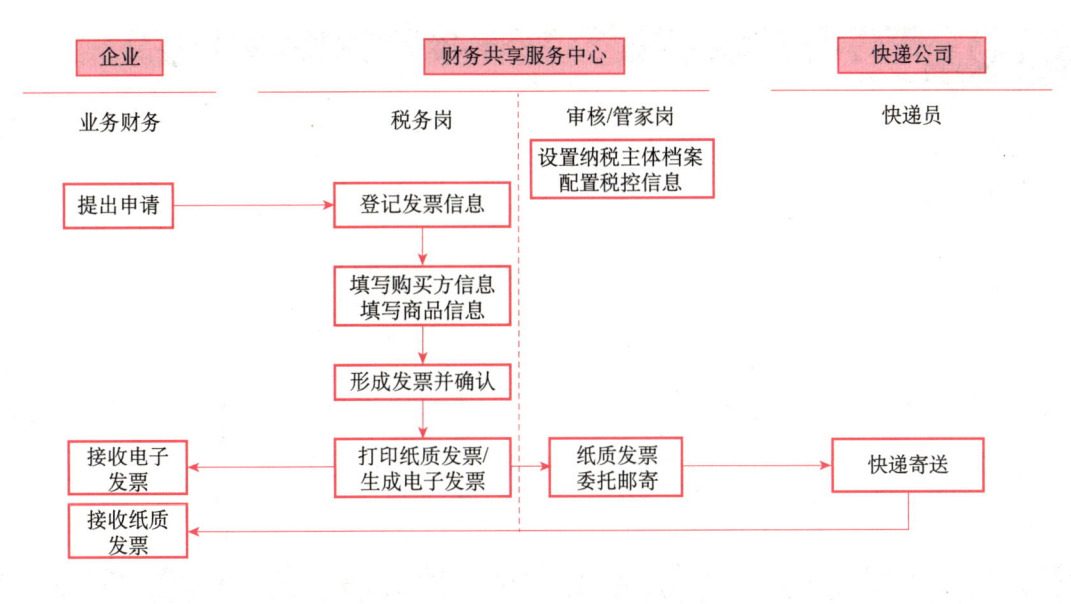

图 1-13　开具发票流程

（二）任务操作

步骤 1　查阅纳税主体基本信息。单击系统左侧的"基础设置"|"纳税主体管理"，打开"纳税主体管理"界面，如图 1-14 所示。单击开票公司名称"北京田艺装饰有限公司"，系统显示该公司的开票信息。检查这些信息是否正确、完整，然后保存，开票时系统会自动将这些信息带入发票"销售方"栏。

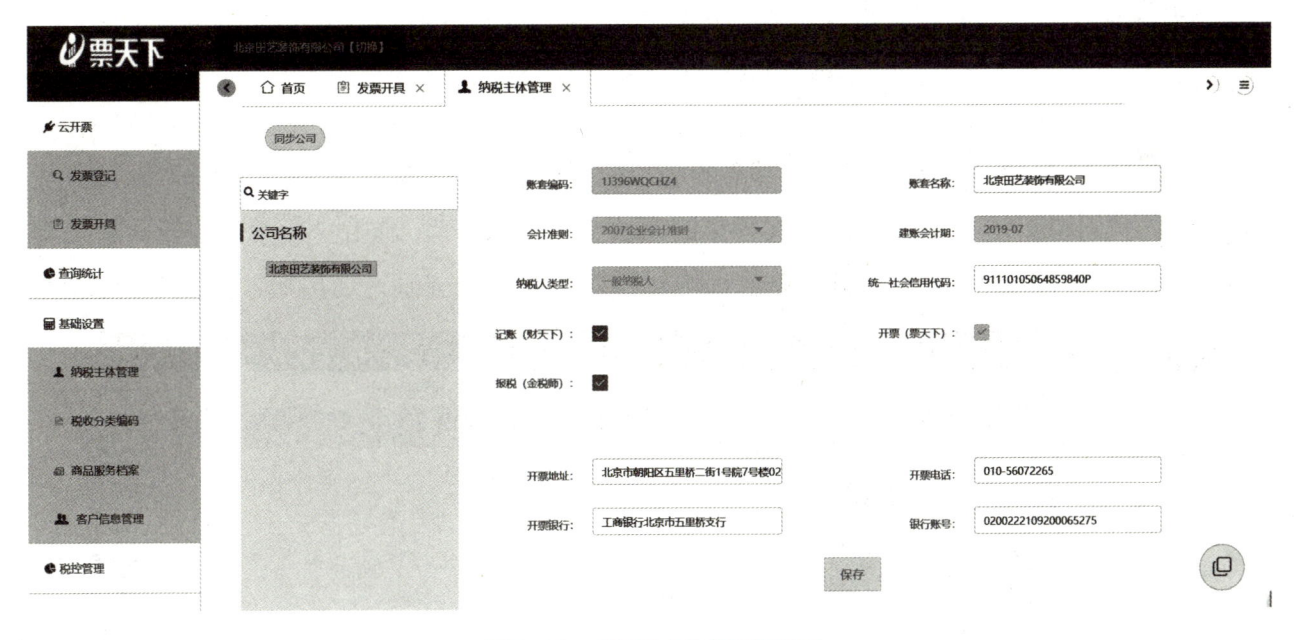

图 1-14　"纳税主体管理"界面

步骤 2　导入发票。单击"云开票"|"发票登记"，打开"发票登记"界面，如图 1-15 所示。选择发票类型，单击"领购"按钮；输入税控盘密码 88888888，单击"确定"按钮；输入数量 25，单击"确定"按钮。

29

图 1-15 "发票登记"界面

步骤 3 填写购买方信息。单击"基础设置"|"客户信息管理",打开"客户信息管理"界面。单击"新增"按钮,填写购买方开票信息,如图 1-16 所示。信息必须完整、准确,填写完成后单击"保存"按钮。

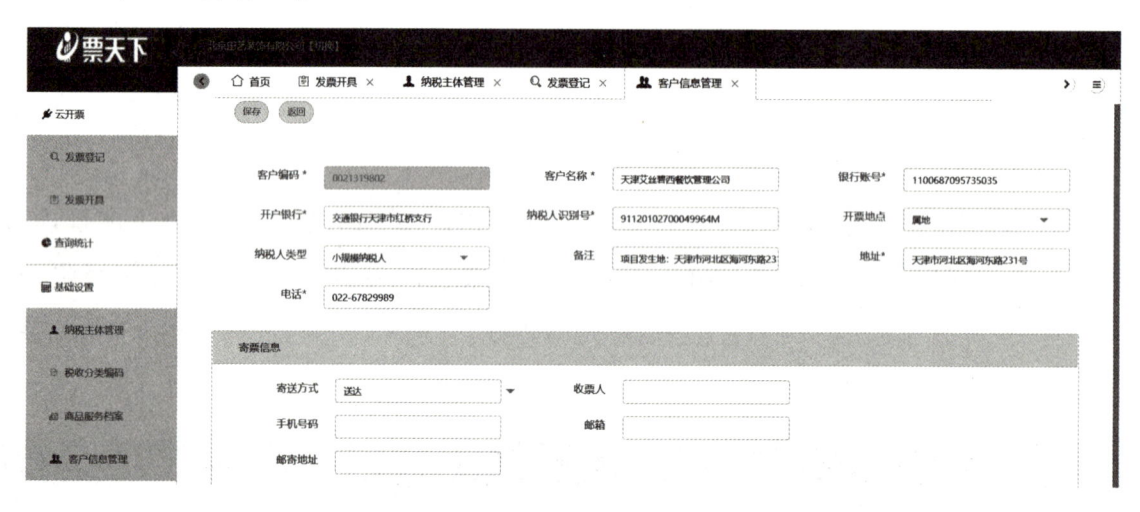

图 1-16 "客户信息管理"界面

步骤 4 填写商品信息。单击"基础设置"|"商品服务档案",在搜索栏输入商品分类编码名称"装饰服务"。单击左侧税收分类的末级"装饰服务"。单击"新增"按钮,输入商品服务名称"装修服务",然后输入单价,选择税率,再单击"确定"按钮,如图 1-17 所示。

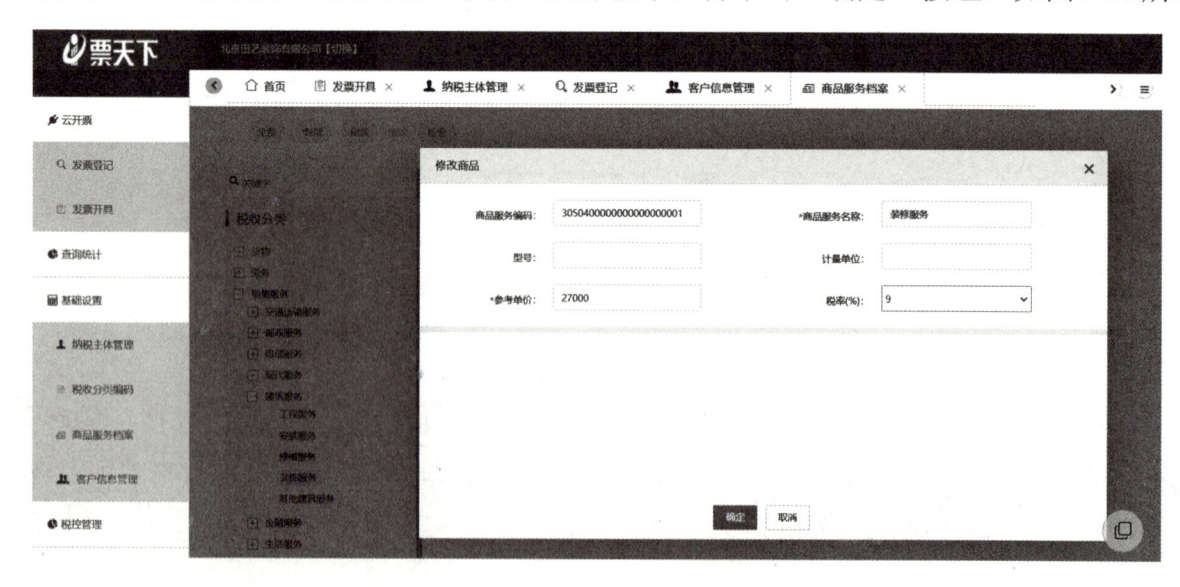

图 1-17 "商品服务档案"界面

步骤5　开具发票。

① 单击"云开票"|"发票开具",打开"发票开具"界面,如图1-18所示。修改税控所属日期,单击"新增"按钮。

图1-18　"发票开具"界面

② 在弹出界面选择发票类型：开专票选专票；开普票选普票。如果选择电子普票,则按照系统要求填写电子发票的接收手机号或邮箱（至少填写一项）,发票开具成功后,填写的手机号或邮箱中会收到电子发票开具成功的信息。

③ 选择含税或不含税：如果选择"含税",则发票中需要输入含税单价和金额；如果选择"不含税",则发票中需要输入不含税单价和金额。不管选择哪个,最后开具的发票是一样的。

④ 选择清单或非清单：开具发票时,如果商品、服务、劳务超过8行,则选择清单开具,系统会把金额自动汇总在发票上,发票票面只显示"详见销货清单"。开具成功后,将清单和发票都打印出来,并在清单和发票上盖发票专用章。

⑤ 填写表体信息。选择购买方名称,选择货物、应税劳务或服务名称,输入数量、单价、金额,选择税率。如果还有商品行需要填写,则单击加号继续填写；如果有折扣,则单击"折扣"按钮,输入折扣率,系统自动计算折扣金额和折扣税额,然后单击"确定"按钮,折扣信息显示在折扣商品下方,数量为0,金额为负数。需要填写"备注"栏的,必须如实填写。

⑥ 确认发票信息无误后,单击"发票开具"按钮。待开具成功后,最终列表页面第一条数据就是刚刚开具的发票信息。单击旁边的"显示"按钮,会显示已开具的发票,如图1-19所示。单击"下载"按钮,下载后即可打印,如图1-20所示。

图1-19　"发票开具"界面

图 1-20　生成的发票

四、任务评价

请在表 1-5 中客观填写每项工作任务的完成情况。

表 1-5　任务评价表

工作任务清单	完成情况
① 登录票天下云平台，查阅纳税主体基本信息	
② 在票天下云平台中导入发票	
③ 在票天下云平台中输入开票信息	
④ 在票天下云平台中完成发票的开具	

思政栏目

中国税收的起源

单元二

增值税的计算与申报

↘ 思政目标

1. 培养遵守准则、提高技能、保守秘密和文明服务的职业道德。
2. 培养永不言败、坚韧不拔的意志。
3. 培养积极主动承担责任的勇气。

↘ 知识目标

1. 了解增值税的概念及特点。
2. 熟悉增值税的纳税人、征税范围和税率。
3. 掌握一般纳税人和小规模纳税人的增值税计税方法。
4. 掌握增值税纳税义务发生时间、纳税期限和纳税地点。

↘ 技能目标

1. 能正确计算增值税的应纳税额。
2. 能进行增值税纳税申报表的填写与申报。

任务一　增值税认知

一、任务情境

（一）任务场景

财务共享服务中心员工需要为其代理的北京华宇装饰有限公司完成2021年7月的增值税纳税申报任务。

北京华宇装饰有限公司是一般纳税人，主要从事建筑装饰材料的销售及装饰服务。截至上月末，公司尚有进项税额4 000元未抵扣。2021年7月发生下列几笔业务。

① 1日，向北京兴盛大酒店（一般纳税人）销售10个指纹锁，每个不含税价格为5 500

元。已开具增值税专用发票，同时收取安装费1 130元。

② 5日，向北京味道全餐饮有限公司（小规模纳税人）销售10个防盗锁，每个含税价格为904元。已开具增值税普通发票。

③ 7日，为北京绿创有限公司（一般纳税人）提供办公室装修服务，合同约定服务费价税合计218 000元。已开具增值税专用发票。

④ 8日，采购装修用材料，价税合计33 900元。取得增值税专用发票1张，价款为30 000元、增值税税额为3 900元。

⑤ 10日，为北京兴盛大酒店（一般纳税人）提供室内设计服务，合同约定设计服务费价税合计10 600元。已开具增值税专用发票。

⑥ 15日，该公司将装饰材料赠送给客户试用，实际成本为10 000元。无同类产品售价，成本利润率为10%。

⑦ 16日，销售装饰材料给乙公司。由于客户购买数量多，所以该公司按原价款500 000元的9折优惠销售，并提供"1/10，N/20"的销售折扣。乙公司于10日内付款，给对方开具专用发票1张，分别注明销售额和折扣额。

⑧ 21日，购进一辆面包车，价税合计90 400元。取得机动车销售统一发票，买价为80 000元、增值税税额为10 400元。同时，支付车辆购置税8 000元。该面包车本月已使用。

⑨ 23日，支付广告费用。取得增值税普通发票1张，价税合计为21 200元。

⑩ 25日，购入食用油200桶，用于职工福利。取得增值税专用发票1张，价款为20 000元、增值税税额为1 800元。

⑪ 26日，职工报销本月差旅费。取得4张航空运输电子客票行程单，票价为4 400元、民航发展基金为300元、燃油附加费为80元；4张铁路车票，票面金额合计为1 664元；餐饮费普通发票2张，票面金额合计为800元。

⑫ 28日，发现上月购进的装饰材料（价值6 000元），由于库房保管不善发霉变质，所以无法投入正常生产使用。

⑬ 29日，从国外进口一批装饰材料。海关审定的关税完税价格为400 000元、进口关税税率为10%、增值税税率为13%。

（二）任务布置

① 判断北京华宇装饰有限公司的增值税计税方法。
② 判断该公司的应税业务属于增值税征税范围的哪一类行为。
③ 判断该公司适用的增值税税率。

二、知识准备

1993年12月13日，国务院发布了《增值税暂行条例》（2008年做了修订）；1993年12月25日，财政部、国家税务总局印发了《中华人民共和国增值税暂行条例实施细则》（以下简称《增值税暂行条例实施细则》）；2019 年 11 月 27 日，财政部、国家税务总局正式发布了《中华人民共和国增值税法（征求意见稿）》（以下简称《增值税法（征求意见稿）》），向社会公开征求意见，标志着增值税立法迈出了实质性步伐。

《增值税暂行条例》　　《增值税暂行条例实施细则》　　《增值税法（征求意见稿）》

（一）增值税的概念及特点

1. 增值税的概念

增值税是以商品（含应税劳务、应税行为）在流转过程中实现的增值额作为计税依据而征收的一种流转税。

增值额是企业在生产、经营过程中新创造的价值。这一概念可以从以下两个方面理解：第一，从生产经营单位来看，增值额是指该单位销售货物或提供劳务的收入额扣除为生产经营这种货物或劳务而外购的那部分货物或劳务价款后的余额；第二，从货物或劳务来看，增值额是该货物或劳务经历的生产和流通的各个环节新创造的增值额之和，也就是该项货物或劳务的最终销售价值。

例如，某项货物最终销售价格为 170 元，这 170 元是由生产环节、批发环节、零售环节共同创造的。那么，该货物在 3 个环节中创造的增值额之和就是该货物的全部销售额。该货物在各环节的增值额和销售额的关系如表 2-1 所示（为便于计算，假定各环节没有物质消耗，都是该环节新创造的价值）。

表 2-1　货物在各环节的增值额和销售额的关系　　　　　　　　　　　　　　元

项目	环节 生产	环节 批发	环节 零售	合计
增值额	100	30	40	170
销售额	100	130	170	—

但是，各国计算增值额时，都不是先求出各生产经营环节的增值额，再据此计算增值税，而是采取从销售总额的应纳税款中扣除外购项目已纳税款的税款抵扣法。

2. 增值税的特点

（1）征税范围广，税源充裕

增值税是我国较主要的税种之一，是最大的税种。从生产经营的横向领域看，对工业、商业、服务业等都征收增值税；从纵向关系看，每个货物无论经过多少生产经营环节，都要按各环节发生的增值额逐环节征税。

增值税的前世今生

（2）增值税是价外税，售价里不应含增值税

对于企业来说，增值税不包括在销售价格之内，税款与价格是分开的，企业的成本核算、经营成果不受增值税税款的影响；对于消费者来说，不管是价外税还是价内税，并没有实质的区别，毕竟消费者是税负的实际承担者。

（3）增值税实行税款抵扣制

这是指以商品生产、流通和劳务、服务中各个环节的增值额为征税对象的制度，可以消除重复征税。在实际计算税款时，很难准确地划分企业增值项目和非增值项目，所以不是先求出各生产经营环节的增值额并据以纳税，而是采用税款抵扣制。税款抵扣制首先用纳税人在纳税期内销售货物的销售额乘以适用税率，计算出销售货物的整体税额（销项税额），然后扣除当期购进商品已纳的增值税税额（进项税额），其余额即为纳税人应纳的增值税税额。

（4）增值税税负具有转嫁性

我们知道，增值税实行税款抵扣制，各环节的经营者作为纳税人，只是把从顾客手里收取的税款减掉自己支付给供应商的税款后的余额上缴给国家，而经营者本身实际上并没有承担增值税税款。只有到最后环节的消费者，不再把货物出售给其他人时，就承担了货物价款和税款部分。可见，作为纳税人的生产经营者并不是增值税的真正负担者，只有最终消费者才是全部税款的负担者。

（二）增值税的纳税人及计税方法

1. 纳税人

根据《增值税暂行条例》的规定，凡在中华人民共和国境内销售货物，提供加工修理修配劳务、销售服务、无形资产、不动产及进口货物的单位和个人，均为增值税的纳税人。其中，单位是指企业、行政单位、事业单位、军事单位、社会团体及其他单位；个人是指个体工商户和其他个人。

另外，中华人民共和国境外（以下简称境外）的单位或个人在境内提供应税劳务，在境内未设有经营机构的，其应纳税额以境内代理人为扣缴义务人；在境内没有代理人的，以购买者为扣缴义务人。如果境外单位或个人在境内销售服务、无形资产或不动产，在境内未设有经营机构的，以购买方为增值税扣缴义务人。财政部和国家税务总局另有规定的除外。

为了便于管理，借鉴国际通行的做法，我国将增值税纳税人按其经营规模大小及会计核算健全与否，划分为一般纳税人和小规模纳税人。

（1）一般纳税人

增值税一般纳税人是指年应征增值税销售额超过500万元的企业或企业性单位。

（2）小规模纳税人

增值税小规模纳税人的认定标准为年应征增值税销售额为500万元及以下。但是，年应税销售额未超过500万元的纳税人，会计核算健全，能够提供准确税务资料的，也可以申请成为一般纳税人。

年应税销售额超过小规模纳税人标准的其他个人按小规模纳税人纳税;年应税销售额超过规定标准但不经常发生应税行为的单位和个体工商户,以及非企业性单位、不经常发生应税行为的企业,都可以选择按小规模纳税人纳税。

上述所称年应税销售额,是指纳税人在连续不超过 12 个月或 4 个季度的经营期内累计应征的增值税销售额,包括纳税申报销售额、稽查查补销售额、纳税评估调整销售额。

经营期是指在纳税人存续期内的连续经营期间,含未取得销售收入的月份或季度。增值税纳税人划分标准如表 2-2 所示。

表 2-2 增值税纳税人划分标准

纳税人性质	判断标准	纳税人身份
企业和企业性单位	年应税销售额 > 500 万元	一般纳税人
	年应税销售额 ≤ 500 万元	小规模纳税人
非企业性单位	年应税销售额 ≤ 500 万元	小规模纳税人
	年应税销售额 > 500 万元	可选择做一般纳税人或小规模纳税人
个人(不含个体户)	无论年营业额多少	小规模纳税人

2. 计税方法

增值税计税方法分为一般计税方法和简易计税方法。

(1) 一般计税方法

一般纳税人销售货物,提供加工修理修配劳务、销售服务、无形资产或不动产,适用一般计税方法计税。其计算公式为:

$$当期应纳增值税税额 = 当期销项税额 - 当期进项税额$$

当期销项税额小于当期进项税额不足抵扣时,其不足部分可以结转下期继续抵扣。这种计税方法适用于一般纳税人。

一般纳税人如果发生财政部和国家税务总局规定的特定应税行为,可以选择适用简易计税方法计税,但一经选择,36 个月内不得变更。

(2) 简易计税方法

由于小规模纳税人会计核算不健全,无法准确核算进项税额和销项税额,所以在增值税征收管理中可采用简易计税方法计税,按其销售额与规定的征收率计算缴纳增值税,不准抵扣进项税额。其计算公式为:

$$当期应纳增值税税额 = 当期不含税销售额 \times 征收率$$

(三) 增值税的征税范围和税率

1. 征税范围

(1) 在我国境内销售货物

销售货物是指有偿转让货物的所有权,即以从购买方取得货币、货物或其他经济利益等为条件转让货物所有权的行为,包括生产销售、批发销售和零售等。货物是指有形动产,包括电力、热力、气体，不包括不动产和无形资产。

（2）在我国境内提供加工、修理修配劳务

提供加工、修理修配劳务是指有偿提供加工、修理修配劳务，单位或个体工商户聘用的员工为本单位或雇主提供加工、修理修配劳务不包括在内。

加工是指受托加工货物，即委托方提供原料及主要材料，受托方按照委托方要求制造货物并收取加工费的业务；修理修配劳务是指受托对损伤和丧失功能的货物进行修复，使其恢复原状和功能的业务。

（3）进口货物

凡进入我国关境的货物，在报关进口时除依法缴纳关税外，还必须向我国海关缴纳增值税。

（4）销售服务

销售服务是指提供交通运输服务、邮政服务、电信服务、建筑服务、金融服务、现代服务和生活服务等。

① 交通运输服务。交通运输服务是指利用运输工具将货物或旅客送达目的地，使其空间位置得到转移的业务活动。它包括陆路运输服务、水路运输服务、航空运输服务和管道运输服务。

② 邮政服务。邮政服务是指中国邮政集团公司及其所属邮政企业提供邮件寄递、邮政汇兑、机要通信和邮政代理等邮政基本服务的业务活动。它包括邮政普遍服务、邮政特殊服务和其他邮政服务（不包括邮政储蓄业务）。

③ 电信服务。电信服务是指利用有线、无线的电磁系统或光电系统等各种通信网络资源，提供语音通话服务，传送、发射、接收或应用图像、短信等电子数据和信息的业务活动。它包括基础电信服务和增值电信服务。

④ 建筑服务。建筑服务是指各类建筑物、构筑物及其附属设施的建造、修缮、装饰，线路、管道、设备、设施等的安装及其他工程作业的业务活动。它包括工程服务、安装服务、修缮服务、装饰服务和其他建筑服务。

⑤ 金融服务。金融服务是指经营金融、保险的业务活动。它包括贷款服务、直接收费金融服务、保险服务和金融商品转让。其中，存款利息、被保险人获得的保险赔付不征收增值税。

⑥ 现代服务。现代服务包括研发和技术服务、信息技术服务、文化创意服务、物流辅助服务、租赁服务、鉴证咨询服务、广播影视服务、商务辅助服务和其他现代服务。其中，研发和技术服务包括研发服务、合同能源管理服务、工程勘察勘探服务、专业技术服务；信息技术服务包括软件服务、电路设计及测试服务、信息系统服务、业务流程管理服务和信息系统增值服务；文化创意服务包括设计服务、知识产权服务、广告服务和会议展览服务，广告服务包括广告代理和广告的发布、播映、宣传、展示；物流辅助服务包括航空服务、港口

码头服务、货运客运场站服务、打捞救助服务、装卸搬运服务、仓储服务和收派服务，其中收派服务只包括运送到同城集散中心的业务活动；租赁服务既包括有形动产的融资租赁和经营性租赁服务，也包括不动产的融资租赁和经营性租赁服务；鉴证咨询服务包括认证服务、鉴证服务和咨询服务，翻译服务和市场调查服务按照"咨询服务"征收增值税；广播影视服务包括广播影视节目的制作服务、发行服务和播映服务；商务辅助服务包括企业管理服务、经济代理服务、人力资源服务、安全保护服务，其中经济代理服务是指各类经纪、中介、代理服务，包括金融代理、知识产权代理、货运代理、代理报关、法律代理、房地产中介、职业中介、婚姻中介、代理记账、拍卖等。

⑦ 生活服务。生活服务是指为满足城乡居民日常生活需求提供的各类服务活动，包括文化体育服务、教育医疗服务、旅游娱乐服务、餐饮住宿服务、居民日常服务和其他生活服务。

（5）销售不动产

销售不动产是指转让不动产所有权的业务活动。不动产是指不能移动或移动后会引起性质、形状改变的财产，包括建筑物、构筑物等。建筑物包括住宅、商业营业用房、办公楼等可供居住、工作或进行其他活动的建造物；构筑物包括道路、桥梁、隧道、水坝等建造物。

转让建筑物有限产权或永久使用权的、转让在建的建筑物或构筑物所有权的，以及在转让建筑物或构筑物时一并转让其所占土地的使用权的，按照销售不动产缴纳增值税。

（6）销售无形资产

销售无形资产是指转让无形资产所有权或使用权的业务活动。无形资产是指不具有实物形态，但能带来经济利益的资产，包括技术、商标、著作权、商誉、自然资源使用权和其他权益性无形资产。自然资源使用权包括土地使用权、海域使用权、探矿权、采矿权、取水权和其他自然资源使用权；其他权益性无形资产包括基础设施资产经营权、公共事业特许权、配额、经营权（包括特许经营权、连锁经营权、其他经营权）、经销权、分销权、代理权、会员权、席位权、网络游戏虚拟道具、域名、名称权、肖像权、冠名权、转会费等。

此外，还包括以下特殊征税项目。

① 银行销售金银的业务。

② 典当业销售死当物品和寄售业代委托人销售寄售物品。

③ 集邮商品（如邮票、首日封、邮折等）的生产，邮政部门以外的其他单位和个人销售的集邮商品。

④ 电力公司向发电企业收取的过网费。

2. 税率

（1）税率

一般纳税人增值税税率分为4档，分别是13%、9%、6%和零税率。其适用情形如表2-3所示。

表 2-3　增值税税率

适用情形	税　率
销售或进口货物（适用较低税率除外）；提供加工、修理修配劳务；提供有形动产租赁服务	13%
销售或进口下列货物： ① 粮食等农产品、食用植物油、食用盐； ② 自来水、暖气、冷气、热水、煤气、石油液化气、天然气、二甲醚、沼气、居民用煤炭制品； ③ 图书、报纸、杂志、音像制品、电子出版物； ④ 饲料、化肥、农药、农机、农膜等	9%
提供交通运输服务、邮政服务、基础电信服务、建筑服务、不动产租赁服务，销售不动产，转让土地使用权	9%
提供其他服务，包括现代服务（租赁服务除外）、增值电信服务、金融服务、生活服务、销售无形资产（土地使用权、跨境销售无形资产除外）	6%
出口货物、部分跨境服务、转让无形资产	0

思考

如果纳税人同时提供多种服务，那么该如何选择适用税率计算纳税呢？

（2）征收率

增值税征收率适用于两种情形：一是小规模纳税人；二是一般纳税人发生应税销售行为按规定可以选择简易计税方法计税。其适用情形如表 2-4 所示。

表 2-4　增值税征收率及其适用情形

适用情形	征收率
① 小规模纳税人； ② 一般纳税人适用简易计税的特定应税行为（适用 5% 征收率的除外）	3%
① 销售不动产、出租不动产； ② 转让营改增前取得的土地使用权； ③ 房地产开发企业销售、出租自行开发的房地产老项目； ④ 一般纳税人和小规模纳税人提供劳务派遣服务选择差额纳税； ⑤ 一般纳税人提供人力资源外包服务，选择简易计税方法	5%
个体工商户和其他个人出租住房	5% 减按 1.5%
① 销售旧货（二手车除外）； ② 一般纳税人销售自己使用过的不得抵扣且未抵扣进项税额的固定资产； ③ 小规模纳税人（不含其他个人）销售自己使用过的固定资产	3% 减按 2%

3. 增值税的税收优惠政策

（1）小规模纳税人免税规定

① 自 2021 年 4 月 1 日至 2022 年 12 月 31 日，小规模纳税人发生增值税应税销售行为，合计月销售额未超过 15 万元（以 1 个季度为 1 个纳税期的，季度销售额未超过 45 万元）的，免征增值税。按固定期限纳税的小规模纳税人可以选择以 1 个月或 1 个季度为纳税期限。一经选择，一个会计年度内不得变更。

② 小规模纳税人发生增值税应税销售行为，合计月销售额如果超过了 15 万元，但扣除本期发生的销售不动产的销售额后未超过 15 万元的，则其销售货物、劳务、服务、无形资产取得的销售额免征增值税。

（2）增值税法定免税项目

① 农业生产者销售的自产农产品。

② 避孕药品和用具。

③ 古旧图书。

④ 直接用于科学研究、科学实验和教学的进口仪器和设备。

⑤ 外国政府、国际组织无偿援助的进口物资和设备。

⑥ 由残疾人组织直接进口供残疾人专用的物品。

⑦ 个人销售自己使用过的物品。

⑧ 由残疾人的组织直接进口供残疾人专用的物品。

三、任务实施

① 北京华宇装饰有限公司是一般纳税人，在计算增值税时，适用一般计税方法。

② 北京华宇装饰有限公司应税业务属于增值税征税范围中的"在我国境内销售货物、提供加工修理修配劳务、销售服务"等业务。

③ 北京华宇装饰有限公司销售装饰材料适用 13% 的增值税税率；提供的装修服务属于建筑服务范畴，适用 9% 的增值税税率；提供的设计服务属于现代服务，适用 6% 的增值税税率。

四、任务评价

请在表 2-5 中客观填写每一项工作任务的完成情况。

表 2-5 任务评价表

工作任务清单	完成情况
① 能准确判断增值税的涉税业务	
② 能准确判断增值税税率	
③ 能准确判断增值税的纳税人	

任务二　一般纳税人销项税额的计算

一、任务情境

（一）任务场景

见任务一中的任务场景。

（二）任务布置

准确计算北京华宇装饰有限公司各销售业务的销售额及销项税额。

二、知识准备

销项税额是指一般纳税人在销售货物，提供应税劳务、销售服务、无形资产及不动产时，按照销售额和适用税率计算的并向购买方收取的增值税税额。销项税额的计算公式为：

$$销项税额 = 不含税销售额 \times 税率$$

计算销项税额的销售额为不含税销售额，如果是含税销售额，则需要换算为不含税销售额。其换算公式为：

$$当期不含税销售额 = 当期含税销售额 \div (1 + 增值税税率)$$

（一）一般销售方式下销项税额的计算

销售额是指纳税人销售货物或提供应税劳务，向购买方收取的全部价款和价外费用。价外费用是指纳税人销售货物或应税劳务时向购买方收取的价款以外的各种费用、租金、补贴等，包括手续费、补贴、基金、集资费、返还利润、奖励费、违约金（延期付款利息）、包装费、包装物租金、储备费、优质费、运输装卸费、代收款项、代垫款项及其他各种性质的价外费用。

下列项目不属于价外费用。

① 向购买方收取的增值税销项税额，因为增值税是价外税。

② 受托加工应征消费税的消费品所代收代缴的消费税。

③ 同时符合以下条件的代垫运输费用。

- 承运部门的运输费用发票开具给购买方的。
- 纳税人将该项发票转交给购买方的。

④ 代为收取的政府性基金或行政事业性收费。

⑤ 销售货物的同时代办保险等而向购买方收取的保险费等。

> **提示**
>
> 税法规定，无论会计上如何处理，价外费用均应并入销售额计征增值税。价外费用视为含税收入。

知识拓展 2-1　　　　　　　哪些售价含增值税？

普通发票未进行价税分离前的销售额含税；零售行业销售额含税；价外费用含税。在计算销项税额时，都需要将其转换为不含税销售额。

销售额的构成如表 2-6 所示。

单元二 增值税的计算与申报

表 2-6 销售额的构成

销售额的构成	包括：全部价款＋价外费用（如销售货物时价外向买方收取的手续费、违约金、延期付款利息、赔偿金、包装费、优质费等）
	不包括：收取的销项税；代收代缴的消费税；代收符合条件的政府性基金或行政事业性收费；代收保险费、车辆购置税和车辆牌照费；以委托方名义开具发票代委托方收取的款项

课堂训练 2-1 建华三厂（一般纳税人）本月向华宇商场批发一批货物，由该厂负责运输，开具的增值税专用发票上注明价款 200 万元，并收取运杂费 3 万元；向消费者零售货物，售价为 50 万元。计算该厂的应税销售额及销项税额。

应税销售额 ＝ 200 ＋ 3÷(1+13%) ＋ 50÷(1+13%) ＝ 200+2.65+44.25
　　　　　 ＝ 246.9（万元）

销项税额 ＝ 246.9×13% ＝ 32.10（万元）

（二）特殊销售方式下销项税额的计算

销售活动中，为了达到及时收回货款或促销等目的，会有多种销售方式。在不同销售方式下，销售方取得的销售额会有所不同。

1. 折扣方式销售

折扣方式销售包括商业折扣、现金折扣和销售折让 3 种方式。

① 商业折扣又称折扣，是指销售方在销售货物或应税劳务时，因购买方购货数量较大而给予购买方的价格优惠。税法规定，如果销售额和折扣额在同一张发票的"金额"栏内分别注明，则可按折扣后的余额作为销售额；如果折扣额另开发票，则不论其在财务上如何处理，均不得从销售额中减除折扣额。这里的折扣销售仅限于货物价格折扣，如果是实物折扣，则应按视同销售中的无偿赠送处理，实物款额不能从原销售额中减除。

② 现金折扣在税法上称为销售折扣，是指销售方在销售货物或应税劳务后，为了鼓励购买方及早偿还货款而协议许诺给予购买方的一种折扣优惠。例如，10 天内付款，折扣为 2%；20 天内付款，折扣为 1%；30 天内全价付款。对于现金折扣，折扣额不得从销售额中减除。实际发生现金折扣时，直接冲减财务费用。

③ 销售折让是指企业因售出商品质量不符合要求等原因而在售价上给予购买方的减让。企业将商品销售给购买方后，如果购买方发现商品在质量、规格等方面不符合要求，就可能要求销售方在价格上给予一定的减让。如果销售折让发生在确认销售收入之前，则应直接按扣除销售折让后的金额确认销售收入。已确认销售收入的售出商品发生销售折让，且不属于资产负债表日后事项的，应在发生时冲减当期销售收入。对于按规定允许扣减增值税税额的，还应冲减已确认的应交增值税销项税额。此时，销售方可按规定开具红字增值税专用发票。

折扣方式销售额的确定如表 2-7 所示。

表 2-7 折扣方式销售额的确定

类　型	销售额的确定
商业折扣（折扣）	如果销售额和折扣额在同一张发票的"金额"栏内分别注明，则按折扣后的余额作为销售额；如果折扣额另开发票，则不论财务上如何处理，均不得从销售额中减除折扣额。这里的折扣仅限于价格折扣，如果是实物折扣，则按视同销售中的无偿赠送处理，实物款额不能从原销售额中减除
现金折扣（销售折扣）	折扣额不得从销售额中减除，发生的现金折扣计入财务费用
销售折让	发生销售折让时，按规定开具红字发票，折让额可以从销售额中减除

课堂训练 2-2 甲公司销售给乙公司 10 000 件玩具，每件不含税价格为 20 元。由于乙公司购买数量多，所以甲公司按原价的 8 折优惠销售，折扣额和销售额开在同一张发票的"金额"栏内。另外，由于乙公司 10 日内付清款项，所以甲公司给予价款 2% 的现金折扣。分别计算甲公司的销售额和销项税额。

销售额 ＝ 20×10 000×80% ＝ 160 000（元）

销项税额 ＝ 160 000×13% ＝ 20 800（元）

2. 以旧换新方式销售

以旧换新是指纳税人在销售自己的货物时，有偿收回旧货物的行为。税法规定，采取以旧换新方式销售货物的，应按新货物的同期销售价格确定销售额，不得扣减旧货物的收购价格。之所以这样规定，既是因为销售货物与收购货物是两个不同的业务活动，所以销售额与收购额不能相互抵减，也是为了严格增值税的计算征收，防止出现销售额不实、减少纳税的现象。考虑到金银首饰以旧换新业务的特殊情况，对金银首饰以旧换新业务，可以按销售方实际收取的不含增值税的全部价款征收增值税。

以旧换新方式销售额的确定如表 2-8 所示。

表 2-8 以旧换新方式销售额的确定

类　型	销售额的确定
一般货物	按新货物同期销售价格确定销售额，不得扣减旧货物的收购价格
金银首饰	可按销售方实际收取的不含增值税的全部价款确认销售额

课堂训练 2-3 百货大楼属于一般纳税人，销售海尔 A 款电冰箱，零售价为 3 390 元/台。如果顾客交还同品牌旧冰箱作价 1 000 元/台，则交差价 2 390 元就可换回全新冰箱 1 台。当月采用这种方式销售海尔 A 款电冰箱 100 台，计算当月对应的销售额和销项税额。

销售额 ＝ 3 390÷(1＋13%)×100 ＝ 300 000（元）

销项税额 ＝ 300 000×13% ＝ 39 000（元）

课堂训练 2-4 五洲首饰商城为一般纳税人，2021 年 5 月份发生以下的业务：采取以旧换新方式向消费者销售金项链 2 350 条，新项链每条零售价 3 260 元，旧项链每条作价 1 000 元，每条项链取得差价 2 260 元。计算 5 月份该商城的销售额和销项税额。

销售额＝（3 260－1 000）÷（1＋13%）×2 350＝4 700 000（元）

销项税额＝4 700 000×13%＝611 000（元）

（三）视同销售方式下销项税额的计算

视同销售全称为视同销售货物行为，是指货物在本环节没有直接发生有偿的转让，但也要按照正常的销售征税的行为。

单位或个体工商户的下列行为视同销售货物，征收增值税。

① 将货物交付其他单位或个人代销。

② 销售代销货物。

③ 设有两个以上分支机构并实行统一核算的纳税人，将货物从一个机构移送至其他机构用于销售。但相关机构设在同一县（市）的除外。

用于销售是指受货机构发生以下情形之一的经营行为：向购货方开具发票；向购货方收取货款。受货机构的货物移送行为有上述情形之一的，应当向所在地税务机关缴纳增值税；未发生上述两种情形的，则应由总机构统一缴纳增值税。如果受货机构只就部分货物向购买方开具发票或收取货款，则应当区别不同情况计算并分别向总机构所在地或分支机构所在地缴纳税款。相关机构如果在同一县市，它们都归属于同一个主管税务机关管辖，则不需要视同销售。

④ 将自产或委托加工的货物用于非增值税应税项目。

⑤ 将自产、委托加工的货物用于集体福利或个人消费。集体福利是指企业内部设置的供职工使用的食堂、浴室、理发室、宿舍、幼儿园等福利设施及其设备、物品；个人消费是指以福利、奖励、津贴等形式发给职工的个人物品，也包括纳税人的交际应酬消费。另外，购买的货物用于集体福利或个人消费不能视同销售，进项税额只能做转出处理。

⑥ 将自产、委托加工或购进的货物作为投资，提供给其他单位或个体工商户。

⑦ 将自产、委托加工或购进的货物分配给股东或投资者。

⑧ 将自产、委托加工或购进的货物无偿赠送其他单位或个人。

对视同销售无销售额的或纳税人所售货物价格明显偏低且无正当理由的，由主管税务机关按下列顺序核定销售额。

① 按纳税人最近时期销售同类货物的平均销售价格确定。

② 按其他纳税人最近时期销售同类货物的平均销售价格确定。

③ 按组成计税价格确定。组成计税价格的计算公式为：

$$组成计税价格＝成本×（1＋成本利润率）$$

属于应征消费税的货物，其组成计税价格中应加上消费税税额；成本利润率由国家税务总局确定。

课堂训练 2-5 2021年5月，甲公司（一般纳税人）委托乙公司（一般纳税人）销售A商品200件，协议价为不含税价每件100元。该商品成本为每件60元，增值税税率13%。合同约定该商品的售价由乙公司自定,如果乙公司没能售出该商品,则可以退回给甲公司。当年7月,乙公司按每件不含税120元的价格出售给顾客后,向甲公司开具了代销清单。甲公司收到代销清单时,向乙公司开具增值税专用发票,发票上注明的价款为20 000元、增值税税额为2 600元。

(1)甲公司收到代销清单时

销售额 = 100×200 = 20 000(元);销项税额 = 20 000×13% = 2 600(元)

(2)乙公司销售商品时

销售额 = 120×200 = 24 000(元);销项税额 = 24 000×13% = 3 120(元)

课堂训练 2-6 三元食品厂(一般纳税人)9月将自产的月饼作为福利发给本厂职工,共发放A类月饼400盒,同类产品每盒不含税销售价为15元;发放B类月饼200件,无同类产品销售价格,制作B类月饼的总成本为3 500元。这些月饼需要缴纳增值税吗?它们的销项税额如何确认?

企业将自产货物用于发放集体福利视同销售,缴纳增值税。

A类月饼的销售额 = 400×15 = 6 000(元)

B类月饼的销售额 = 3 500×(1 + 10%) = 3 850(元)

这两项视同销售行为的销售额 = 6 000 + 3 850 = 9 850(元)

销项税额 = 9 850×13% = 1 280.5(元)

(四)混合销售与兼营销项税额的计算

1. 混合销售

混合销售是指一项销售行为既涉及销售货物,又涉及提供服务。

税务处理规定:从事货物的生产、批发或零售的单位和个体工商户的混合销售行为,按照销售货物缴纳增值税;其他单位和个体工商户的混合销售行为,按照销售服务缴纳增值税。

混合销售行为同时具备以下特征。

①销售货物和销售服务属于同一项完整的销售行为。

②两项销售行为之间有着密切的从属和逻辑关系,如甲商场在销售空调的同时提供安装服务。

③销售货物和销售服务行为一主一辅,关键看哪项是主营业务。

课堂训练 2-7 甲商场是一般纳税人,本年7月份销售空调,并为客户提供安装服务。空调价款为113 000元(含增值税),另收取安装费11 300元(含增值税),货款与安装费均已收到。确认甲商场的销项税额。

甲商场当期销售额 = 113 000÷(1+13%)+11 300÷(1+13%) = 100 000+10 000
= 110 000(元)

销项税额＝110 000×13%＝14 300（元）

2. 兼营

兼营是指纳税人经营不同的业务，经营业务间并无直接的联系和从属关系。

纳税人兼营销售货物、劳务、服务、无形资产或不动产，适用不同税率或征收率的，应当分别核算适用不同税率或征收率的销售额；未分别核算的，从高适用税率。纳税人兼营免税、减税项目的，应当分别核算免税、减税项目的销售额；未分别核算的，不得免税、减税。

课堂训练 2-8 甲公司是一般纳税人，本年9月份生产并销售设备（货物）800 000元（不含增值税）。甲公司还对外提供餐饮服务，取得不含税销售额20 000元。甲公司对以上两种业务分别核算，并按照各自的税率分别开具增值税专用发票。款存银行。

销项税额＝800 000×13%＋20 000×6%＝104 000＋1 200＝105 200（元）

知识拓展 2-2

根据国家税务总局2017年第11号公告，纳税人销售活动板房、机器设备、钢结构件等自产货物的同时提供建筑、安装服务不属于混合销售，应分别核算货物和建筑服务的销售额，分别适用不同的税率或征收率。

三、任务实施

① 第①笔业务销售额＝5 500×10＋1 130÷(1＋13%)＝56 000（元），销项税额＝56 000×13%＝7 280（元）。

② 第②笔业务销售额＝904×10÷(1＋13%)＝8 000（元），销项税额＝8 000×13%＝1 040（元）。

③ 第③笔业务销售额＝218 000÷(1＋9%)＝200 000（元），销项税额＝200 000×9%＝18 000（元）。

④ 第⑤笔业务销售额＝10 600÷(1＋6%)＝10 000（元），销项税额＝10 000×6%＝600（元）。

⑤ 第⑥笔业务组成计税价格＝10 000×(1＋10%)＝11 000（元），销项税额＝11 000×13%＝1 430（元）。

⑥ 第⑦笔业务销售额＝500 000×90%＝450 000（元），销项税额＝450 000×13%＝58 500（元）。

四、任务评价

请在表2-9中客观填写每一项工作任务的完成情况。

表2-9 任务评价表

工作任务清单	完成情况
① 能准确计算一般销售方式下的销项税额	
② 能准确计算特殊销售方式下的销项税额	
③ 能准确计算视同销售方式下的销项税额	
④ 能准确计算混合销售与兼营的销项税额	

任务三 一般纳税人进项税额的计算

一、任务情境

（一）任务场景

见任务一中的任务场景。

（二）任务布置

应用有关票据计算可抵扣的进项税额及不可抵扣的进项税额。

二、知识准备

纳税人购进货物、加工修理修配劳务、服务、无形资产、不动产支付或负担的增值税税额，为进项税额。进项税额是与销项税额相对应的一个概念。在开具增值税专用发票的情况下，它们之间的对应关系是：销售方收取的销项税额就是购买方支付的进项税额。对于任何一个一般纳税人而言，由于其在经营活动中既会发生销售货物或提供应税劳务和应税服务，又会发生购进货物或接受应税劳务和应税服务，因此每个一般纳税人都会有收取的销项税额和支付的进项税额。增值税的核心就是用纳税人收取的销项税额抵扣其支付的进项税额，其余额为纳税人实际应缴纳的增值税税额。

（一）准予从销项税额中抵扣的进项税额

根据《增值税暂行条例》的规定，准予从销项税额中抵扣的进项税额分为凭票抵扣和计算抵扣两种情况。

1. 凭票抵扣

这种情况确认的进项税额必须取得国家合法、正规的相应票据，根据票据上所载的税额确定。

① 从销售方或票据提供方取得的增值税专用发票（包括货物运输业增值税专用发票、机动车销售统一发票）上注明的增值税税额。

课堂训练 2-9 北京建德装饰有限公司 2021 年 8 月 5 日采购装修用材料，价税合计 113 000 元。取得增值税专用发票，不含税价款为 100 000 元、税额为 13 000 元。

可抵扣的进项税额 = 13 000（元）

② 从海关取得的海关进口增值税专用缴款书上注明的增值税税额。

③ 接受境外单位或个人提供的应税服务，从税务机关或境内代理人取得的解缴税款的中华人民共和国税收缴款凭证（简称税收缴款凭证）上注明的增值税税额。

④ 纳税人购进国内旅客运输服务，取得的增值税专用发票或增值税电子普通发票上注明的增值税税额。

2. 计算抵扣

这种方法确认的进项税额，需要根据支付金额和法定的扣除率计算确定。

① 购进农产品，取得一般纳税人开具的增值税专用发票或海关进口增值税专用缴款书的，以增值税专用发票或海关进口增值税专用缴款书上注明的增值税税额为进项税额。除取得增值税专用发票或海关进口增值税专用缴款书外，按照农产品收购发票或销售发票上注明的农产品买价和 9% 的扣除率计算进项税额。其计算公式为：

$$可抵扣的进项税额 = 买价 \times 扣除率$$

式中，买价是指纳税人购进农产品，在农产品收购发票或销售发票上注明的价款和按照规定缴纳的烟叶税。

综上所述，可以抵扣的进项税凭证及税额计算汇总如表 2-10 所示。

表 2-10 可以抵扣的进项税凭证及税额计算汇总

确认进项税额的方法	购进商品或服务的票据	税额计算
凭票抵扣	货物增值税专用发票	发票上注明的税额
	货物运输业增值税专用发票	
	机动车销售统一发票	
	海关进口增值税专用缴款书	
	税收缴款凭证	
	乘坐各类交通工具取得的增值税专用发票或增值税电子普通发票	
计算抵扣	农产品收购发票或销售发票	买价 × 扣除率
	航空运输电子客票行程单	（票价＋燃油附加费）÷（1＋9%）×9%
	铁路工具运输票据	票面金额÷（1＋9%）×9%
	公路或水路工具运输票据	票面金额÷（1＋3%）×3%

课堂训练 2-10 三农面粉加工公司是一般纳税人，以生产销售面粉为主营业务。2021 年 5 月，从农户手中收购小麦 100 000 千克，开具的收购票据上注明买价 200 000 元。此时可抵扣的进项税额是多少？

可抵扣的进项税额 = 200 000 × 9% = 18 000（元）

课堂训练 2-11 上例中，如果生产销售的主营产品是饼干，此时从农户手中购买小麦 100 000 千克，开具的收购票据上注明买价 200 000 元，则进项税额又该如何计算呢？

税法规定纳税人购进用于生产或委托加工 13% 税率货物的农产品，按照 10% 的扣除率计算进项税额。

可抵扣的进项税额 = 200 000×10% = 20 000（元）

② 纳税人购进国内旅客运输服务，其进项税额允许从销项税额中抵扣。

● 取得注明旅客身份信息的航空运输电子客票行程单的，按照下列公式计算可抵扣的进项税额。

航空运输可抵扣的进项税额 =（票价 + 燃油附加费）÷（1+9%）×9%

● 取得注明旅客身份信息的铁路车票的（高铁、普通火车等），如果没有注明税额，则票面总金额为价税合计数，按照下列公式计算可抵扣的进项税额。

铁路工具运输可抵扣的进项税额 = 票面金额 ÷（1+9%）×9%

● 取得注明旅客身份信息的公路、水路等其他客票的，如果没有注明税额，则票面总金额为价税合计数，按照下列公式计算可抵扣的进项税额。

公路、水路等其他旅客运输可抵扣的进项税额 = 票面金额 ÷（1+3%）×3%

课堂训练 2-12 三农面粉加工公司职工王一出差，在 2021 年 7 月取得航空运输电子行程单的票价和燃油费一共是 3 000 元、火车票 1 200 元、长途客运车票 90 元、滴滴打车取得的发票税额为 54 元。计算王一出差可以抵扣的进项税额。

可抵扣的进项税额 = 3 000÷(1+9%)×9% + 1 200÷(1+9%)×9% + 90÷(1+3%)×3% + 54 = 403.41（元）

王一可以抵扣的进项税额为 403.41 元。

（二）不得从销项税额中抵扣的进项税额

按照《增值税暂行条例》的规定，对于一般纳税人，下列项目的进项税额不得从销项税额中抵扣。

1. 用于不产生销项税的项目

① 购进的货物或服务用于简易计税方法计税项目、免征增值税项目、集体福利或个人消费。不管是否取得增值税专用发票，都不能抵扣，将其计入购进的货物或服务成本中。

纳税人的交际应酬消费属于个人消费。

课堂训练 2-13 一般纳税人北京建德装饰有限公司购进的铝材用于简易计税项目，取得的增值税专用发票上注明的价款为 1 000 元、增值税税额为 130 元。该进项税额在计算本期应缴的增值税税额时是否可以抵扣？

税法规定，购进货物用于简易计税项目，其对应的进项税额不能抵扣，要计入所购货物的成本中。

课堂训练 2-14 一般纳税人北京建德装饰有限公司2021年7月外购劳保用品用于集体福利，取得的增值税专用发票注明的价款为5 900元、增值税税额为767元。该进项税额在计算本期应缴的增值税税额时是否可以抵扣？

不能抵扣。税法规定，购进货物用于集体福利，其对应的进项税额不能抵扣，要计入所购货物的成本中。

② 购进的贷款服务、餐饮服务、居民日常服务和娱乐服务，税法明确规定不得抵扣进项税。

课堂训练 2-15 一般纳税人北京建德装饰有限公司2021年6月职工报销差旅费，其中报销酒吧的消费费用为5 300元。取得的增值税专用发票注明的金额为5 000元、增值税税额为300元。该进项税额在计算本期应缴的增值税税额时是否可以抵扣？

税法规定，纳税人购进的娱乐服务对应的进项税额不得抵扣，因此300元的进项税额应计入相应费用中。

2. 进项税额转出的情况

① 购进的货物已经做过进项税额抵扣，后又改变用途，用于集体福利或个人消费等，做进项税额转出，不允许抵扣。

课堂训练 2-16 一般纳税人北京建德装饰有限公司购入装饰用木材，价款10 000元，增值税专用发票上注明的税额为1 300元。将该批木材中的一半用于职工食堂的修缮。修缮用木材对应的进项税额650元应该如何处理？

职工食堂修缮用木材对应的650元的进项税额做转出处理，计入食堂修理成本。

② 购进的货物已经做过进项税抵扣，后因管理不善，造成被盗、毁损等，进项税额做转出处理，不允许抵扣。

课堂训练 2-17 一般纳税人北京建德装饰有限公司购入装饰用木材，价款20 000元，增值税专用发票上注明的税额为2 600元。由于管理不善，价值4 000元的木材被盗，请问被盗的木材所对应的进项税额如何处理？

被盗木材对应的进项税额＝4 000×13%＝520（元），做转出处理。

③ 非正常损失的在产品、产成品所耗用的购进货物或应税劳务，也要做进项税额转出，不允许抵扣。

> **提示**
> 因"不可抗力"造成的非正常损失的购进货物，其进项税额可抵扣。

3. 购进货物或服务取得的是不符合抵扣要求的票据

课堂训练 2-18 北京建德装饰有限公司2021年8月23日支付广告费用，取得增值税普通发票1张，价税合计为10 600元。该发票上的税额是否可以抵扣？

普通发票是购进货物或服务取得的不符合抵扣要求的票据，所以此处不能抵扣进项税额。

三、任务实施

承任务二的任务实施。

① 按照《增值税暂行条例》的规定，取得机动车销售统一发票，进项税额可以抵扣。第④笔业务进项税额＝3 900 元。

② 按照《增值税暂行条例》的规定，取得增值税专用发票，进项税额可以抵扣。第⑧笔业务进项税额＝10 400 元。

③ 按照《增值税暂行条例》的规定，第⑨笔业务取得的增值税普通发票不能抵扣。

④ 按照《增值税暂行条例》的规定，第⑩笔业务企业将外购的货物——食用油作为福利发放，其对应的增值税税额不能抵扣。

⑤ 第⑪笔业务 4 张航空运输电子客票行程单对应的进项税额＝(4 400＋80)÷(1＋9%)×9%＝369.91（元）、4 张铁路车票对应的进项税额＝1 664÷(1＋9%)×9%＝137.39（元）、餐饮费普通发票增值税不能抵扣，故可抵扣的进项税额合计＝369.91＋137.39＝507.3（元）。

⑥ 税法规定，由于保管不善发霉变质，其对应的进项税应做转出处理。第⑫笔业务的进项税额转出＝6 000×13%＝780（元）。

四、任务评价

请在表 2-11 中客观填写每一项工作任务的完成情况。

表 2-11　任务评价表

工作任务清单	完成情况
① 整理采购票据	
② 核查各类发票的完整性和正确性	
③ 能准确计算可以抵扣的进项税额	
④ 能准确计算不可抵扣的进项税额	

任务四　进口货物应纳税额的计算

一、任务情境

（一）任务场景

见任务一中的任务场景。

（二）任务布置

① 准确判断进口装饰材料是否应申报缴纳增值税。
② 准确计算进口装饰材料在进口环节应缴纳的增值税税额。

二、知识准备

对进口货物征税是国际通行的惯例。根据《增值税暂行条例》的规定，中国境内进口货物的单位和个人均应按规定缴纳增值税。

（一）纳税人

根据《增值税暂行条例》的规定，进口货物增值税的纳税人为进口货物的收货人或办理报关手续的单位和个人，包括国内一切从事进口业务的企事业单位、机关团体和个人。

（二）征税范围

根据规定，凡是申报进入中国海关境内的货物，均应缴纳增值税。在进口环节，由海关代征增值税。

确定一项货物是否属于进口货物，主要看是否有报关手续。只要是报关进境的应税货物，不论其用途如何，是自行采购用于贸易还是自用，不论是购进还是国外捐赠，均应按照规定缴纳进口环节的增值税（免税进口的货物除外）。

（三）税率

进口货物增值税税率与一般纳税人在国内销售同类货物税率相同，分别为13%、9%、6%等。

（四）应纳税额

纳税人进口货物，按规定的组成计税价格和税率计算应纳增值税税额，不得抵扣发生在我国境外的任何税金。

1. 确定组成计税价格

进口货物增值税的组成计税价格中包括关税税额，如果进口货物属于消费税应税消费品，则其组成计税价格中还要包括进口环节已缴纳的消费税税额。其计算公式为：

$$组成计税价格 = 关税完税价格 + 关税 + 消费税（消费税从价定率）$$
$$= 关税完税价格 \times (1 + 关税税率) \div (1 - 消费税税率)$$

2. 确定关税完税价格

进口货物的关税完税价格是以海关审定的成交价格为基础的到岸价格。其计算公式为：

$$关税完税价格 = 货价 + 包装费 + 保险费 + 运杂费等$$

3. 计算进口货物的应纳税额

其计算公式为：

应纳税额＝组成计税价格×税率

进口货物在海关缴纳的增值税符合抵扣范围的，凭海关开具的进口增值税专用缴款书，可以从当期销项税额中抵扣。

课堂训练 2-19 开元有限公司是增值税一般纳税人。2021年7月进口一批钢材，该批钢材在国外的买价折合人民币50万元，运抵我国海关前发生的包装费、运输费、保险费共计10万元。货物报关后，公司按规定缴纳了进口环节的增值税并取得了海关开具的完税凭证。假定该批钢材在国内全部销售，取得不含税销售额80万元。进口关税税率为15%，增值税税率为13%。计算该批钢材进口环节及国内销售环节分别应缴纳的增值税税额。

关税完税价格＝50＋10＝60（万元）

关税税额＝60×15%＝9（万元）

组成计税价格＝60＋9＝69（万元）

进口环节应纳增值税税额＝69×13%＝8.97（万元）

国内销售环节的销项税额＝80×13%＝10.4（万元）

国内销售环节应纳增值税税额＝10.4－8.97＝1.43（万元）

课堂训练 2-20 甲贸易公司2021年2月从日本进口10辆小汽车，买价100万元，运抵我国海关前发生运输费、保险费、装卸费共40万元。关税税率为20%，消费税税率为12%，增值税税率为13%。计算该批小轿车进口环节应缴纳的增值税税额。

组成计税价格＝（100＋40）×(1＋20%)÷(1－12%)＝190.91（万元）

应纳增值税税额＝190.91×13%＝24.82（万元）

三、任务实施

承任务三的任务实施。

第⑬笔业务的组成计税价格＝400 000×(1＋10%)＝440 000（元）；应纳税额＝组成计税价格×税率＝440 000×13%＝57 200（元）。

四、任务评价

请在表2-12中客观填写每一项工作任务的完成情况。

表2-12 任务评价表

工作任务清单	完成情况
①确定进口货物纳税人	
②核对进口货物海关报关单	
③确定进口货物关税完税价格	
④准确计算进口货物组成计税价格	

单元二　增值税的计算与申报

任务五　一般纳税人增值税的计算与申报

一、任务情境

（一）任务场景

见任务一中的任务场景。

（二）任务布置

① 准确计算一般纳税人应纳增值税税额，并填写增值税纳税申报表。
② 根据检查无误的增值税月度申报表进行纳税申报。

二、知识准备

（一）一般纳税人增值税的计算

一般纳税人增值税的计算，通常采用一般计税方法。一般计税方法的应纳税额是指当期销项税额抵扣当期进项税额后的余额。一般纳税人在计算出销项税额和进项税额后，就可以得出实际应纳税额。

1. 计算应纳税额的时间限定

为了保证计算应纳税额的合理性、准确性，纳税人必须严格把握当期进项税额从当期销项税额中抵扣这个要点。当期是一个重要的时间限定，具体是指税务机关依照税法规定对纳税人确定的纳税期限，只有在纳税期限内实际发生的销项税额、进项税额，才是法定的当期销项税额或当期进项税额。

（1）计算销项税额的时间限定

纳税人销售货物、劳务，其纳税义务发生时间为收到销售款或取得索取销售款凭证的当天；先开具发票的，为开具发票的当天。按销售结算方式的不同，可分为以下几种情况。

① 采取直接收款方式销售货物的，不论货物是否发出，均为收到销售款或取得索取销售款凭证的当天。

② 采取托收承付和委托银行收款方式销售货物的，为发出货物并办妥托收手续的当天。

③ 采取赊销和分期收款方式销售货物的，为书面合同约定的收款日期的当天，无书面合同的或书面合同没有约定收款日期的，为货物发出的当天。

④ 采取预收货款方式销售货物的，为货物发出的当天，但生产销售生产工期超过12个月的大型机械设备、船舶、飞机等货物，为收到预收款或书面合同约定的收款日期的当天。

⑤ 委托其他纳税人代销货物，为收到代销单位的代销清单或收到全部或部分货款的当

天；未收到代销清单及货款的，为发出代销货物满180日的当天。

⑥销售应税劳务的，为提供劳务同时收到销售款或取得索取销售款凭证的当天。

⑦纳税人发生视同销售货物行为（委托他人代销货物、销售代销货物除外）的，为货物移送的当天。

⑧纳税人进口货物的，为报关进口的当天。

（2）进项税额抵扣的时间限定

国家税务总局公告2019年第45号规定：取消认证确认、申报抵扣的期限。

2. 一般纳税人应纳税额的计算

确定一般纳税人的销项税额和进项税额，二者相抵后为当期应纳税额。由于增值税实行购进扣税法，所以有时企业当期购进的货物较多，在计算应纳税额时会出现当期销项税额小于当期进项税额，即进项税额不足抵扣的情况。根据税法规定，当期进项税额不足抵扣的部分可以结转下期继续抵扣或留抵退税。下期应纳税额的计算公式为：

$$应纳税额＝当期销项税额－当期进项税额－上期留抵税额$$

需要注意的是，一般纳税人因销售货物退回或折让而退还给购买方的增值税税额，应从发生销售货物退回或折让当期的销项税额中扣减；因购进货物退回或折让而收回的增值税税额，应从发生购进货物退回或折让当期的进项税额中扣减。

一般纳税人销售货物或应税劳务开具增值税专用发票后，发生销售货物退回或折让、开票有误等情形，应按国家税务总局的规定，开具红字增值税专用发票。未按规定开具红字增值税专用发票的，增值税税额不得从销项税额中扣减。

知识拓展 2-3 购置增值税税控系统专用设备和技术维护费抵减增值税政策的应用

1. 购置税控设备免税规定

增值税纳税人2011年12月1日（含）以后初次购买增值税税控系统专用设备（包括分开票机）支付的费用，可凭购买增值税税控系统专用设备取得的增值税专用发票，在增值税应纳税额中全额抵减（抵减额为价税合计额），不足抵减的可结转下期继续抵减；增值税纳税人非初次购买增值税税控系统专用设备支付的费用，由其自行负担，不得在增值税应纳税额中抵减。

2. 缴纳的技术维护费免税规定

增值税纳税人2011年12月1日以后缴纳的技术维护费（不含补缴的2011年11月30日以前的技术维护费），可凭技术维护服务单位开具的技术维护费发票，在增值税应纳税额中全额抵减，不足抵减的可结转下期继续抵减。技术维护费按照价格主管部门核定的标准执行。

课堂训练 2-21

北京建德装饰有限公司是一般纳税人，主要从事建筑装饰材料的销售及装饰服务。截至上月末，公司尚有进项税额3 600元未抵扣。2021年8月发生以下业务。

①1日，向北京新世纪酒店有限公司（一般纳税人）销售10个简易梳妆台，每个不含税价格为5 000元。公司已开具增值税专用发票。

②5日，向北京利友科技有限公司（小规模纳税人）销售10个防盗锁，每个含税价格

为 678 元。已开具增值税普通发票。

③ 5 日，采购装修用材料，价税合计 226 000 元。取得增值税专用发票，注明的价款为 200 000 元、增值税税额为 26 000 元。

④ 8 日，为北京欧雅贸易有限公司（一般纳税人）办公室提供装修服务。合同约定装修服务费价税合计 1 635 000 元。已开具增值税专用发票。

⑤ 12 日，为北京新世纪酒店有限公司（一般纳税人）提供室内设计服务。合同约定设计服务费价税合计 5 300 元。已开具增值税专用发票。

⑥ 15 日，该公司将装饰材料赠送给客户试用。实际成本为 70 000 元，无同类产品售价，成本利润率为 10%。

⑦ 16 日，销售装饰材料给甲公司。由于甲公司购买数量多，因此该公司按原价款 200 000 元的 9 折优惠销售，并给对方开具增值税专用发票一张，分别注明销售额和折扣额。

⑧ 23 日，购进一辆面包车，价税合计 67 800 元。取得机动车销售统一发票，注明的买价为 60 000 元、增值税税额为 7 800 元。同时，支付车辆购置税 6 000 元。该面包车本月已使用。

⑨ 23 日，支付广告费用。取得增值税普通发票一张，价税合计 10 600 元。

⑩ 24 日，发现库存中上月购进的装饰材料（价值 10 000 元）由于保管不善发霉变质，无法投入正常生产使用。

⑪ 25 日，支付差旅费。5 张航空运输电子客票行程单，票价为 2 000 元、民航发展基金为 300 元、燃油附加费为 90 元；7 张铁路车票，票面金额合计 1 635 元。已用现金支付。

计算该公司 8 月份应缴纳的增值税税额。

① 销售额 = 5 000×10 = 50 000（元）

　　销项税额 = 50 000×13% = 6 500（元）

② 销售额 = 678×10÷(1+13%) = 6 000（元）

　　销项税额 = 6 000×13% = 780（元）

③ 金额 = 200 000 元

　　进项税额 = 26 000 元

④ 销售额 = 1 635 000÷(1+9%) = 1 500 000（元）

　　销项税额 = 1 500 000×9% = 135 000（元）

⑤ 销售额 = 5 300÷(1+6%) = 5 000（元）

　　销项税额 = 5 000×6% = 300（元）

⑥ 组成计税价格 = 70 000×(1+10%) = 77 000（元）

　　销项税额 = 77 000×13% = 10 010（元）

⑦ 销售额 = 200 000×(1−10%) = 180 000（元）

　　销项税额 = 180 000×13% = 23 400（元）

⑧ 金额＝60 000元

进项税额＝7 800元

⑨ 普通发票不能抵扣。

⑩ 进项税额转出＝10 000×13%＝1 300（元）

⑪ 金额＝2 090÷(1＋9%)＋1 635÷(1＋9%)＝1 917.43＋1 500＝3 417.43（元）

进项税额＝1 917.43×9%＋1 500×9%＝172.57＋135＝307.57（元）

当期应纳税额＝当期销项税额－当期进项税额－上期留抵税额

＝当期销项税额－（当期进项税额－进项税额转出额）－上期留抵税额

＝175 990－34 107.57＋1 300－3 600＝139 582.43（元）

（二）一般纳税人增值税的纳税申报

1. 纳税期限

增值税的纳税期限分别为1日、3日、5日、10日、15日、1个月或1个季度。纳税人的具体纳税期限，由主管税务机关根据纳税人应纳税额的大小分别核定。不能按照固定期限纳税的，可以按次纳税。

纳税人以1个月或1个季度为一个纳税期的，自期满之日起15日内申报纳税；以1日、3日、5日、10日或15日为一个纳税期的，自期满之日起5日内预缴税款，于次月1日起15日内申报纳税并结清上月应纳税款。

2. 纳税地点

（1）固定业户的纳税地点

① 固定业户应当向其机构所在地主管税务机关申报纳税。总机构和分支机构不在同一县（市）的，应当分别向各自所在地主管税务机关申报纳税；经国务院财政、税务主管部门或其授权的财政、税务机关批准，可以由总机构汇总向总机构所在地主管税务机关申报纳税。

② 固定业户到外县（市）销售货物或劳务的，应当向其机构所在地主管税务机关报告外出经营事项，并向其机构所在地主管税务机关申报纳税。未报告的，应当向销售地或劳务发生地主管税务机关申报纳税。未向销售地或劳务发生地主管税务机关申报纳税的，由其机构所在地主管税务机关补征税款。

（2）非固定业户的纳税地点

非固定业户销售货物或劳务，应当向销售地或劳务发生地的主管税务机关申报纳税。未向销售地或劳务发生地主管税务机关申报纳税的，由其机构所在地或居住地的主管税务机关补征税款。

（3）进口货物的纳税地点

进口货物应当由进口人或其代理人向报关地海关申报纳税。

3. 纳税申报

（1）整理票据

分别搜集销售发票信息、进项发票信息。

（2）填写纳税申报表

一般纳税人填报的内容包括1份主表、4份附表和增值税减免税申报明细表：

① 增值税纳税申报表（一般纳税人适用）；

② 增值税纳税申报表附列资料（一）（本期销售情况明细）；

③ 增值税纳税申报表附列资料（二）（本期进项税额明细）；

④ 增值税纳税申报表附列资料（三）（服务、不动产和无形资产扣除项目明细）；

⑤ 增值税纳税申报表附列资料（四）（税额抵减情况表）；

⑥ 增值税减免税申报明细表。

企业在填写纳税申报表时，要根据自身实际情况和每个栏次的提示进行填写，没有的或不适用的不填。填写时先填附表，后填主表，系统会根据已填内容自动生成一些数据。

（3）税款缴纳

2018年5月1日开始，国家税务总局对一般纳税人实行纳税申报比对管理，并下发了《增值税纳税申报比对管理操作规程（试行）》，在税务机关设置申报异常处理岗，主要负责异常比对结果的核实及相关处理工作。

（三）票表税比对

企业计算增值税税额的依据是开具和取得的发票金额，所以税务局会对企业的所有发票、纳税申报表和缴纳税款进行票表税比对。其涉及的资料如下。

① 企业填报的纳税申报表及其附列资料。

② 企业对外开具的增值税专用发票与普通发票。

③ 企业取得的增值税普通发票和进项抵扣凭证（增值税专用发票和海关进口增值税专用缴款书）。

④ 企业的税款入库信息。

⑤ 企业满足的增值税税收优惠信息。

票表税3项的两两比对具体为表表比对、票表比对和表税比对。

1. 表表比对

表表比对主要是看企业的纳税申报表表内、表间的钩稽关系和逻辑关系是否合理。

2. 票表比对

票表比对指比对企业当期的发票（其他凭证）与纳税申报表。由于小规模纳税人不能取得增值税专用发票，所以在票表比对时与对一般纳税人的比对标准有所不同。税务局对增值税一般纳税人票表比对的标准如下。

（1）销项比对

① 当期开具发票的金额、税额合计数是否小于等于当期申报的销售额、税额合计数。

② 当期申报免税销售额、即征即退销售额的，是否有增值税优惠备案信息。

（2）进项比对

① 当期已认证的进项增值税专用发票上注明的金额、税额合计数是否大于等于申报表中本期申报抵扣的增值税专用发票进项金额、税额合计数。

② 经稽核比对相符的海关进口增值税专用缴款书上注明的税额合计数是否大于等于申报表中"本期申报抵扣的海关进口增值税专用缴款书"的税额。

③ 取得的代扣代缴税收缴款凭证上注明的增值税税额合计数是否大于等于申报表中"本期申报抵扣的代扣代缴税收缴款凭证"的税额。

④ 取得的出口货物转内销证明上注明的进项税额合计数是否大于等于申报表中"本期申报抵扣的外贸企业进项税额抵扣证明"的税额。

⑤ 依据相关凭证注明的金额计算抵扣进项税额的，计算得出的进项税额是否大于等于申报表中"本期申报抵扣的相应凭证"的税额。

⑥ 红字增值税专用发票信息表中注明的应做转出的进项税额是否等于申报表中进项税额转出中的红字增值税专用发票信息表注明的进项税额。

⑦ 申报表中的进项税额转出金额是否大于0。

3. 表税比对

表税比对企业当期申报的应纳税款与实际入库税款，看企业当期申报的应纳税款是否小于等于当期实际入库税款。

此外，各地税务局还会根据实际情况设置更多行之有效的比对手段。

三、任务实施

（一）纳税申报流程

一般纳税人增值税纳税申报业务处理流程如图2-1所示。

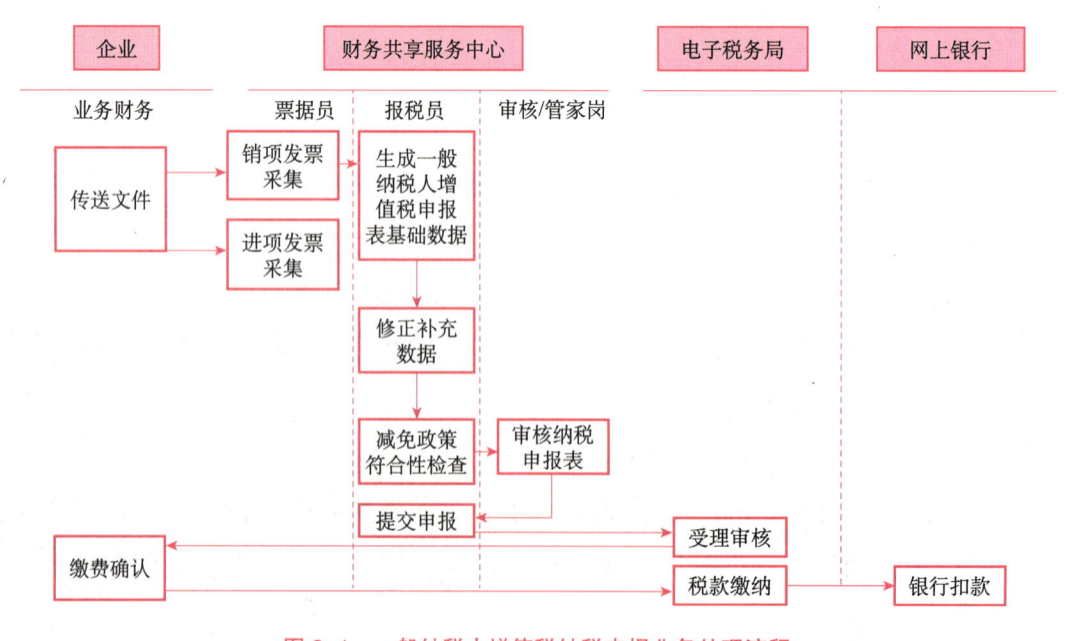

图2-1 一般纳税人增值税纳税申报业务处理流程

单元二　增值税的计算与申报

（二）任务操作

步骤1　整理销售发票，按发票类别进行汇总，包括对增值税专用发票、增值税普通发票、未开具发票的销售额、税额的汇总，如表2-13所示。

表2-13　本期销售情况汇总表　　　　　　　　　　　　　　　　　　　　　　　　　元

开票情况	应税项目	销售额	税率	税额
增值税专用发票	货物	56 000	13%	7 280
增值税专用发票	货物	450 000	13%	58 500
小　计		506 000		65 780
增值税普通发票	货物	8 000	13%	1 040
未开具发票	货物	11 000	13%	1 430
增值税专用发票	服务	200 000	9%	18 000
增值税专用发票	服务	10 000	6%	600

步骤2　整理进项票据，包括对可抵扣的进项税额转出、减免税票据的份数、金额、税额的汇总，如表2-14所示。

表2-14　本期进项情况汇总表　　　　　　　　　　　　　　　　　　　　　　　　　元

票据类型	份数	金额	税率	税额
取得机动车销售统一发票	1	80 000	13%	10 400
认证的增值税专用发票	1	30 000	13%	3 900
小　计	2	110 000		14 300
海关进口增值税专用缴款书	1	440 000	13%	57 200
旅客运输票据	8	5 636.70	9%	507.3
合　计	11	555 636.70		72 007.30
进项税额转出	1	6 000	13%	780

步骤3　进入金税师纳税申报平台，单击"纳税工作台"，打开"纳税工作台"界面，选择申报日期，如图2-2所示。

图2-2　金税师"纳税申报"界面

61

税费计算与智能申报

步骤4　选择并单击申报企业的公司名称，进入公司"基本信息"界面，将信息逐一核对后，单击右上角的"保存"按钮，如图2-3所示。然后单击"返回"按钮。

图2-3　企业基本信息

步骤5　单击"增值税及附加税费申报表（一般纳税人适用）"，进入数据填写界面。逐一填写和修改增值税及附加税费申报表附列资料等表，如图2-4至图2-8所示。

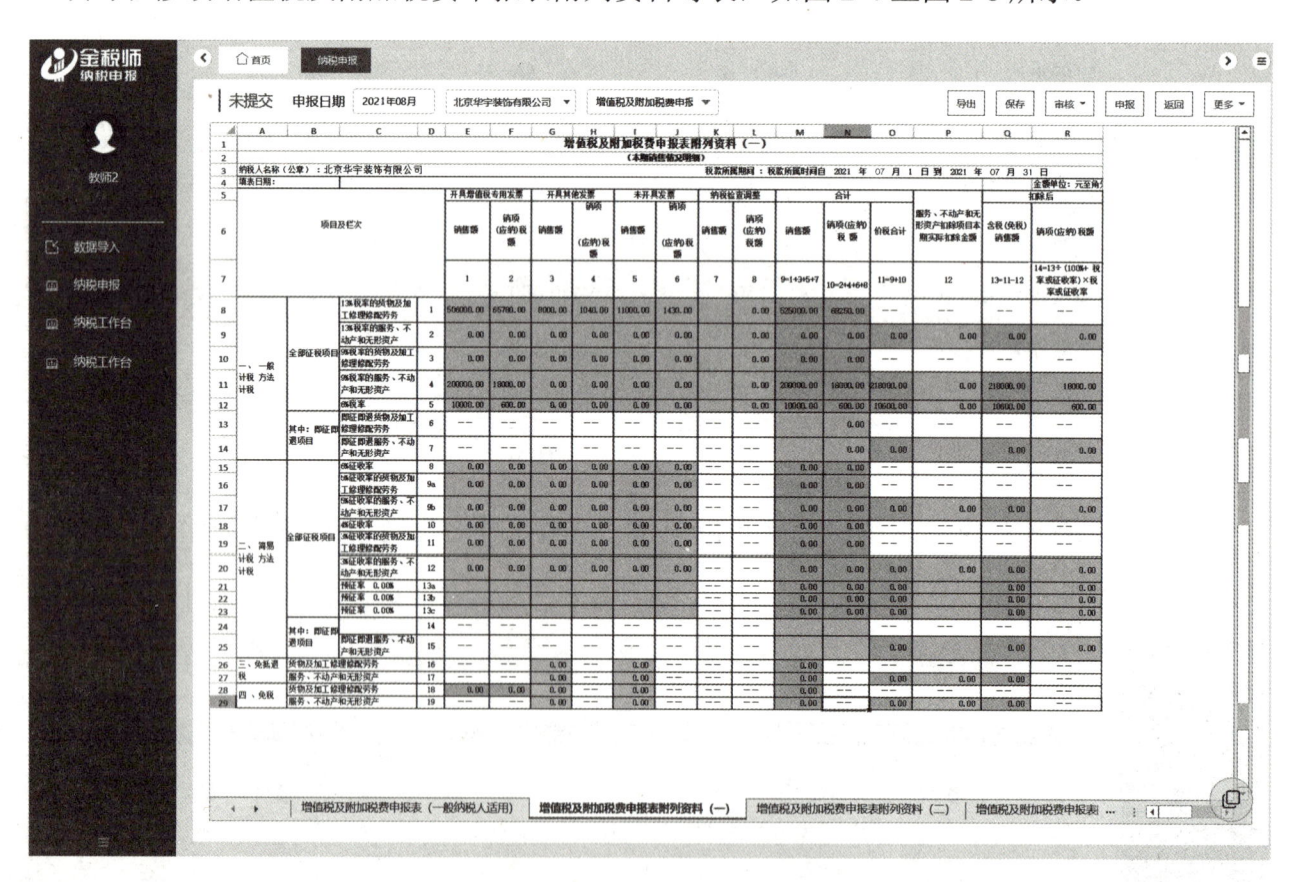

图2-4　增值税及附加税费申报表附列资料（一）

62

单元二 增值税的计算与申报

增值税及附加税费申报表附列资料（二）
（本期进项税额明细）

税款所属时间自 2021 年 07 月 1 日到 2021 年 07 月 31 日

纳税人名称（公章）：北京华宇装饰有限公司

一、申报抵扣的进项税额

项目	栏次	份数	金额	税额
（一）认证相符的增值税专用发票	1=2+3	2	110000.00	14300.00
其中：本期认证相符且本期申报抵扣	2	2	110000.00	14300.00
前期认证相符且本期申报抵扣	3			
（二）其他扣税凭证	4=5+6+7+8a+8b	9	445636.70	57707.30
其中：海关进口增值税专用缴款书	5	1	440000.00	57200.00
农产品收购发票或者销售发票	6			
代扣代缴税收缴款凭证	7		— —	0.00
加计扣除农产品进项税额	8a		— —	
其他	8b	8	5636.70	507.30
（三）本期用于构建不动产的扣税凭证	9	0	0.00	0.00
（四）本期用于抵扣的旅客运输服务扣税凭证	10	8	5636.70	507.30
（五）外贸企业进项税额抵扣证明	11			0.00
当期申报抵扣进项税额合计	12=1+4+11	11	555636.70	72007.30

二、进项税额转出额

项目	栏次	税额
本期进项税额转出额	13=14至23之和	780.00
其中：免税项目用	14	
集体福利、个人消费	15	
非正常损失	16	780.00
简易计税方法征税项目用	17	
免抵退税办法不得抵扣的进项税额	18	
纳税检查调减进项税额	19	
红字专用发票信息表注明的进项税额	20	
上期留抵税额抵减欠税	21	
上期留抵税额退税	22	
异常凭证转出进项税额	23a	
其他应作进项税额转出的情形	23b	

三、待抵扣进项税额

项目	栏次	份数	金额	税额
（一）认证相符的增值税专用发票	24	— —	— —	— —
期初已认证相符但未申报抵扣	25			
本期认证相符且本期未申报抵扣	26			
期末已认证相符但未申报抵扣	27			
其中：按税法规定不允许抵扣	28			
（二）其他扣税凭证	29=30至33之和	0.00	0.00	0.00
其中：海关进口增值税专用缴款书	30			
农产品收购发票或者销售发票	31			
代扣代缴税收缴款凭证	32		— —	
其他	33			
	34	— —		

四、其他

项目	栏次	份数	金额	税额
本期认证相符的增值税专用发票	35	2.00	110000.00	14300.00
代扣代缴税额	36	— —	— —	

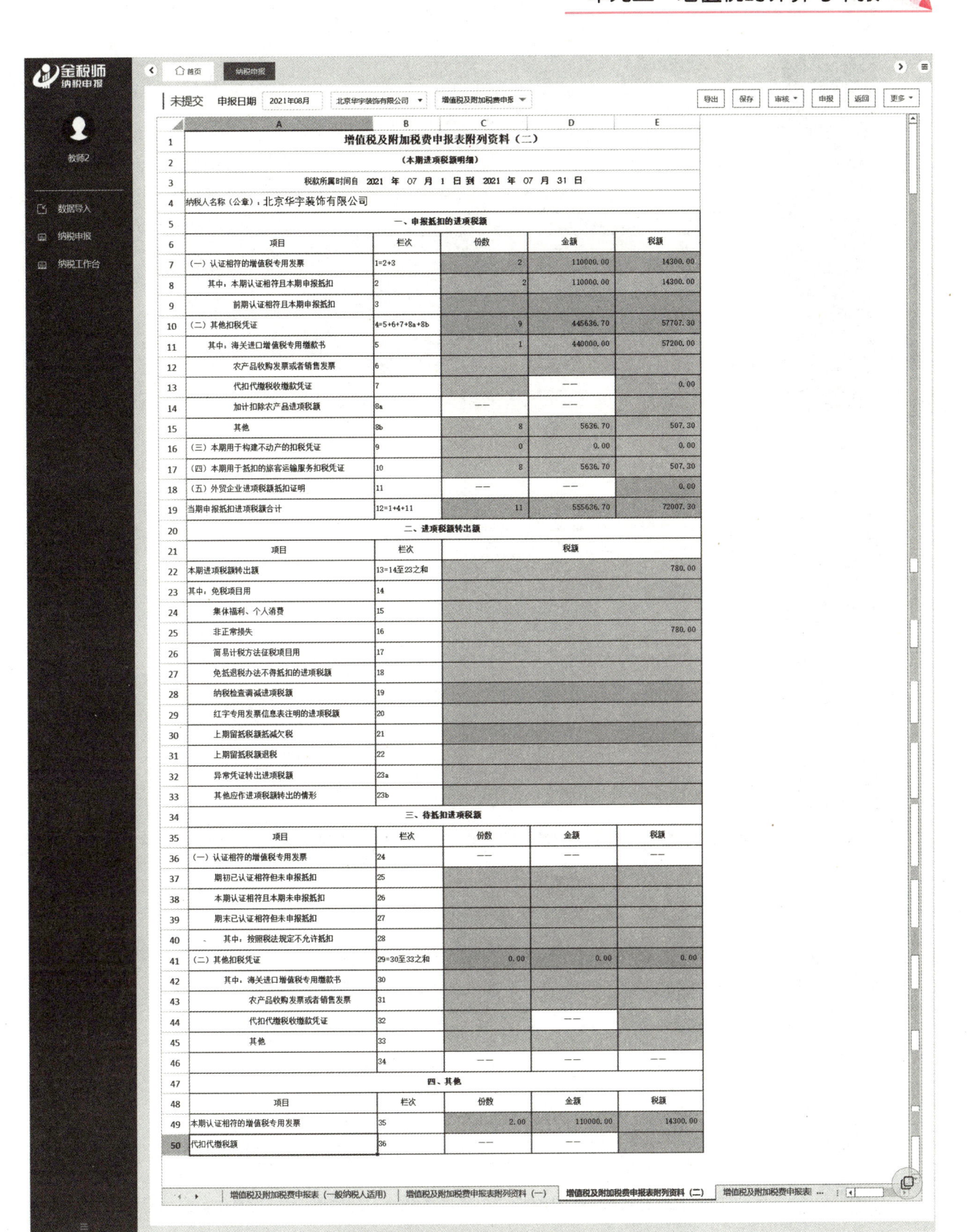

图 2-5　增值税及附加税费申报表附列资料（二）

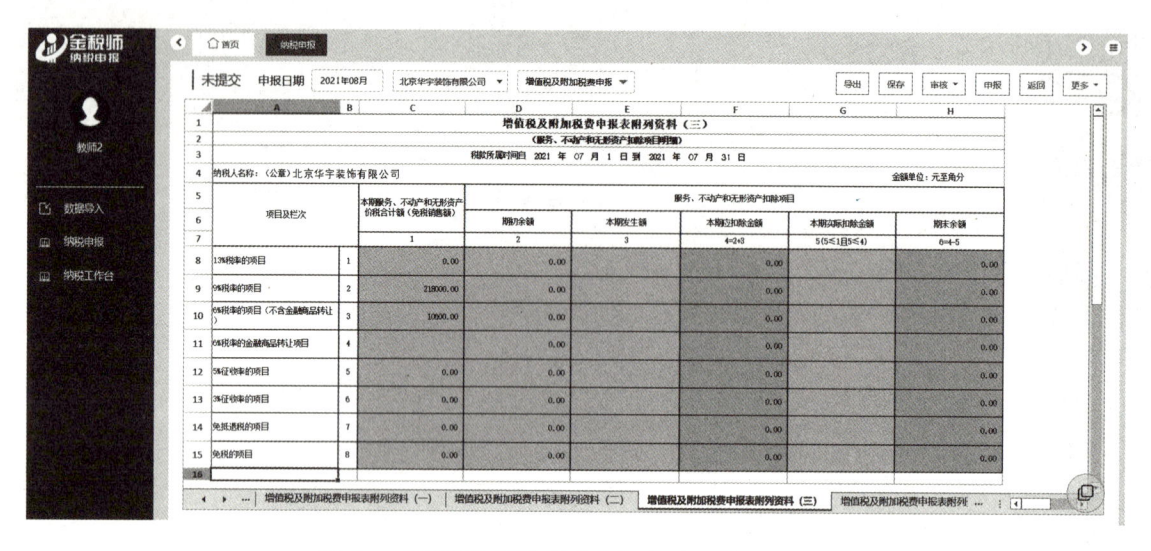

图 2-6 增值税及附加税费申报表附列资料（三）

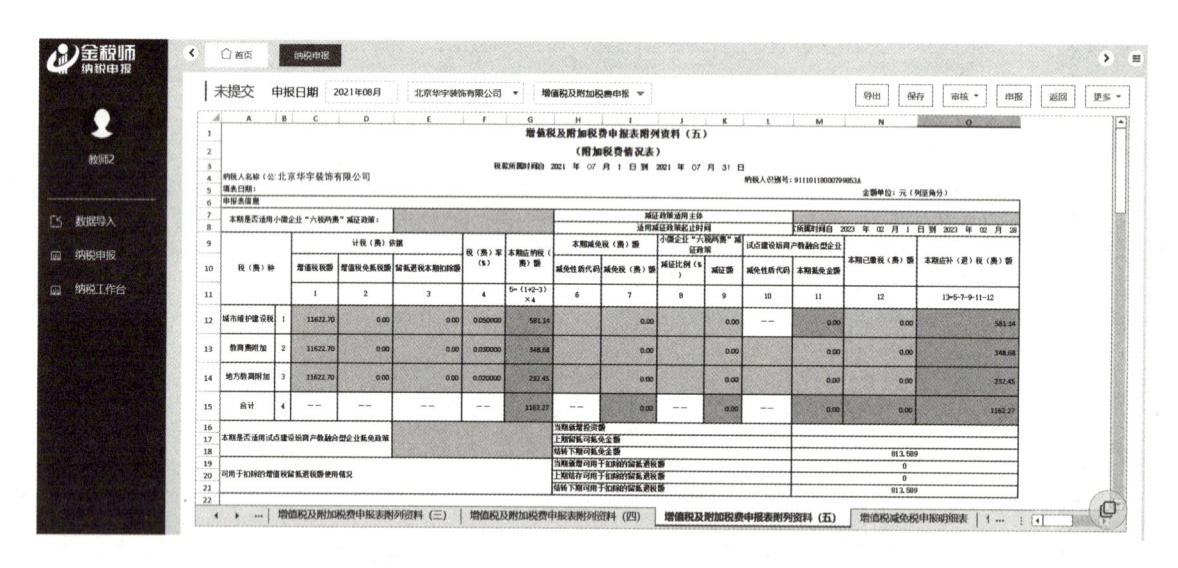

图 2-7 增值税及附加税费申报表附列资料（五）

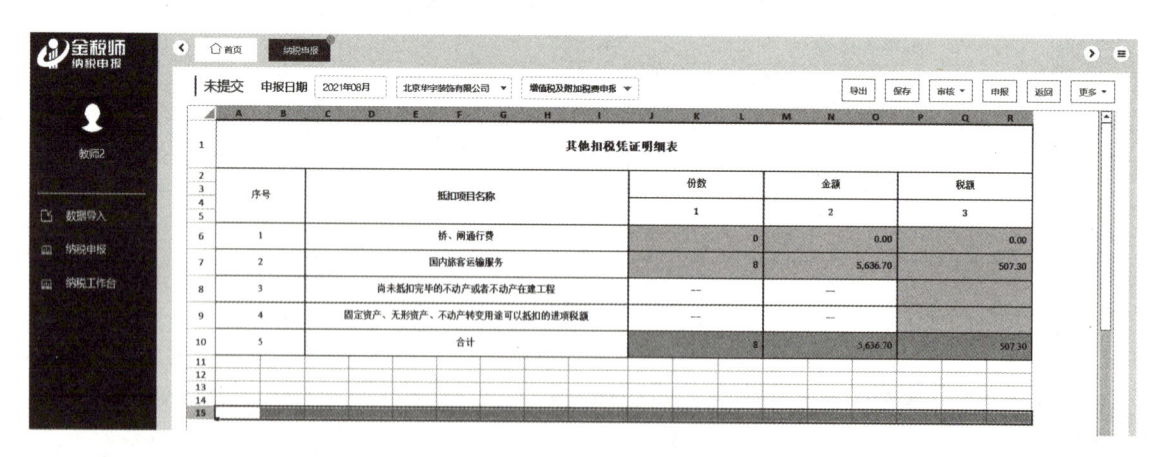

图 2-8 其他扣税凭证明细表

步骤6　单击"增值税及附加税费申报表（一般纳税人适用）"，完善主表。附列资料等表填写完毕后，相关数据自动带到主表中，只有"上期留抵税额"不能自动生成，需要手填，如图2-9所示。主表填写完成后，单击"保存"按钮。

单元二　增值税的计算与申报

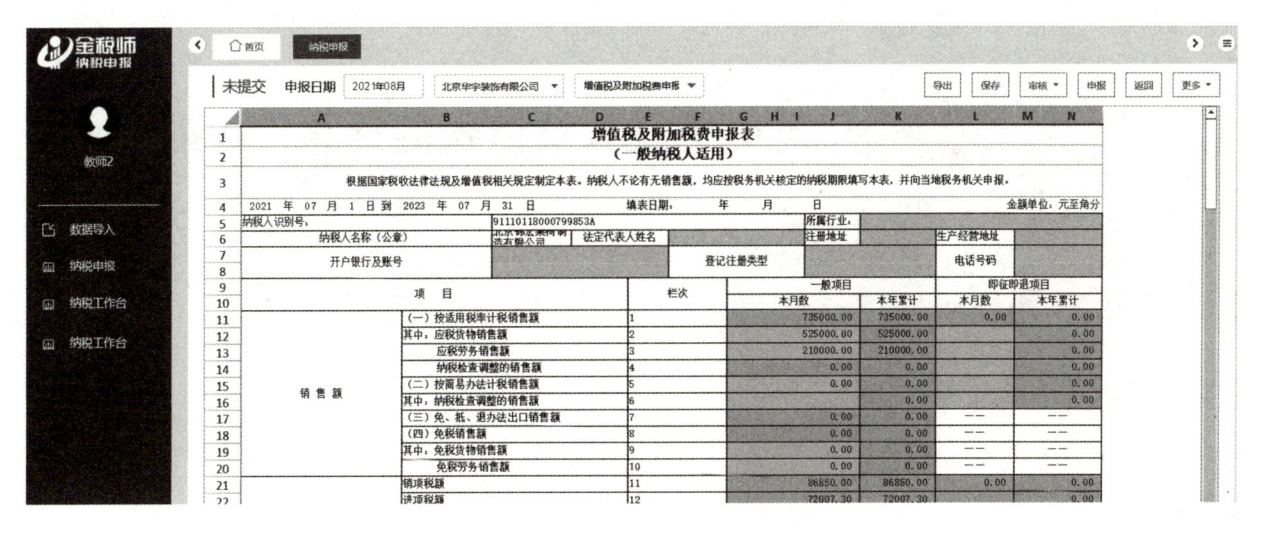

图 2-9　增值税及附加税费申报表（一般纳税人适用）

步骤 7　检查税表并申报。核对增值税及附加税费申报表上的数据和"应交税费——应交增值税"账户的销项税额、进项税额、进项税额转出三级明细账。如果有特殊业务，如可以享受减免税优惠政策，则需要填写增值税减免税申报明细表。检查无误后单击"审核"按钮，审核通过后，单击"申报"按钮，如图 2-10 所示。

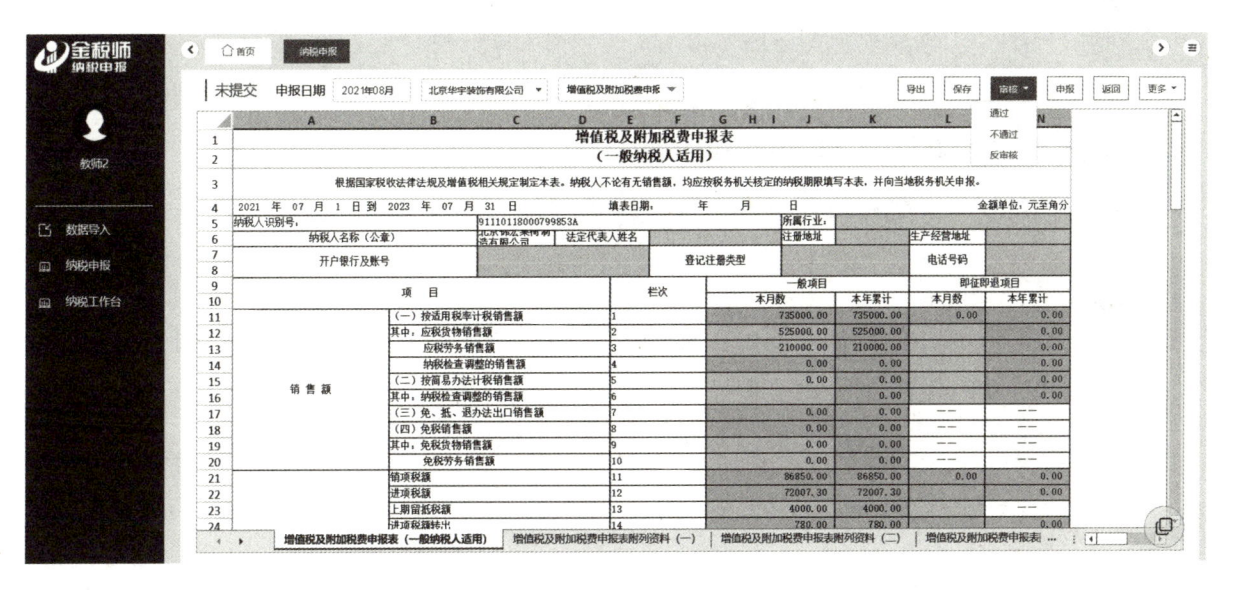

图 2-10　增值税及附加税费申报表（一般纳税人适用）的审核与申报

四、任务评价

请在表 2-15 中客观填写每一项工作任务的完成情况。

表 2-15　任务评价表

工作任务清单	完成情况
① 一般纳税人增值税税额的计算	
② 一般纳税人增值税申报要求及纳税申报期限	
③ 在智能税务平台上完成增值税纳税申报	

任务六　小规模纳税人增值税的计算与申报

一、任务情境

（一）任务场景

财务共享服务中心员工需要为其代理的北京近邻信息有限公司完成2021年第三季度增值税纳税申报任务。

北京近邻信息有限公司是一家科技信息公司，属于小规模纳税人。其主要经营范围是：计算机系统服务；软件开发；技术服务；销售计算机、软件及辅助设备等。第三季度业务汇总如下。

① 向北京新纪元科技有限公司提供系统维护服务，合同约定系统维护服务价税合计35 000元。已开具不含税增值税普通发票。

② 向客户销售电脑价税合计515 000元。已开出增值税普通发票。

③ 业务部在7月8日从北京丰盛软件有限公司购进一款智能杀毒软件。增值税专用发票上注明的价款为30 000元、增值税税额为3 900元。出纳以银行存款支付。

④ 支付了所用税控设备的技术维护费，价税合计为280元。

（二）任务布置

① 准确计算北京近邻信息有限公司应缴纳的增值税税额，并填写增值税纳税申报表。
② 准确判断增值税减免税额。
③ 根据检查无误的增值税季度申报表进行纳税申报。

二、知识准备

小规模纳税人是指年应征增值税的销售额在500万元及以下，并且会计核算不健全，不能按规定报送有关税务资料的增值税纳税人。

（一）小规模纳税人的增值税计算方法

税法规定，小规模纳税人销售货物或提供应税劳务和服务，采用简易计税办法计缴增值税。小规模纳税人应纳增值税税额是销售额与征收率的乘积，不得抵扣进项税额（购进税控收款机除外）。小规模纳税人增值税征收率通常为3%。实行简易计税办法计税的纳税人按下列公式计缴税款。

$$应纳税额＝不含税销售额 \times 征收率$$

$$不含税销售额＝含税销售额 \div （1＋征收率）$$

单元二　增值税的计算与申报

公式中的销售额与增值税一般纳税人计算应纳增值税的销售额规定一样，是销售货物或提供应税劳务向购买方收取的全部价款和价外费用。

纳税人适用简易计税办法计税的，因销售折让、中止或退回而退还给购买方的销售额，应当从当期销售额中扣减。扣减当期销售额后仍有余额造成多缴的税款，可以从以后的应纳税额中扣减。

知识拓展 2-4

纳税人销售自己使用过的物品的税务处理如表2-16所示。

表2-16　纳税人销售自己使用过的物品的税务处理

纳税人	销售情形	税务处理	计税公式
一般纳税人	2008年12月31日以前购进或自制的固定资产（未抵扣进项税额）	3%征收率减按2%征收	应纳税额=售价÷(1+3%)×2%
	销售自己使用过的2009年1月1日以后购进或自制的固定资产	按正常销售货物适用税率征收增值税。提示：该固定资产的进项税额在购进当期已抵扣	应纳税额=售价÷(1+13%)×13%
	销售自己使用过的除固定资产以外的物品		
小规模纳税人（除其他个人外）	销售自己使用过的固定资产	3%征收率减按2%征收	应纳税额=售价÷(1+3%)×2%
	销售自己使用过的除固定资产以外的物品	按3%的征收率征收增值税	应纳税额=售价÷(1+3%)×3%
其他个人（自然人）	销售自己使用过的物品免征增值税		

纳税人销售自己使用过的固定资产，适用简易计税办法依照3%征收率减按2%征收增值税政策的，可以放弃减税，按照简易计税办法依照3%征收率缴纳增值税，并可以开具增值税专用发票。

（二）小规模纳税人的税收优惠规定

1. 小规模纳税人的免税规定

自2021年4月1日至2022年12月31日，小规模纳税人发生增值税应税销售行为，合计月销售额未超过15万元（以1个季度为一个纳税期的，季度销售额未超过45万元）的，免征增值税。按固定期限纳税的小规模纳税人可以选择以1个月或1个季度为纳税期限。一经选择，一个会计年度内不得变更。

小规模纳税人发生增值税应税销售行为，如果合计月销售额超过了15万元，但扣除本期发生的销售不动产的销售额后未超过15万元，则其销售货物、劳务、服务、无形资产取得的销售额免征增值税。

2. 小规模纳税人缴纳技术维护费的税额抵扣

增值税纳税人2011年12月1日以后缴纳的技术维护费（不含补缴的2011年11月30日以前的技术维护费），可凭技术维护服务单位开具的技术维护费发票，在增值税应纳税额中全额抵减，不足抵减的可结转下期继续抵减。技术维护费按照价格主管部门核定的标准执行。

从事增值税税控系统技术维护服务的有关单位,向使用税控系统产品的纳税人提供技术维护服务收取的费用,由每户每年每套 330 元降为 280 元;对使用两套及以上税控系统产品的,从第二套起减半收取技术维护服务费用。

3. 小规模纳税人购进税控收款机的进项税额抵扣

增值税纳税人 2011 年 12 月 1 日(含)以后初次购买增值税税控系统专用设备(包括分开票机)支付的费用,可凭购买增值税税控系统专用设备取得的增值税专用发票,在增值税应纳税额中全额抵减(抵减额为价税合计额),不足抵减的可结转下期继续抵减。增值税纳税人非初次购买增值税税控系统专用设备支付的费用,由其自行负担,不得在增值税应纳税额中抵减。

(三)小规模纳税人的销售业务

小规模纳税人销售货物、提供应税劳务或应税服务,一般开具增值税普通发票,但也可开具增值税专用发票,或者申请由主管税务机关代开增值税专用发票。

课堂训练 2-22 北京宏达信息有限公司为小规模纳税人,2021 年 7 月至 9 月的销售情况如下。

① 销售给春雨培训机构一批电脑,价值 103 000 元。未开具发票。

② 销售给一家大型公司电子产品及设备,开出增值税普通发票,价税合计 429 510 元。

③ 为客户提供设备维护服务,开出增值税普通发票,价税合计 8 240 元。

分别确认各业务的销售额及增值税税额。

① 销售额 = 103 000÷(1+3%) = 100 000(元)

增值税税额 = 100 000×3% = 3 000(元)

② 销售额 = 429 510÷(1+3%) = 417 000(元)

增值税税额 = 417 000×3% = 12 510(元)

③ 销售额 = 8 240÷(1+3%) = 8 000(元)

增值税税额 = 8 000×3% = 240(元)

销售额合计 = 100 000+417 000+8 000 = 525 000(元)

525 000 元 > 450 000 元,该纳税人应全额参与计税。

增值税税额合计 = 3 000+12 510+240 = 15 750(元)

(四)小规模纳税人的购进业务

小规模纳税人购进货物、劳务、服务、无形资产和不动产,不论是否取得增值税专用发票,都不能抵扣进项税额,其支付的进项税额直接计入所购货物的成本。但是,小规模纳税人初次购买增值税税控系统专用设备支付的费用及每年缴纳的技术维护费,允许在增值税应纳税额中全额抵减。

课堂训练 2-23 北京宏达信息有限公司 2021 年 7 月至 9 月购进情况如下。

① 购进商品,取得的增值税专用发票上注明的价款为 10 000 元、增值税税额为 1 300

元。货款已支付。

② 支付了所用税控设备的技术维护费，价税合计 280 元。

确认该公司 7 月至 9 月可抵扣的税额。

① 北京宏达信息有限公司是小规模纳税人，购进商品增值税税额 1 300 元不能抵扣，要计入商品采购成本。

② 支付的税控设备技术维护费价税合计 280 元，根据税收优惠政策可全额抵税。

三、任务实施

（一）计算北京近邻信息有限公司应缴纳的增值税税额

① 销售额 = 35 000÷(1＋3%) = 33 980.58（元）

增值税税额 = 33 980.58×3% = 1 019.42（元）

② 销售额 = 515 000÷(1＋3%) = 500 000（元）

增值税税额 = 500 000×3% = 15 000（元）

③ 北京近邻信息有限公司是小规模纳税人，购进软件取得的增值税专用发票上注明的税额 3 900 元不能抵扣，要计入软件的采购成本。

④ 税控设备的技术维护费价税合计 280 元可全额抵税。

销售额合计 = 33 980.58＋500 000 = 533 980.58（元）

533 980.58 元 ＞ 450 000 元，该纳税人应全额参与计税。

增值税税额合计 = 1 019.42＋15 000－280 = 15 739.42（元）

（二）纳税申报流程

小规模纳税人增值税纳税申报业务处理流程如图 2-11 所示。

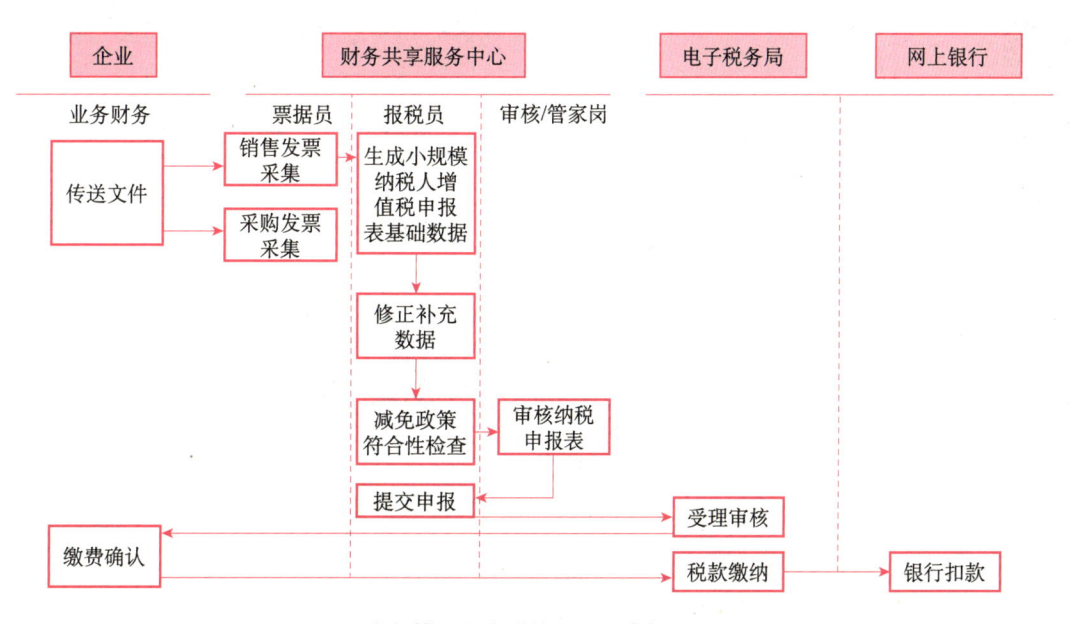

图 2-11 小规模纳税人增值税纳税申报业务处理流程

（三）任务操作

步骤1　整理票据，对销售情况进行统计，汇总出销售额及应缴纳的增值税税额，如表2-17所示。

表 2-17　本季度销售情况汇总表　　　　　　　　　　　　　　　　　　　　　　　元

开票情况	应税项目	销售额	征收率	税　额
增值税普通发票	服务	33 980.58	3%	1 019.42
增值税普通发票	货物	500 000	3%	15 000
合计		533 980.58		16 019.42

步骤2　进入金税师纳税申报平台，单击"纳税申报"，打开"纳税申报"界面，选择申报日期，如图2-12所示。

图 2-12　金税师"纳税申报"界面

步骤3　选择并单击申报企业公司名称，进入公司"基本信息"界面，将信息逐一核对后，单击右上角的"保存"按钮，如图2-13所示。然后单击"返回"按钮。

图 2-13　企业基本信息

步骤4　单击"增值税及附加税费申报表（小规模纳税人适用）"，进入数据填写界面，完善相关信息后，单击"保存"按钮。操作界面如图2-14、图2-15和图2-16所示。

单元二　增值税的计算与申报

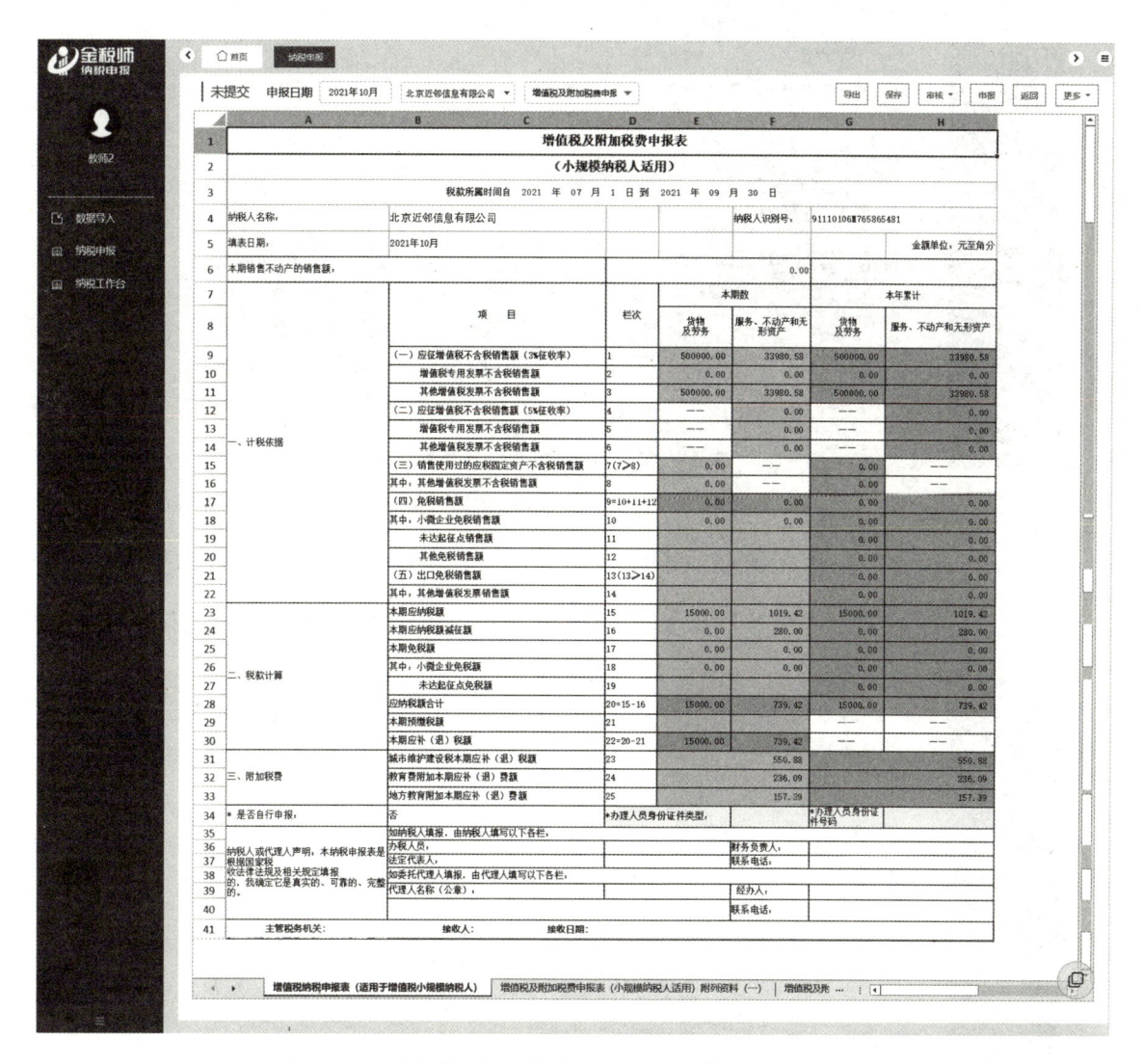

图 2-14　增值税及附加税费申报表（小规模纳税人适用）

图 2-15　增值税及附加税费申报表（小规模纳税人适用）附列资料（二）

71

税费计算与智能申报

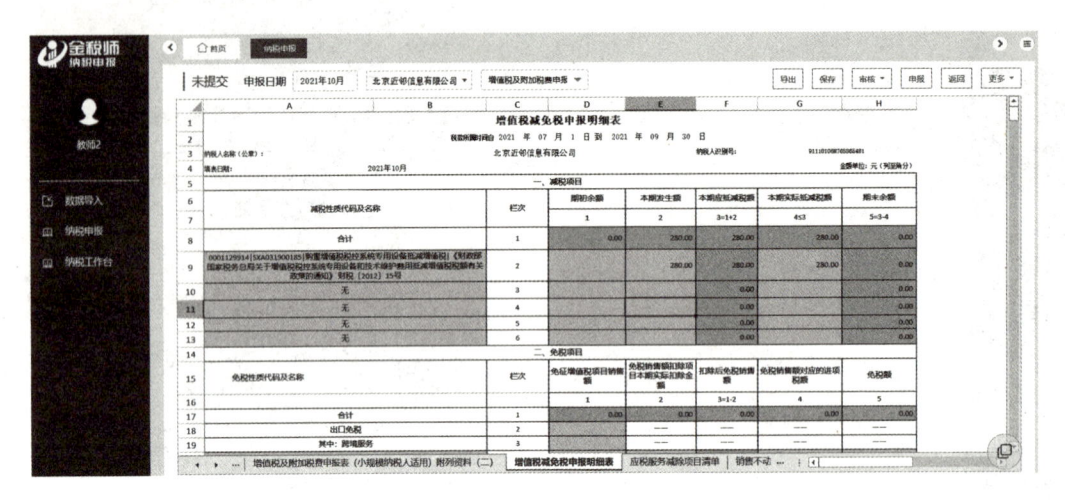

图 2-16 增值税减免税申报明细表

步骤 5 核对税表并申报。将纳税申报表上的数据和"应交税费——应交增值税"账户的金额核对。检查无误后单击"审核"按钮，审核通过后，单击"申报"按钮，如图 2-17 所示。

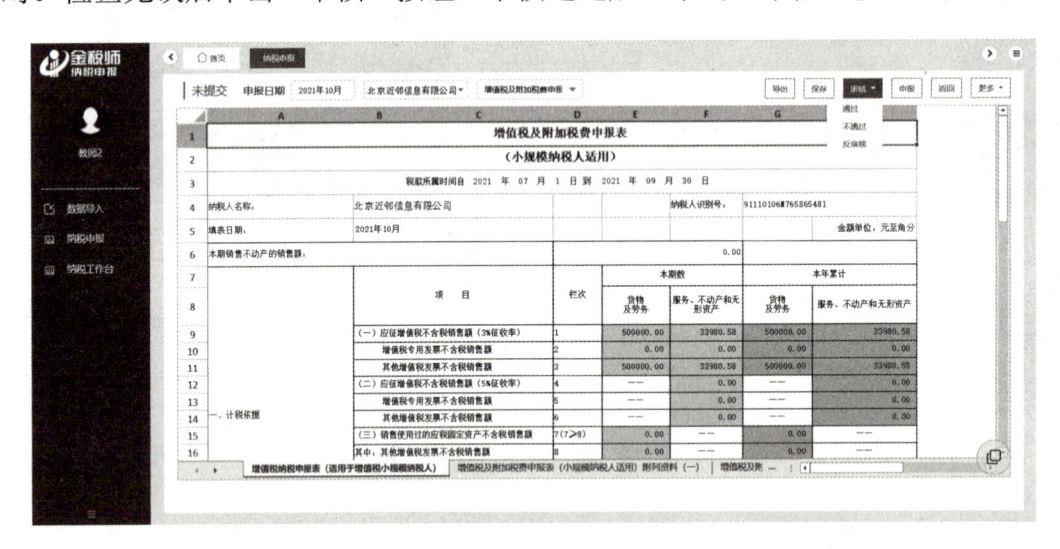

图 2-17 增值税及附加税费申报表（小规模纳税人适用）的审核与申报

四、任务评价

请在表 2-18 中客观填写每一项工作任务的完成情况。

表 2-18 任务评价表

工作任务清单	完成情况
① 小规模纳税人增值税税额的计算	
② 小规模纳税人增值税减免税判断	
③ 在智能税务平台上完成增值税纳税申报	

思政栏目

减税降费，助企纾困

单元三

消费税的计算与申报

↳ 思政目标

1. 树立正确的世界观、价值观、人生观。
2. 树立正确的消费观。
3. 培养遵守社会公德的美德。

↳ 知识目标

1. 理解消费税的概念。
2. 掌握消费税的征税范围、税目、税率和纳税人。
2. 掌握消费税纳税义务发生的时间、纳税期限和纳税地点。

↳ 技能目标

1. 能够正确计算消费税应纳税额。
2. 能够进行消费税及附加税费申报表的填写与申报。

任务一　消费税认知

一、任务情境

（一）任务场景

陕西省 A 酒厂为一般纳税人，2021 年 9 月发生了如下业务往来并取得相应发票。

① 3 日，销售白酒 20 吨。取得不含税的销售额 600 000 元，成本为 500 000 元。款项已通过银行转账结算。

② 6 日，委托光明酒厂加工散黄酒 10 吨。向其提供的原材料价值 60 000 元，加工完毕支付加工费 20 000 元、增值税税款 2 600 元。

③ 本月将自产的一批葡萄酒作为福利发放给员工。成本为 28 000 元，其不含增值税的市场价格为 30 000 元（已知葡萄酒的消费税税率为 10%）。

④ 由于甲公司所借盛装葡萄酒用的包装物损坏不能归还，没收其押金 1 695 元。

⑤ 10 日，将自产的白酒 50 千克提供给消费者免费品尝，市场价格为 50 元 /500 克，成本为 40 元 /500 克。

（二）任务布置

① 准确判断陕西省 A 酒厂是否需要缴纳消费税。
② 准确判断陕西省 A 酒厂所经营的产品适用税率为多少。

二、知识准备

消费税作为国际上普遍开征的一种流转税，从世界各国的情况看，一般都是选择对某些特定的消费品和消费行为征税。我国目前开征的消费税属于特种消费税。

2008 年 11 月 5 日，国务院第 34 次常务会议修订通过的《中华人民共和国消费税暂行条例》（以下简称《消费税暂行条例》）及 2008 年 12 月 15 日财政部、国家税务总局第 51 号令发布的《中华人民共和国消费税暂行条例实施细则》，共同构成了我国现行消费税基本法律制度。2019 年 12 月 3 日，财政部和国家税务总局公布了《中华人民共和国消费税法（征求意见稿）》，公开向社会各界征求意见。目前，征求意见期已经结束。

消费税是对我国境内从事生产、委托加工和进口，以及销售特定消费品的单位和个人，就其销售额或销售数量在特定环节征收的一种税，即对特定的消费品和消费行为征收的一种税。

《中华人民共和国消费税暂行条例》　　《中华人民共和国消费税暂行条例实施细则》　　《中华人民共和国消费税法（征求意见稿）》

（一）征税范围

消费税的征税范围具有选择性。国家为了实现经济宏观调控的目标，充分发挥消费税在引导产业结构调整、节能减排和环境保护等方面的作用，同时筹集财政收入，根据经济发展现状和社会消费水平，从全社会的消费品中选取特定的消费品征收消费税。其主要包括以下 4 种类型的产品。

① 一些过度消费会对人们的身心健康、社会秩序、生态环境等方面造成危害的特殊消费品，如烟、酒、鞭炮、焰火等。

② 非生活必需品，如高档化妆品、贵重首饰及珠宝玉石等。

③ 高能耗及高档消费品，如摩托车、小汽车、游艇、高档手表和高尔夫球及球具等。

④ 不可再生和替代的稀缺资源消费品，如成品油。

消费税的具体征税范围由财政部、国家税务总局确定，而且征税范围也不是一成不变的，会随着我国经济的发展、产业政策和消费政策的变化做适当调整。现行的消费税征税范围为《消费税暂行条例》所附消费税税目税率表中所列的应税消费品。

（二）消费税税目、税率

根据《消费税暂行条例》的规定，现行消费税按产品类别共设置了15个税目。

消费税的税率有两种形式：定额税率和比例税率。对一些供求基本平衡、价格差异不大、计量单位规范的消费品，选择计税简便的定额税率，如黄酒、啤酒、成品油等；对一些供求矛盾突出、价格差异较大、计量单位不规范的消费品，选择比例税率，如高档化妆品、鞭炮、焰火、贵重首饰及珠宝玉石、摩托车、小汽车等；为了更有效地保全消费税税基，对一些应税消费品，如卷烟、白酒，则采用定额税率和比例税率相结合的双重征收方式。

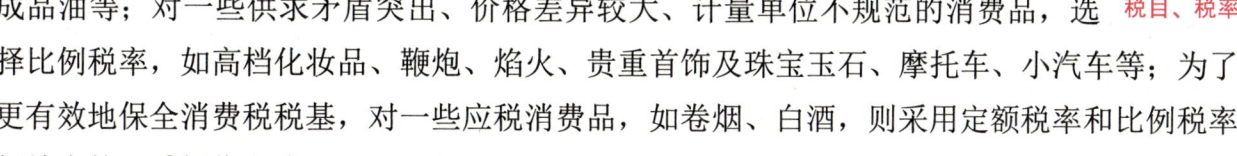

图解消费税税目、税率

现行消费税税目税率表如表 3-1 所示。

表 3-1 消费税税目税率表

税 目	税 率	备 注
一、烟 1. 卷烟 （1）甲类卷烟 （2）乙类卷烟 （3）商业批发环节 2. 雪茄烟 3. 烟丝	 56% 加 0.003 元/支 36% 加 0.003 元/支 11% 加 0.005 元/支 36% 30%	① 卷烟征税范围包括进口卷烟、白包卷烟、手工卷烟和未经国务院批准纳入计划的企业及个人生产的卷烟。 ② 甲类卷烟每标准条（200 支，下同）调拨价 70 元（含 70 元，不含增值税，下同）以上；乙类卷烟每标准条调拨价 70 元以下
二、酒 1. 白酒 2. 黄酒 3. 啤酒 （1）甲类啤酒 （2）乙类啤酒 4. 其他酒	 20% 加 0.5 元/500 克（或者 500 毫升） 240 元/吨 250 元/吨 220 元/吨 10%	① 酒是指酒精度在 1 度以上的各种酒类饮料；酒精包括各种工业酒精、医用酒精和食用酒精。 ② 甲类啤酒出厂价（含包装物及押金）3 000 元（含 3 000 元，不含增值税，下同）以上；乙类啤酒出厂价 3 000 元以下。 ③ 娱乐业、饮食业自制啤酒，一律按 250 元/吨征税。 ④ 调味料酒不属于本税目征税范围
三、高档化妆品	15%	① 高档化妆品是指生产（进口）环节销售（免税）价格（不含增值税）在 10 元/毫升（克）或 15 元/片（张）及以上的美容修饰类化妆品和护肤类化妆品。 ② 舞台、戏剧、影视演员化妆用的上妆油、卸妆油和油彩，不属于本税目征税范围
四、贵重首饰及珠宝玉石 1. 金银首饰、铂金首饰和钻石及钻石饰品 2. 其他贵重首饰和珠宝玉石	 5%（零售环节） 10%	特指零售环节的金银首饰、铂金首饰和钻石及钻石饰品
五、鞭炮、焰火	15%	体育上用的发令纸、鞭炮药引线不属于本税目征税范围
六、成品油 1. 汽油 2. 柴油 3. 石脑油 4. 溶剂油 5. 润滑油 6. 燃料油 7. 航空煤油	 1.52 元/升 1.20 元/升 1.20 元/升 1.52 元/升 1.52 元/升 1.52 元/升 1.20 元/升（继续暂缓征收）	① 汽油包括甲醛汽油和乙醛汽油。 ② 柴油包括生物柴油。 ③ 溶剂油包括橡胶填充油、溶剂油原料。 ④ 燃料油包括蜡油、船用重油、常压重油、减压重油

(续表)

税 目	税 率	备 注
七、摩托车 1. 气缸容量（排气量，下同）为 250 毫升的 2. 气缸容量在 250 毫升（不含）以上的	3% 10%	对最大设计车速不超过 50 千米/小时、发动机气缸总工作容量不超过 50 毫升的三轮摩托车不征收消费税
八、小汽车 1. 乘用车 （1）气缸容量（排气量，下同）在 1.0 升（含 1.0 升）以下的 （2）气缸容量在 1.0 升以上至 1.5 升（含 1.5 升）的 （3）气缸容量在 1.5 升以上至 2.0 升（含 2.0 升）的 （4）气缸容量在 2.0 升以上至 2.5 升（含 2.5 升）的 （5）气缸容量在 2.5 升以上至 3.0 升（含 3.0 升）的 （6）气缸容量在 3.0 升以上至 4.0 升（含 4.0 升）的 （7）气缸容量在 4.0 升以上的 2. 中轻型商用客车 3. 超豪华小汽车	1% 3% 5% 9% 12% 25% 40% 5% 10%	① 用中轻型商用客车底盘改装、改制的车辆属于本税目征税范围。 ② 电动汽车、沙滩车、雪地车、卡丁车、高尔夫车不属于本税目征税范围。 ③ 2016 年 12 月 1 日起，在生产（进口）环节按现行税率征收消费税的基础上，超豪华小汽车在零售环节加征一道消费税，税率为 10%（每辆不含增值税的零售价 130 万元及以上的乘用车和中轻型商用客车）
九、高尔夫球及球具	10%	包括高尔夫球、高尔夫球杆（杆头、杆身和握把）、高尔夫球包（袋）
十、高档手表	20%	每只不含增值税价格 1 万元（含）以上
十一、游艇	10%	
十二、木制一次性筷子	5%	包括未经打磨、倒角的一次性筷子
十三、实木地板	5%	包括实木复合地板、未经涂饰的素板
十四、铅蓄电池	4%	自 2016 年 1 月 1 日起
十五、涂料	4%	自 2015 年 2 月 1 日起

消费税采用列举法按具体应税消费品设置税目、税率，征税界限清楚，一般不易发生错用税率的情况。以下两种情况的消费税税率从高适用。

① 纳税人兼营不同税率的应税消费品，即生产销售适用两种税率以上的应税消费品时，应当分别核算不同税率应税消费品的销售额和销售数量。未分别核算的，按最高税率征税。

② 纳税人将应税消费品与非应税消费品及适用税率不同的应税消费品组成成套消费品销售的，应根据组合产制品的销售金额或销售数量按应税消费品的最高税率征税。

（三）消费税的征税环节

与增值税相比，消费税的征税环节更加复杂多样，具体可归纳为表 3-2。

图解消费税征税环节

表 3-2　消费税的征税环节

征税环节		征税范围
基本环节	生产环节	大部分应税消费品
	委托加工环节	
	进口环节	
特殊环节	零售环节	金银首饰、钻石及钻石饰品、铂金首饰
		超豪华小汽车
	批发环节	卷烟

（四）消费税的纳税人

在中华人民共和国境内生产、委托加工和进口《消费税暂行条例》规定的消费品的单位及个人，以及国务院确定的销售《消费税暂行条例》规定的消费品的其他单位和个人，均为消费税的纳税人。

单位是指企业、行政单位、事业单位、军事单位、社会团体及其他单位；个人是指个体工商户及其他个人；在中华人民共和国境内是指生产、委托加工、进口及销售属于应税消费品的起运地或所在地在境内。

消费税的征税环节和纳税人如表 3-3 所示。

表 3-3　消费税的征税环节和纳税人

应税消费品	征税环节			纳税人
	生产（委托加工、进口）环节	批发环节	零售环节	
大部分应税消费品	√			生产（含自产自用）的单位和个人
				委托加工的单位和个人，由受托方代收代缴（受托方为个人除外）
				进口应税消费品的单位和个人，由海关代征
金银首饰、钻石及钻石饰品、铂金首饰			√	零售商
卷烟	√	√		生产（委托加工或进口）的企业或单位＋批发商
超豪华小汽车	√		√	生产（委托加工或进口）的企业或单位＋零售商

为确保源泉扣税，税法同时规定：委托加工的应税消费品，委托方为消费税纳税人，其应纳消费税由受托方（受托方为个人除外）在向委托方交货时代收代缴税款；跨境电子商务零售进口商品按照货物征收进口环节消费税，购买跨境电子商务零售进口商品的个人作为纳税义务人，电子商务企业、电子商务交易平台企业或物流企业可作为代收代缴义务人。

知识拓展 3-1　　消费税与增值税的联系与区别

联系	都是对货物征收，缴纳增值税的货物并不都缴纳消费税，而缴纳消费税的货物都同时缴纳增值税，且都属于适用增值税13%基本税率（若是增值税小规模纳税人，则是相应的征收率）的货物范围
区别	征税范围不同：增值税普遍征收；消费税仅对15种应税消费品征收。 纳税环节不同：增值税是在多环节征收；消费税一般是在单一环节征收。 计税方法不同：增值税都是从价定率计税；消费税有从价定率、从量定额和复合计税3种。 价税关系不同：增值税是价外税；消费税是价内税

三、任务实施

① 陕西省 A 酒厂需要缴纳消费税。凡是在中华人民共和国境内生产、委托加工和进口应税消费品，商业零售金银首饰和批发卷烟都应当缴纳消费税。本企业生产酒，属于生产应税消费品，所以应该缴纳消费税。

② 陕西省 A 酒厂是消费税的纳税人。凡在中华人民共和国境内生产、委托加工和进口在《消费税暂行条例》中所规定的消费品的单位与个人，以及国务院确定的销售在《消费税暂行条例》中所规定的消费品的其他单位和个人，为消费税的纳税人。本企业属于在中华人民共和国境内生产应税消费品，所以是纳税人。

③ 白酒的消费税税率属于复合税率，即 20% 的比例税率加 0.50 元/500 克（或 500 毫升）的定额税率；委托光明酒厂加工散黄酒适用税率为定额税率，为 240 元/吨；葡萄酒的消费税税率属于比例税率，为 10%。

四、任务评价

请在表 3-4 中客观填写每一项工作任务的完成情况。

表 3-4　任务评价表

工作任务清单	完成情况
① 会界定消费税纳税人	
② 会判断哪些产品应当缴纳消费税	
③ 会选择消费税适用税率	
④ 能确定不同类别的应税消费品的消费税纳税义务环节	

任务二　消费税的计算

一、任务情境

（一）任务场景

见任务一中的任务场景。

（二）任务布置

准确判断陕西省 A 酒厂消费税应纳税额。

二、知识准备

（一）直接对外销售应税消费品应纳税额的计算

直接对外销售应税消费品消费税税额的计算一般有3种方法，即从价定率法、从量定额法、复合计税法。

1. 从价定率法

从价定率法的计算公式为：

$$应纳税额 = 销售额 \times 比例税率$$

从上述应纳税额的计算公式中可以看出，这种办法的计税依据是应税消费品的销售额，在税率一定时，计算应纳税额的关键在于准确地确定销售额。

（1）计税销售额的一般规定

销售额为纳税人销售应税消费品从购买方收取的全部价款和价外费用，包括消费税，但不包括增值税。价外费用是指价外向购买方收取的手续费、补贴、基金、集资费、返还利润、奖励费、违约金、滞纳金、延期付款利息、赔偿金、代收款项、代垫款项、包装费、包装物租金、储备费、优质费、运输装卸费及其他各种性质的价外收费。

（2）含增值税销售额的换算

如果纳税人应税消费品的销售额中未扣除增值税税款或因不得开具增值税专用发票而发生价款和增值税税款合并收取，则在计算消费税时应当换算为不含增值税税款的销售额。其换算公式为：

$$应税消费品的销售额 = 含增值税的销售额 \div (1 + 增值税税率或征收率)$$

课堂训练 3-1 2021年5月，锦云酒厂销售果木酒，取得含增值税销售额11.3万元。已知果木酒增值税税率为13%、消费税税率为10%，该酒厂本月销售果木酒应缴纳的消费税税额为多少？

锦云酒厂当月销售果木酒应缴纳消费税税额＝[11.3÷(1＋13%)]×10%＝1（万元）

（3）包装物押金计税销售额的相关规定

包装物押金计税销售额的相关规定如表3-5所示。

表3-5　包装物押金计税销售额的相关规定

具体情况	相关规定
作价随同销售	并入销售额中征收消费税
一般应税消费品包装物押金（非酒类）	未逾期且未超过一年，不征收消费税
	逾期未退还或一年以上，征收消费税
酒类产品包装物押金（啤酒、黄酒除外）	无论押金是否返还及会计上如何核算，均应并入酒类产品销售额中征收消费税
啤酒、黄酒、成品油	不征收消费税

税费计算与智能申报

课堂训练 3-2 锦云酒厂为一般纳税人。2021年5月销售果木酒，取得不含增值税销售额10万元，同时收取包装物租金2.02万元、优质费0.805万元。已知果木酒增值税税率为13%、消费税税率为10%，该酒厂本月销售果木酒应缴纳的消费税税额为多少？

锦云酒厂当月销售果木酒应缴纳消费税税额＝[10＋(2.02＋0.805)÷(1＋13%)]×10%＝1.25（万元）

知识拓展 3-2 包装物押金消费税和增值税的相关规定比较

包装物押金消费税和增值税的相关规定比较如表3-6所示。

表3-6 包装物押金消费税和增值税的相关规定比较

押金种类	相关规定	
一般应税消费品包装物押金（非酒类）	未逾期且未超过一年	不征收消费税、增值税
	逾期未退还或一年以上	征收消费税、增值税
酒类产品包装物押金（啤酒、黄酒除外）	无论押金是否返还及会计上如何核算，均应并入酒类产品销售额中征收消费税、增值税	
啤酒、黄酒、成品油	未逾期且未超过一年	不征收消费税、增值税
	逾期未退还或一年以上	征收增值税，不征收消费税（从量计征，与价格无关）

知识拓展 3-3 计税依据的特殊规定

① 用于换取生产资料和消费资料、投资入股和抵偿债务的应税消费品，应以纳税人同类应税消费品的最高销售价格作为消费税计税依据。但增值税仍以同类货物的平均销售价格作为计税依据。

② 根据国税函〔2009〕380号《白酒消费税最低计税价格核定管理办法》的规定，白酒生产企业销售给销售单位的白酒，生产企业消费税的计税价格低于销售单位对外销售价格（不含增值税）70%以下的，税务机关应核定消费税最低计税价格；生产企业消费税计税价格高于销售单位对外销售价格70%（含）以上的，税务机关暂不核定消费税最低计税价格。已核定最低计税价格的白酒，生产企业实际销售价格高于消费税最低计税价格的，按实际销售价格申报纳税；实际销售价格低于消费税最低计税价格的，按最低计税价格申报纳税。已核定最低计税价格的白酒，销售单位对外销售价格持续上涨或下降时间达到3个月以上、累计上涨或下降幅度在20%（含）以上的白酒，税务机关应重新核定其最低计税价格。

2. 从量定额法

从量定额法的计算公式为：

应纳税额＝销售数量×定额税率

从上述计算公式中可以看出，这种办法的计税依据为应税消费品的销售数量。因此，应纳税额的计算关键是确定其销售数量。具体为：销售应税消费品的，为应税消费品的销售数量；自产自用应税消费品的，为应税消费品的移送使用数量；委托加工应税消费品的，为纳税人收回的应税消费品数量；进口应税消费品的，为海关核定的应税消费品进口征税数量。

知识拓展 3-4 　　　　　　　　　　　　**计量单位的换算标准**

为了规范不同产品的计量单位,《消费税暂行条例实施细则》规定,实行从量定额法计算应纳税额的应税消费品,计量单位的换算标准如表 3-7 所示。

表 3-7　计量单位的换算标准

序　号	名　　称	计量单位的换算
1	黄酒	1 吨＝962 升
2	啤酒	1 吨＝988 升
3	汽油	1 吨＝1 388 升
4	柴油	1 吨＝1 176 升
5	航空煤油	1 吨＝1 246 升
6	石脑油	1 吨＝1 385 升
7	溶剂油	1 吨＝1 282 升
8	润滑油	1 吨＝1 126 升
9	燃料油	1 吨＝1 015 升

课堂训练 3-3　锦云酒厂 8 月份销售乙类啤酒 400 吨,销售价格为含增值税 2 800 元/吨。已知乙类啤酒适用的增值税税率为 13%、消费税税额为 220 元/吨。该酒厂本月应缴纳的消费税税额为多少?

锦云酒厂应纳消费税税额＝400×220＝88 000(元)

3. 复合计税法

复合计税法是从价定率法和从量定额法相结合的一种计税方法。目前,适用复合计税法计税的只有白酒和卷烟。其计算公式为:

$$应纳税额 = 销售额 \times 比例税率 + 销售数量 \times 定额税率$$

上式中,销售数量的确定遵循上述从量定额法中销售数量的认定标准;销售额的确定遵循上述从价定率法中销售额的认定标准。

课堂训练 3-4　锦云酒厂为增值税一般纳税人。2021 年 4 月销售白酒 2 000 千克,取得含增值税销售收入 67 800 元。已知白酒适用的增值税税率为 13%、消费税定额税率为 0.5 元/500 克、比例税率为 20%。该酒厂本月应缴纳的消费税税额为多少?

该酒厂 4 月应纳消费税税额＝67 800÷(1＋13%)×20%＋2 000×2×0.5＝14 000 (元)

(二) 自产自用应税消费品应纳税额的计算

自产自用是指纳税人生产应税消费品后不是直接对外销售,而是用于自己连续生产应税消费品或其他方面。根据《消费税暂行条例》的规定,纳税人自产自用的应税消费品,用于连续生产应税消费品的,不缴纳消费税;用于其他方面的,于移送时缴纳消费税。

自产自用应税消费品应纳税额的计算

税费计算与智能申报

1. 自产自用应税消费品消费税计税依据的确定

一般规定，纳税人自产自用的应税消费品，凡用于其他方面的，应当按照纳税人生产的同类消费品的销售价格计算纳税；没有同类消费品销售价格的，按照组成计税价格计算纳税。

（1）实行从价定率法计算纳税的

$$组成计税价格＝（成本＋利润）÷（1－比例税率）$$

（2）实行复合计税法计算纳税的

$$组成计税价格＝（成本＋利润＋自产自用数量×定额税率）÷（1－比例税率）$$

上式中，成本是指应税消费品的产品生产成本；利润是指根据应税消费品的全国平均成本利润率计算的利润。应税消费品全国平均成本利润率由国家税务总局确定，如表3-8所示。

表3-8 应税消费品全国平均成本利润率

序号	种类	成本利润率/%	序号	种类	成本利润率/%
1	甲类卷烟	10	11	摩托车	6
2	乙类卷烟	5	12	乘用车	8
3	雪茄烟	5	13	中轻型商务客车	6
4	烟丝	5	14	高尔夫球及球具	10
5	粮食白酒	10	15	高档手表	20
6	薯类白酒	5	16	游艇	10
7	其他酒	5	17	木制一次性筷子	5
8	化妆品	5	18	实木地板	5
9	鞭炮、焰火	5	19	电池	4
10	贵重首饰及珠宝玉石	6	20	涂料	7

2. 自产自用应税消费品应纳税额的计算

（1）从价定率法计征的消费品应纳消费税税额的计算

应纳消费税税额＝自产自用同类应税消费品的销售额或组成计税价格×比例税率

（2）从量定额法计征的消费品应纳消费税税额的计算

$$应纳消费税税额＝消费品使用数量×定额税率$$

（3）复合计税法计征的应税消费品应纳消费税税额的计算

应纳消费税税额＝自产自用同类应税消费品的销售额或组成计税价格×比例税率＋消费品使用数量×定额税率

课堂训练 3-5 锦云摩托车厂（增值税一般纳税人）将1辆自产摩托车奖励性地发给优秀职工。其成本为5 000元/辆、成本利润率为6%、适用消费税税率为10%。该企业当期应纳消费税税额为多少？

组成计税价格＝（成本＋利润）÷（1－比例税率）＝5 000×(1＋6%)÷(1－10%)＝5 888.89（元）

应纳消费税＝自产自用同类应税消费品的组成计税价格×比例税率＝5 888.89×10%＝588.89（元）

课堂训练 3-6 锦云酒厂2021年9月将新研制的白酒3吨作为中秋福利发放给企业职工，该白酒无同类产品市场销售价格。已知该批白酒生产成本为35 000元、成本利润率为5%、白酒消费税比例税率为20%、定额税率为0.5元/500克。该批白酒应纳消费税税额为多少？

组成计税价格＝（成本＋利润＋自产自用数量×定额税率）÷（1－比例税率）＝[35 000×（1＋5%）＋（3×2 000×0.5）]÷（1－20%）＝49 687.5（元）

应纳消费税税额＝自产自用同类应税消费品的组成计税价格×比例税率＋消费品使用数量×定额税率＝49 687.5×20%＋3×2 000×0.5＝12 937.5（元）

（三）委托加工应税消费品应纳税额的计算

委托加工应税消费品是指由委托方提供原料和主要材料，受托方只收取加工费和代垫部分辅助材料加工的应税消费品。

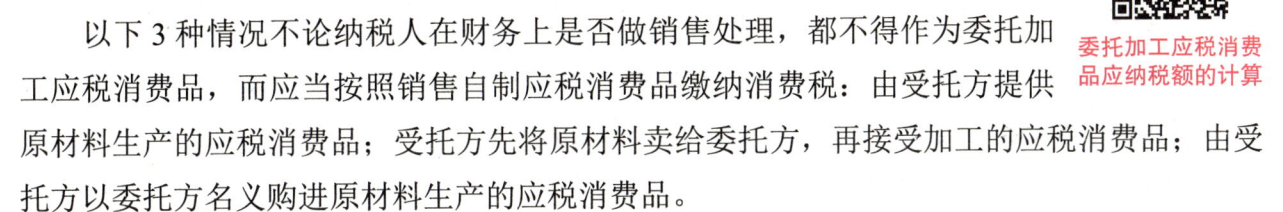

以下3种情况不论纳税人在财务上是否做销售处理，都不得作为委托加工应税消费品，而应当按照销售自制应税消费品缴纳消费税：由受托方提供原材料生产的应税消费品；受托方先将原材料卖给委托方，再接受加工的应税消费品；由受托方以委托方名义购进原材料生产的应税消费品。

委托加工应税消费品应纳税额的计算

1. 委托加工应税消费品计税价格和应纳税额

委托加工的应税消费品，受托方有同类消费品销售价格的，按照受托方的同类消费品的销售价格计算纳税；受托方没有同类消费品销售价格的，按照组成计税价格计算纳税。

组成计税价格和应纳消费税税额的计算公式如表3-9所示。

表3-9 委托加工环节组成计税价格和应纳消费税税额的计算公式

计税方法	组成计税价格	应纳税额
从价定率	组成计税价格＝（材料成本＋加工费）÷（1－比例税率）	应纳税额＝委托加工同类应税消费品销售额或组成计税价格×比例税率
从量定额	从量征收与售价或组成计税价格无关	应纳税额＝委托加工收回数量×定额税率
复合计税	组成计税价格＝（材料成本＋加工费＋委托加工数量×定额税率）÷（1－比例税率）	应纳税额＝委托加工同类应税消费品销售额或组成计税价格×比例税率＋委托加工收回数量×定额税率

其中，材料成本是指委托方所提供加工材料的实际成本。委托加工应税消费品的纳税人，必须在委托加工合同上如实注明（或以其他方式提供）材料成本。凡未提供材料成本的，受托方主管税务机关有权核定其材料成本。加工费是指受托方加工应税消费品向委托方所收取的全部费用（包括代垫辅助材料的实际成本）。

消费税法规定，纳税人委托加工应税消费品的消费税，应由受托方在向委托方交货时代扣代缴。但纳税人委托个体经营者或个人加工应税消费品的消费税，一律于委托方收回后在委托方所在地缴纳。

课堂训练 3-7 手表加工厂2021年8月受托为乙公司（乙公司为品牌高档手表公司）加工一款高档手表。收取不含增值税的加工费30万元，乙公司提供的原材料金额为120万元。已知该手表加工厂无同类产品销售价格，消费税税率为20%。计算该手表加工厂应代收代缴的消费税税额。

组成计税价格＝（120＋30）÷（1－20%）＝187.5（万元）

应代收代缴消费税税额＝187.5×20%＝37.5（万元）

2. 已纳消费税税款的扣除

现行消费税政策规定，对外购、进口应税消费品和委托加工收回的应税消费品连续生产应税消费品销售的，在计算征收消费税时应按当期生产领用数量计算准予扣除的应税消费品已纳的消费税税款。

（1）扣除范围

扣除范围包括以下内容（外购或委托加工收回）。

① 以外购或委托加工收回的已税烟丝为原料生产的卷烟。

② 以外购或委托加工收回的已税高档化妆品为原料生产的高档化妆品。

③ 以外购或委托加工收回的已税珠宝玉石生产的贵重首饰及珠宝玉石。

④ 以外购或委托加工收回的已税鞭炮、焰火为原料生产的鞭炮、焰火。

⑤ 以外购或委托加工收回的已税汽油、柴油、石脑油、燃料油、润滑油为原料生产的应税成品油。

⑥ 以外购或委托加工收回的已税杆头、杆身和握把为原料生产的高尔夫球杆。

⑦ 以外购或委托加工收回的已税木制一次性筷子为原料生产的木制一次性筷子。

⑧ 以外购或委托加工收回的已税实木地板为原料生产的实木地板。

⑨ 以外购葡萄酒为原料生产的应税葡萄酒。

⑩ 啤酒生产集团内部企业用啤酒液连续罐装生产的啤酒。

提示

① 外购已税消费品的买价是指购货发票上注明的销售额（不含增值税）。

② 上述允许扣除税额的项目，从大类上看不包括酒类、小汽车、高档手表、游艇、电池、涂料。

③ 允许扣除的已纳消费税税款仅限于从工业企业购进的应税消费品和进口环节已缴纳消费税的应税消费品，对从境内商业企业购进应税消费品的已纳税额一律不得扣除。

④ 纳税人用外购的已税珠宝玉石生产的改在零售环节征收消费税的金银首饰（镶嵌首饰），在计税时一律不得扣除外购珠宝玉石的已纳税额。

（2）扣除方法

当期准予扣除的委托加工收回的应税消费品的已纳消费税税额，应按当期生产领用量计算。其计算公式为：

当期准予扣除的委托加工 ＝ 期初库存的委托加工应税消费品的已纳税额 ＋ 当期收回的委托加工应税消费品的已纳税额 － 期末库存的委托加工应税消费品的已纳税额

课堂训练 3-8 某烟厂2021年10月委托加工收回的烟丝，其计税价格为50万元。期初尚有库存的外购烟丝2万元、期末库存烟丝12万元，该烟厂当月应纳消费税中可扣除的消费税税额为多少？（烟丝的消费税税率为30%）

当期准予扣除的委托加工应税消费品已纳税额＝（2＋50－12）×30%＝12（万元）

知识拓展 3-5

委托加工业务中受托方和委托方的关系如表3-10所示。

表3-10　委托加工业务中受托方和委托方的关系

项 目	委托方	受托方
委托加工成立的条件	提供原料和主要材料	只收取加工费和代垫辅料
加工及提货时涉及的流转税	购买辅料涉及增值税进项税；支付加工费涉及增值税进项税；视同自产消费品应缴纳消费税	购买辅料涉及增值税进项税；收取加工费和代垫辅料涉及增值税销项税
消费税纳税环节	提货时受托方代收代缴（受托方为个体户的除外）	交货时代收代缴委托方消费税
代收代缴消费税后的相关处理	不高于受托方计税价格直接出售的不再缴纳消费税；连续加工应税消费品销售后在出厂环节缴纳的消费税，可以按生产领用抵扣已纳消费税	及时缴纳代收代缴税款

知识拓展 3-6　　　　**外购已税消费品税额扣除**

外购已税消费品连续生产应税消费品的，其扣除方法同委托加工相似，只有在当期被生产领用的已税消费品才准予扣除。其计算公式为：

当期准予扣除的外购应税消费品的已纳税款 ＝ 当期准予扣除的外购应税消费品的买价（数量）× 外购应税消费品适用税率

当期准予扣除的外购应税消费品买价（数量）＝ 期初库存的外购应税消费品的买价（数量）＋ 当期购进的应税消费品的买价（数量）－ 期末库存的外购应税消费品买价（数量）

（四）进口应税消费品应纳税额的计算

纳税人进口应税消费品，按照组成计税价格和规定的税率计算应纳税额。其中，有关进口应纳消费税的消费税税率由财政部、国家税务总局根据国内消费税制度和相应的消费政策等进行相应调整。对进口应税消费品征税，可以使进口商品与国内生产的同种应税消费品的征税依据一致，税负基本平衡，从而有利于防止盲目进口，保护国内产业发展。

进口应税消费品应纳税额的计算

纳税人进口应税消费品，按照组成计税价格和规定的税率计算应纳税额。具体的计算公式如表3-11所示。

表 3-11　进口环节组成计税价格和应纳消费税税额计算公式

计税方法	计税价格	应纳税额
从价定率	组成计税价格＝（关税完税价格＋关税）÷（1－比例税率）	应纳税额＝进口应税消费品组成计税价格×比例税率
从量定额	从量征收与售价或组成计税价格无关	应纳税额＝委托加工收回数量×定额税率
复合计税	组成计税价格＝（关税完税价格＋关税＋进口数量×定额税率）÷（1－比例税率）	应纳税额＝进口应税消费品组成计税价格×比例税率＋进口数量×定额税率

提示

组成计税价格的计算公式如下。

（1）纳税人自产自用的应税消费品

$$组成计税价格＝\frac{成本＋利润＋自产自用数量×定额税率}{1－比例税率}$$

（2）委托加工的应税消费品

$$组成计税价格＝\frac{材料成本＋加工费＋委托加工数量×定额税率}{1－比例税率}$$

（3）进口的应税消费品

$$组成计税价格＝\frac{关税完税价格＋关税＋进口数量×定额税率}{1－比例税率}$$

课堂训练 3-9

锦云公司是增值税一般纳税人，6月份进口一批高档化妆品，关税的完税价格为40万元。已知高档化妆品的关税税率为30%、消费税税率为15%。计算进口环节应缴纳的消费税税额。

关税税额＝关税完税价格×30%＝40×30%＝12（万元）

组成计税价格＝（40＋12）÷（1－15%）＝61.18（万元）

进口环节应缴纳的消费税税额＝61.18×15%＝9.18（万元）

三、任务实施

① 该笔业务应确认的消费税税额＝600 000×20%＋20×2 000×0.5＝120 000＋20 000＝140 000（元）。

② 散黄酒采用从量计征方式，定额税率为240元/吨，委托加工收回的数量为10吨。该笔业务应确认的消费税税额＝240×10＝2 400（元）。

③ 该笔业务应确认的消费税税额＝30 000×10%＝3 000（元）。

④ 该笔业务应确认的消费税税额＝1 695÷1.13×10%＝150（元）。

⑤ 该笔业务应确认的消费税税额＝100×50×20%＋100×0.5＝1 050（元）。

四、任务评价

请在表 3-12 中客观填写每一项工作任务的完成情况。

表 3-12 任务评价表

工作任务清单	完成情况
① 能准确计算直接对外销售应税消费品的应纳税额	
② 能准确计算自产自用应税消费品的应纳税额	
③ 能准确计算委托加工应税消费品的应纳税额	
④ 能准确计算进口应税消费品的应纳税额	

任务三 消费税的申报

一、任务情境

（一）任务场景

见任务一中的任务场景。

（二）任务布置

① 填写消费税及附加税费申报表。
② 完成消费税的申报缴纳。

二、知识准备

（一）纳税义务发生时间

消费税纳税义务发生的时间，以货款结算方式或行为发生时间分别确定。
① 纳税人销售应税消费品的，按不同的销售结算方式分别为：
- 采用赊销和分期收款结算方式的，为书面合同约定的收款日期的当天。书面合同没有约定收款日期或无书面合同的，为发出应税消费品的当天。
- 采用预收货款结算方式的，为发出应税消费品的当天。
- 采用托收承付和委托银行收款方式的，为发出应税消费品并办妥托收手续的当天。
- 采用其他结算方式的，为收到销售款或取得索取销售款凭据的当天。

② 纳税人自产自用应税消费品的，为移送使用的当天。
③ 纳税人委托加工应税消费品的，为纳税人提货的当天。
④ 纳税人进口应税消费品的，为报关进口的当天。

图解消费税纳税义务发生时间

(二)纳税期限

消费税的纳税期限分别为 1 日、3 日、5 日、10 日、15 日、1 个月或 1 个季度。纳税人的具体纳税期限,由主管税务机关根据纳税人应纳税额的大小分别核定;不能按照固定期限纳税的,可以按次纳税。

纳税人以 1 个月或 1 个季度为一个纳税期的,自期满之日起 15 日内申报纳税;以 1 日、3 日、5 日、10 日或 15 日为一个纳税期的,自期满之日起 5 日内预缴税款,于次月 1 日起 15 日内申报纳税并结清上月应纳税款。纳税人进口应税消费品,应当自海关填发海关进口消费税专用缴款书之日起 15 日内缴纳税款。

(三)纳税地点

消费税的纳税地点是指纳税人申报缴纳消费税税款的地点。其具体规定如下。

① 纳税人销售的应税消费品及自产自用的应税消费品,除国家另有规定外,应当向纳税人机构所在地或居住地的主管税务机关申报纳税。

② 委托加工的应税消费品,除受托方为个人外,由受托方向机构所在地或居住地的主管税务机关申报纳税。

③ 进口的应税消费品,由进口人或其代理人向报关地海关申报纳税。

④ 纳税人到外县(市)销售或委托外县(市)代销自产应税消费品的,于应税消费品销售后,向机构所在地或居住地主管税务机关申报纳税。

⑤ 纳税人的总机构与分支机构不在同一县(市)的,应当分别向各自机构所在地的主管税务机关申报纳税;经财政部、国家税务总局或其授权的财政、税务机关批准,可以由总机构汇总向总机构所在地主管税务机关申报纳税。

(四)缴纳税款的办法

纳税人报缴税款的方法,由所在地主管税务机关视不同情况,从以下办法中核定一种。

① 纳税人按期向税务机关填报纳税申报表,并填开纳税缴款书,向所在地代理金库的银行缴纳税款。

② 纳税人按期向税务机关填报纳税申报表,由税务机关审核后填发纳税缴款书,按期缴纳。

③ 对会计核算不健全的小型业户,税务机关可根据其产销情况,按季或按年核定其应缴纳税额,分月缴纳。

三、任务实施

(一)任务流程

消费税及附加税费申报流程如图 3-1 所示。

单元三　消费税的计算与申报

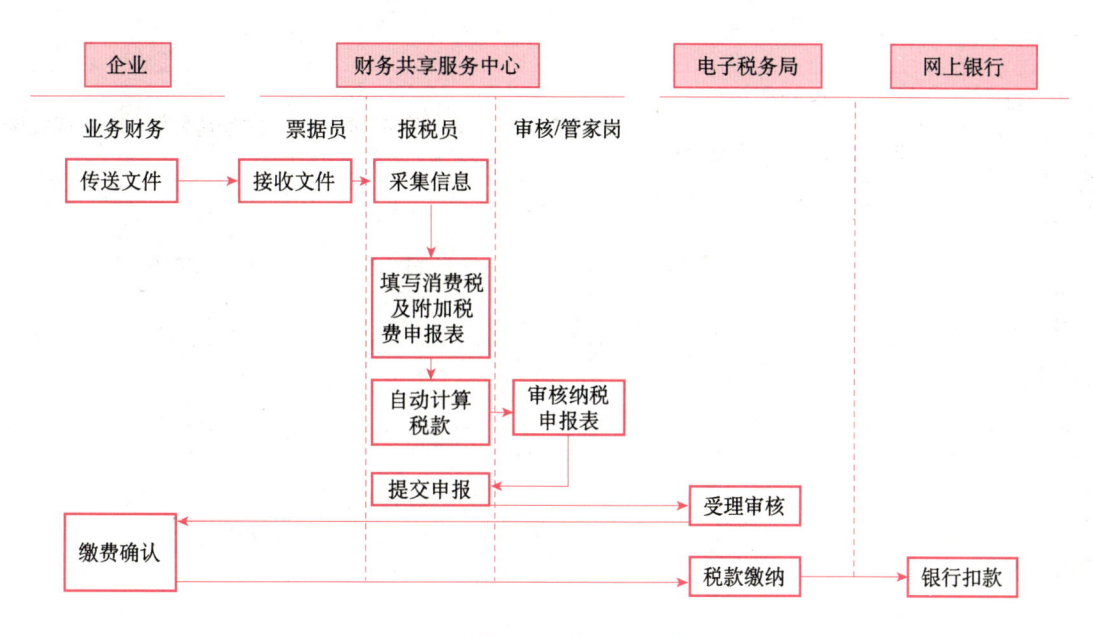

图 3-1　消费税及附加税费申报流程

（二）任务操作

步骤 1　登录电子税务局。

步骤 2　单击"我要办税"，选择"税费申报及缴纳"。

步骤 3　单击"消费税及附加税（费）申报"，按照先填主表和消费税附表，最后打开消费税附加税费计算表的顺序进行操作。

步骤 4　消费税填表及信息确认。

步骤 5　消费税信息确认完后，需要先保存一次主表，再进行附加税费信息确认，如表 3-13 所示。如果遇到减免事项数据有修改，则在附加税费情况表保存后，会自动更新主表的附加税费应补退栏次。

表 3-13　消费税及附加税费申报表

税款所属期：自 2021 年 9 月 1 日至 2021 年 9 月 30 日

纳税人识别号（统一社会信用代码）：914401999990030503

纳税人名称：陕西省 A 酒厂　　　　　　　　　　　　　　　　　　　　　　金额单位：人民币元（列至角分）

项　目 应税消费品名称	适用税率 定额税率	适用税率 比例税率	计量单位	本期销售数量	本期销售额	本期应纳税额
	1	2	3	4	5	6＝1×4＋2×5
白酒	0.5 元 /500 克	20%	500 克	40 100.00	605 000.00	141 050.00
黄酒	240 元 / 吨		吨	10.00		2 400.00
其他酒		10%	吨	31 500.00		3 150.00
合　计	—	—	—	—	—	146 600.00

89

(续表)

项目\应税消费品名称	适用税率 定额税率	适用税率 比例税率	计量单位	本期销售数量	本期销售额	本期应纳税额
	1	2	3	4	5	6＝1×4＋2×5
				栏　次	本期税费额	
本期减（免）税额				7	0	
期初留抵税额				8	0	
本期准予扣除税额				9	0	
本期应扣除税额				10＝8＋9	0	
本期实际扣除税额				11[10＜（6－7），则为10，否则为6－7]	0	
期末留抵税额				12＝10－11	0	
本期预缴税额				13	0	
本期应补（退）税额				14＝6－7－11－13	146 600.00	
城市维护建设税本期应补（退）税额				15	10 262.00	
教育费附加本期应补（退）费额				16	4 398.00	
地方教育附加本期应补（退）费额				17	2 932.00	

步骤6　申报及缴款。

四、任务评价

请在表3-14中客观填写每一项工作任务的完成情况。

表3-14　任务评价表

工作任务清单	完成情况
①能确定消费税的纳税义务发生时间、纳税期限和纳税地点	
②能填写消费税及附加税费申报表并完成税额申报缴纳	

思政栏目

消费税环保功能的作用机理

单元四

附加税费的计算与申报

↘ 思政目标
1. 培养遵守准则、提高技能、保守秘密和文明服务的职业道德。
2. 培养认真仔细、一丝不苟的敬业精神。
3. 培养持之以恒、积极进取、自强不息的精神。

↘ 知识目标
1. 理解城市维护建设税及教育费附加的概念、征税范围和纳税人。
2. 掌握城市维护建设税纳税义务发生时间、纳税期限和纳税地点。

↘ 技能目标
1. 能正确计算应缴纳的城市维护建设税及教育费附加。
2. 能进行城市维护建设税和教育费附加的纳税申报。

一、任务情境

(一) 任务场景

财务共享服务中心员工需要为其代理的北京华宇装饰有限公司进行城市维护建设税和教育费附加的计算。北京华宇装饰有限公司是一般纳税人,地处市区,7月份实际缴纳增值税税额为 11 622.7 元。

(二) 任务布置

① 准确计算城市维护建设税金额。
② 准确计算教育费附加、地方教育附加金额。
③ 正确进行附加税费的申报。

二、知识准备

（一）城市维护建设税

2020年8月11日，第十三届全国人民代表大会常务委员会第二十一次会议通过了《中华人民共和国城市维护建设税法》（以下简称《城市维护建设税法》）。其内容比较简单，共11条，自2021年9月1日起施行。

图解《城市维护建设税法》

1. 纳税人和征税对象的确定

城市维护建设税是国家对缴纳增值税、消费税（以下简称"两税"）的单位和个人以其实际缴纳的"两税"税额为计税依据而征收的一种税。我国现行城市维护建设税是1985年设置的一个税种，目的是加强城市的维护建设，扩大和稳定城市维护建设资金的来源。它属于特定目的税。

城市维护建设税的纳税人是指实际缴纳增值税、消费税的单位和个人，包括各类企业、行政单位、事业单位、军事单位、社会团体及其他个人。一般情况下，只要缴纳了增值税、消费税，就必须同时缴纳城市维护建设税。自2010年12月1日起，我国对外商投资企业、外国企业和外籍人员开始征收城市维护建设税。

2. 征税范围

城市维护建设税的征税范围比较广，具体包括城市市区、县城、建制镇，以及税法规定的其他地区。

对进口货物或境外单位和个人向境内销售劳务、服务、无形资产缴纳的增值税及消费税，不征收城市维护建设税。

3. 税率

城市维护建设税的税率，实行地区差别比例税率，按照纳税人所在地的不同，税率分为7%、5%、1%三个档次。城市维护建设税税率如表4-1所示。

表4-1 城市维护建设税税率

纳税人所在地	税率 /%
市区	7
县城、建制镇	5
不在市区、县城、建制镇	1

城市维护建设税的适用税率应当按照纳税人所在地的规定税率执行。但是，对于以下两种情况，可按缴纳"两税"所在地的规定税率就地缴纳城市维护建设税。

① 由受托方代扣代缴、代收代缴"两税"的单位和个人，其代扣代缴、代收代缴的城市维护建设税按受托方所在地适用税率执行。

② 流动经营等无固定纳税地点的单位和个人，在经营地缴纳"两税"的，其城市维护建设税的缴纳按经营地适用税率执行。

单元四　附加税费的计算与申报

4. 城市维护建设税的计算

（1）计税依据

城市维护建设税的计税依据是纳税人实际缴纳的增值税、消费税税额之和，不包括纳税人违反"两税"税法而加收的滞纳金和罚款，但可以扣除期末留抵退税退还的增值税税额。而且纳税人在被查补"两税"和被处以罚款时，应同时对其偷漏的城市维护建设税进行补税、征收滞纳金和罚款。城市维护建设税以"两税"税额为计税依据，并同时征收，如果免征或减征"两税"，则同时免征或减征城市维护建设税，但对出口商品退还增值税、消费税，不退还已缴纳的城市维护建设税。其计算公式为：

城市维护建设税计税依据＝依法实际缴纳的增值税税额＋依法实际缴纳的消费税税额

依法实际缴纳的增值税税额＝依法应缴纳的增值税税额＋增值税免抵税额－
直接减免的增值税税额－留抵退税额

依法实际缴纳的消费税税额＝依法应缴纳的消费税税额－直接减免的消费税税额

（2）应纳税额的计算

应纳税额＝纳税人实际缴纳的增值税和消费税税额之和×适用税率

课堂训练 4-1 地处市区的北京建德装饰有限公司2021年5月实缴增值税税额为300万元、消费税税额为120万元，因故被加收滞纳金0.25万元。确认该企业实际应纳城市维护建设税税额。

应纳税额＝（300＋120）×7%＝420×7%＝29.4（万元）

课堂训练 4-2 位于某市市区的甲企业，2021年10月申报期享受直接减免增值税优惠（不包含先征后退、即征即退）后申报缴纳增值税50万元；9月已核准增值税免抵税额10万元（其中涉及出口货物6万元、涉及增值税零税率应税服务4万元）；9月收到增值税留抵退税额5万元。计算该企业10月份应申报缴纳的城市维护建设税税额。

应申报缴纳的城市维护建设税税额＝（50＋6＋4－5）×7%＝3.85（万元）

课堂训练 4-3 位于某县县城的乙企业（城市维护建设税适用税率为5%），2021年10月申报期享受直接减免增值税优惠后申报缴纳增值税90万元，享受直接减免消费税优惠后申报缴纳消费税30万元。计算该企业10月应申报缴纳的城市维护建设税税额。

该企业10月应申报缴纳的城市维护建设税税额＝（90＋30）×5%＝6（万元）

课堂训练 4-4 位于某市市区的甲企业（城市维护建设税适用税率为7%），2021年10月申报期申报缴纳增值税100万元，其中50万元增值税是进口货物产生的。计算该企业10月份应申报缴纳的城市维护建设税。

应申报缴纳的城市维护建设税税额＝（100－50）×7%＝3.5（万元）

5. 税收优惠政策

税收优惠政策具体有以下4种情况。

① 随增值税、消费税的减免而减免。

② 随增值税、消费税的退库而退库。

③ 对进口货物或境外单位和个人向中国境内销售劳务、服务、无形资产缴纳的增值税、消费税，不征收城市维护建设税。

④ 对出口货物、劳务和跨境销售服务、无形资产，以及因优惠政策而退还增值税、消费税的，不退还已缴纳的城市维护建设税。

⑤ 目前，增值税小规模纳税人的城市维护建设税减半征收。

6. 征收管理

（1）纳税义务发生时间

① 城市维护建设税纳税义务发生时间与增值税、消费税相同。

② 城市维护建设税扣缴义务发生时间为扣缴增值税、消费税的当日。

（2）纳税地点

① 城市维护建设税纳税地点为实际缴纳增值税、消费税的地点。

② 扣缴义务人应当向其机构所在地或居住地的主管税务机关申报缴纳其扣缴的税款。

③ 代扣代缴、代收代缴增值税与消费税的单位和个人，同时是城市维护建设税的代扣代缴、代收代缴义务人，其纳税地点为代扣代收地。

④ 对流动经营等无固定纳税地点的单位和个人，应随同增值税、消费税在经营地纳税。

（3）纳税期限

① 城市维护建设税按月或按季度计征。不能按固定期限计征的，可以按次计征。

② 实行按月或按季度计征的，纳税人应当于月度或季度终了之日起15日内申报并缴纳税款；实行按次计征的，纳税人应当于纳税义务发生之日起15日内申报并缴纳税款。

（二）教育费附加的主要法律规定

教育费附加和地方教育附加（以下简称附加费）是单位与个人以缴纳的增值税、消费税的税额为计税依据而计算缴纳的一种附加费。

为了扩大地方教育经费的资金来源，加快地方教育事业发展，国务院于1986年4月28日发布了《征收教育费附加的暂行规定》。2011年1月8日，国务院发布了第588号国务院令，公布《国务院关于修改〈征收教育费附加的暂行规定〉的决定》，决定自公布之日起施行。

《征收教育费附加的暂行规定》

1. 征税范围

凡是缴纳增值税、消费税的单位和个人，都应该缴纳附加费。

对进口货物或境外单位和个人向境内销售劳务、服务、无形资产需要缴纳增值税、消费税的，不征收附加费。

2. 征收率

教育费附加的征收率是3%；地方教育附加的征收率是2%。

3. 计费依据

附加费的计费依据与城市维护建设税相同，以单位和个人实际缴纳的"两税"税额为计费依据。

这里的"两税"税额指的是"两税"的实缴税额，而非应缴税额，并且不包括加收的滞纳金和罚款，但可以扣除期末留抵退税退还的增值税税额。

附加费是以增值税、消费税税额为计费依据并与"两税"同时征收的，所以如果要免征或减征"两税"，则也要同时免征或减征附加费。但对因产品出口而退还增值税、消费税的，不退还已缴纳的附加费。

4. 计算方法

附加费的计算公式为：

教育费附加＝（实际缴纳的增值税税额＋实际缴纳的消费税税额）×3%

地方教育附加＝（实际缴纳的增值税税额＋实际缴纳的消费税税额）×2%

课堂训练 4-5 地处市区的北京建德装饰有限公司，2021年5月实缴增值税300万元、消费税120万元，因故被加收滞纳金0.25万元。计算该公司应缴纳的教育费附加和地方教育附加。

应缴教育费附加金额＝（300＋120）×3%＝12.6（万元）

应缴地方教育附加金额＝（300＋120）×2%＝8.4（万元）

5. 优惠政策

① 海关对进口货物、服务等代征的增值税、消费税，不征收教育费附加。

② 对出口货物、服务等退还增值税、消费税的，不退还已征的教育费附加。但对于减免增值税、消费税而发生退税的，可同时退还已征收的教育费附加。

③ 小规模纳税人附加费减半征收。一般纳税人月销售额不超过10万元的，免征教育费附加和地方教育附加。

三、任务实施

（一）附加税费的计算

北京华宇装饰有限公司是增值税一般纳税人，地处市区，7月份实际缴纳的增值税税额为11 622.7元。

城市维护建设税税额＝增值税税额×7%＝11 622.7×7%＝813.59（元）

教育费附加金额＝11 622.7×3%＝348.68（元）

地方教育附加金额＝11 622.7×2%＝232.45（元）

（二）附加税费的申报

城市维护建设税和教育费附加，与申报缴纳的增值税、消费税税额一表申报、同征同管，附加税费附表从"两税"申报表主表自动获取信息。

四、任务评价

请在表 4-2 中客观填写每一项工作任务的完成情况。

表 4-2　任务评价表

工作任务清单	完成情况
① 明确城市维护建设税、教育费附加的计税 / 费依据	
② 能准确计算城市维护建设税应纳税额、附加费金额	
③ 能在智能税务平台上进行附加税费的申报	

思政栏目

江河汇流成海，分文积累强国

单元五 企业所得税的计算与申报

↳ 思政目标

1. 树立正确的世界观、价值观、人生观。
2. 树立诚信纳税意识。
3. 培养严谨细致的工作态度和团结协作的敬业精神。

↳ 知识目标

1. 掌握企业所得税的概念、纳税人、征税对象和税率。
2. 掌握企业所得税纳税期限、纳税地点、纳税申报的相关规定。
3. 熟悉企业所得税税收优惠政策。

↳ 技能目标

1. 能依据业务资料正确计算企业所得税应纳税额。
2. 能利用智能税务平台进行企业所得税预缴申报。
3. 能利用智能税务平台进行企业所得税汇算清缴。

任务一　企业所得税认知

一、任务情境

（一）任务场景

财务共享服务中心提供财务外包服务，新入职的小王接到李经理布置的工作，需要为4家新代理的客户进行纳税申报。具体情况如下。

① 王某开了一家个体超市——明惠超市，在校园内出售食品饮料和生活用品。2021年营业收入为17万元。

② 两位归国博士创办的蒙特卡洛科技（唐山）有限公司，属于国家重点扶持的高新技

术企业。2021年营业收入为4 000万元。

③ 在英属开曼群岛注册的腾飞公司，在杭州设立总部。2021年营业收入为60 000万元。

④ 通建工程集团属于大型国有企业，以基建建设、勘察设计与咨询服务及房地产开发为主营业务。2021年营业收入为50 000万元。

（二）任务布置

① 判断这4家企业是否符合企业所得税的纳税人资格。

② 如果符合，则判断其适用的税率。

③ 根据企业的具体情况，判断是否适用相关的企业所得税税收优惠政策。

二、知识准备

企业所得税是我国较重要的税种之一，其税收收入占我国税收总收入的20%以上，是国家参与企业利润分配并调节其收益水平的一个关键性税种，体现了国家和企业之间的分配关系。

中华人民共和国成立后，我国分别针对内资企业和外资企业建立了两套不同的所得税制度，针对外资企业的所得税法相对宽松。我国加入世贸组织后，针对外企的税收优惠成了"超国民待遇"，使得内资企业处于一个不平等的竞争地位。在此背景下，我国2007年先后通过了《中华人民共和国企业所得税法》（以下简称《企业所得税法》）和《中华人民共和国企业所得税法实施条例》（以下简称《企业所得税法实施条例》），于2008年1月1日开始施行。

《中华人民共和国企业所得税法》

《中华人民共和国企业所得税法实施条例》

（一）企业所得税的概念

企业所得税是对我国境内的企业和其他取得收入的组织的生产经营所得与其他所得征收的所得税。其中，企业分为居民企业和非居民企业。

企业所得税概述

（二）企业所得税的特点

1. 征税范围广

这个概念既明确了纳税人在中国境内的企业和其他取得收入的组织都是企业所得税的纳税人，也明确了征税对象——这些纳税人的生产经营所得和其他所得都是征税对象。因此，企业所得税的征收范围非常广。

2. 以净所得为征税对象，以经过计算的应纳税所得额为计税依据

净所得是纳税人的收入总额扣除各项成本、费用、税金、损失等支出之后的金额，并非企业实现的会计利润。为了保护税基，国家还明确了收入总额、扣除项目金额的具体内容，以及资产的具体税务处理方法，使应纳税所得额的计算相对独立于会计核算，从而体现了税法的强制性与统一性。

所得的来源包括销售货物所得、提供劳务所得、转让财产所得、股息红利等权益性投资所得、利息所得、租金所得、特许权使用费所得、接收捐赠所得和其他所得；所得的类型包括生产经营所得、其他所得和清算所得。

3. 纳税人与负税人一致

企业所得税是企业核算出利润总额后才能确定的终端税种，一般不容易转嫁，基本都是由纳税人自己负担。会计利润总额扣除企业所得税后就是企业生产经营的净利润。因此，企业所得税的纳税人与负税人是一致的。

（三）企业所得税的作用

1. 促使企业改善经营管理活动，提高盈利能力

由于企业所得税只对利润征税，往往采用比例税率，因此投资能力和盈利能力较强的企业能产生较多的利润——在适用比例税率的情况下，投资能力和盈利能力越强，税负承担能力也就越强，从而相对降低了企业的税负水平，进而相对增加了企业的税后利润。而且，在征税过程中，会对企业的收入、成本、费用等进行检查，对企业的经营管理活动和财务管理活动展开监督，从而起到不断促进企业改善经营管理、提高盈利能力的作用。

2. 调节产业结构，促进经济发展

企业所得税的调节作用在于公平税负、量能负担，虽然各国的企业所得税往往采用比例税率，在一定程度上削弱了所得税的调控功能，但在税制设计中，我国的企业所得税对小型微利企业、高新技术企业、技术先进服务企业等给予了减免税额的优惠，从而对产业结构调整起到了引导、支持作用，促进了经济发展。

3. 为国家建设筹集财政资金

税收的首要职能就是筹集财政收入。随着我国国民收入向企业和居民分配的倾斜，以及经济的发展和企业盈利水平的提高，企业所得税占全部税收收入的比重越来越高，成为我国的主体税种之一，充分发挥着筹集财政资金的作用。

（四）企业所得税的纳税人

企业所得税的纳税人一般是指企业和其他取得收入的组织。《企业所得税法》第一条规定，除个人独资企业、合伙企业不适用《企业所得税法》外，在我国境内，企业和其他取得收入的组织（以下统称企业）为企业所得税的纳税人，依照法律规定缴纳企业所得税。企业所得税的纳税人包括居民企业和非居民企业，如图5-1所示。

税费计算与智能申报

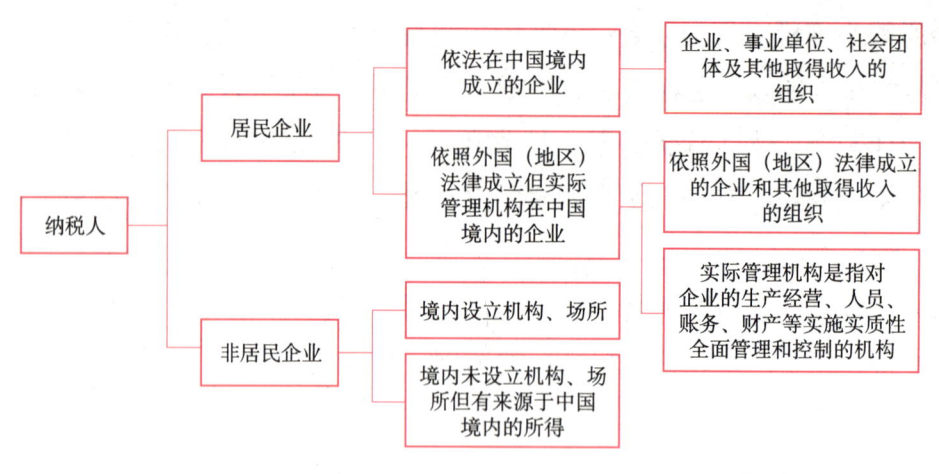

图 5-1 企业所得税的纳税人

> **提示**
>
> 个人独资企业、合伙企业不是企业所得税的纳税人，从这个角度看企业所得税实际上是法人所得税。个人独资企业、合伙企业不具有法人资格，所以它们的所得缴纳的是个人所得税。

（1）居民企业

居民企业是指依法在中国境内成立，或者依照外国（地区）法律成立但实际管理机构在中国境内的企业。

① 依法在中国境内成立的企业包括依照中国法律、行政法规在中国境内成立的企业、事业单位、社会团体及其他取得收入的组织。

② 依照外国（地区）法律成立的企业，包括依照外国（地区）法律成立的企业和其他取得收入的组织。

③ 实际管理机构是指对企业的生产经营、人员、账务、财产等实施实质性全面管理和控制的机构。例如，在英属开曼群岛等地注册的公司，但总部在中国境内。

（2）非居民企业

非居民企业是指依照外国（地区）法律成立且实际管理机构不在中国境内，但在中国境内设立机构、场所的，或者在中国境内未设立机构、场所，但有来源于中国境内所得的企业。

机构、场所是指在中国境内从事生产经营活动的机构、场所，包括管理机构、营业机构、办事机构；工厂、农场、开采自然资源的场所；提供劳务的场所；从事建筑、安装、装配、修理、勘探等工程作业的场所；其他从事生产经营活动的机构、场所。

> **提示**
>
> 非居民企业委托营业代理人在中国境内从事生产经营活动的，包括委托单位或个人经常代其签订合同，或者储存、交付货物等，该营业代理人将被视为非居民企业在中国境内设立的机构、场所。

（五）企业所得税的征税对象

居民企业应当就其来源于中国境内、境外的所得缴纳企业所得税。

非居民企业在中国境内设立机构、场所的，应当就其所设机构、场所取得的来源于中国境内的所得，以及发生在中国境外但与其所设机构、场所有实际联系的所得，缴纳企业所得税；在中国境内未设立机构、场所的，或者虽设立机构、场所但取得的所得与其所设机构、场所没有实际联系的，应当就其来源于中国境内的所得缴纳企业所得税。

企业所得税的征税对象如表 5-1 所示。

表 5-1 企业所得税的征税对象

居民企业	中国境内、境外所得	
非居民企业	在中国境内设立机构、场所的	中国境内的所得
		发生在中国境外但与其所设机构、场所有实际联系的所得
	在中国境内未设立机构、场所或虽设立机构、场所但取得的所得与其所设机构、场所没有实际联系的	中国境内的所得

> **知识拓展 5-1**　　　　　**所得来源地的确定方法**
>
> 销售货物和提供劳务的所得，按经营活动发生地确定；转让财产所得，不动产按财产所在地确定，动产按转让动产的企业所在地确定；股息、红利所得，按分配股息、红利的企业所在地确定；利息所得，按实际负担或支付利息的企业或机构、场所所在地确定；租金所得，按实际负担或支付租金的企业或机构、场所所在地确定；特许权使用费所得，按实际负担或支付特许权使用费的企业或机构、场所所在地确定；其他所得，由国务院财政、税务主管部门确定。

（六）企业所得税的税率

1. 基本税率为 25%

25% 的基本税率适用于征税对象中居民企业和在中国境内设有机构、场所且其所得与所设机构、场所有实际联系的非居民企业的境内外全部收入。

2. 两档优惠税率

① 国家重点扶持的高新技术、技术先进型服务企业，按 15% 的税率征收企业所得税。

② 符合条件的小型微利企业，按 20% 的税率征收企业所得税。小型微利企业的应纳税所得额也有优惠政策，应纳税所得额不超过 100 万元的部分，减按 25% 计税；超过 100 万元小于 300 万元的部分，减按 50% 计税。

3. 低税率为 20%（减按 10% 计征）

20% 的税率适用于国家规划布局内的重点软件企业和集成电路设计企业，以及非居民企业在中国境内未设立机构、场所的，或者虽设立机构、场所但取得的所得与其所设机构、场所没有实际联系的来源于中国境内的收入。

企业所得税的税率如表 5-2 所示。

表 5-2 企业所得税的税率

税 目	税 率	适用范围	
基本税率	25%	居民企业和在中国境内设立机构、场所的非居民企业的境内外全部收入	
优惠税率	20%	符合条件的小型微利企业	所得额不超过 100 万元，所得额减按 25%
			所得额 100 万至 300 万元，所得额减按 50%
	15%	国家重点扶持的高新技术、技术先进型服务企业	
低税率	20%（减按 10% 征收）	国家规划布局内的重点软件企业和集成电路设计企业	
		非居民企业在中国境内未设立机构、场所的，或者虽设立机构、场所但取得的所得与其所设机构、场所没有实际联系的，应就其来源于中国境内的所得计征	

三、任务实施

1. 判断是否为企业所得税纳税人

《企业所得税法》第一条规定，除个人独资企业、合伙企业不适用企业所得税法外，在我国境内的企业和其他取得收入的组织（以下统称企业）为企业所得税的纳税人，依照法律规定缴纳企业所得税。因此，王某个人注册的明惠超市不属于企业所得税纳税人，需要缴纳的是个人所得税；蒙特卡洛科技（唐山）有限公司和通建工程集团属于境内成立的公司，是居民企业；英属开曼群岛注册的腾飞公司属于依照外国（地区）法律成立但实际管理机构在中国境内的企业，也是居民企业。

2. 判断适用的企业所得税税率及是否适用税收优惠政策

蒙特卡洛科技（唐山）有限公司是国家重点扶持的高新技术企业，符合优惠税率条件，可以适用 15% 的优惠税率；英属开曼群岛注册的腾飞公司和通建工程集团均是居民企业，适用基本税率，其境内外全部收入按 25% 计征企业所得税。

四、任务评价

请在表 5-3 中客观填写每一项任务的完成情况。

表 5-3 任务评价表

工作任务清单	完成情况
① 能准确判断企业所得税的纳税人	
② 能准确判断企业适用的企业所得税税率	
③ 能准确判断是否适用税收优惠政策	

任务二　企业所得税的计算

一、任务情境

（一）任务场景

财务共享服务中心新入职的员工小王为完成云飞电子有限责任公司（居民企业，小型微利企业，以下简称云飞公司）的企业所得税纳税申报任务，进行企业所得税年度应纳税额的计算。云飞公司2021年发生以下业务。

① 销售商品收入4 000万元。

② 销售材料收入40万元。

③ 销售成本2 600万元，其中其他业务成本15万元。

④ 获得股息收入100万元。其中，国债收入40万元；2018年4月以公允价值1 000万元的技术投资于A公司，获得股息收入60万元。

⑤ 获得财政补贴收入100万元。

⑥ 将自产的产品发给职工。成本50万元，市场价格100万元（企业未确认收入）。

⑦ 发生销售费用770万元，其中广告费660万元。

⑧ 发生管理费用480万元。其中，业务招待费25万元，研发支出40万元。

⑨ 发生财务费用60万元。

⑩ 发生销售税金140万元（含增值税100万元）。

⑪ 接受A公司无偿赠送的市场价格为50万元的设备。

⑫ 收到B公司违反合同支付的违约金30万元。

⑬ 发生营业外支出50万元。其中，支付税收滞纳金6万元，公益救济性捐赠30万元。

⑭ 计入成本、费用的实发工资总额为200万元，拨缴工会经费5万元、职工福利费30万元、职工教育经费18万元。

（二）任务布置

① 确定云飞公司2021年度的利润总额。

② 依据以上资料，进行纳税调整。

③ 计算云飞公司2021年度的企业所得税应纳税所得额。

④ 计算云飞公司2021年度的企业所得税应纳税额。

二、知识准备

(一) 应纳税所得额

应纳税所得额是企业所得税的计税依据。按照《企业所得税法》的规定，应纳税所得额为企业每一个纳税年度的收入总额，减除不征税收入、免税收入、各项扣除及允许弥补的以前年度亏损后的余额。其计算公式为：

应纳税所得额＝收入总额－不征税收入－免税收入－各项扣除－

允许弥补的以前年度亏损

这种方法称为直接法。

在实际工作中，按照新的企业所得税申报办法，应纳税所得额是在企业利润总额的基础上，对相关纳税事项进行调整而得的。其计算公式为：

应纳税所得额＝会计利润总额 ± 纳税调整项目金额

利润总额＝营业利润＋营业外收入－营业外支出

营业利润＝营业收入－营业成本－税金及附加－销售费用－管理费用－

财务费用－资产减值损失 ± 公允价值变动损益＋投资收益

这种方法称为间接法。企业按照财务会计制度规定核算的会计利润，根据税法规定进行相应调整后，才能作为企业的应纳税所得额。间接法是在企业利润总额的基础上进行计算应纳税所得额的，相对于直接法更简单易行。

利润总额既是企业所得税纳税调整的基础，也是计算应纳税所得额的基础。纳税调整项目金额差异主要来自会计制度与税收法规规定上的一些差异。其包括两个方面的内容：一是企业财务会计制度规定的项目范围和税收法规规定的项目范围不一致应予以调整的金额，如企业对外投资购买股票分得的红利，在会计上计算利润总额时是作为投资收益的，但税法上符合规定的投资红利可以免税；二是企业财务会计制度规定的扣除标准与税收法规规定的扣除标准不一致应予以调整的金额，如企业销售产品做广告、在会计上广告费都是作为销售费用在利润总额里全额扣除的，但在税法上不是所有广告费都能在税前扣除。这样会计制度的规定和税收法规的规定就产生了差异，需要在利润总额的基础上按照税法规定做相应调整，计算出正确的应纳税所得额。

根据国家税务总局2018年12月公布的纳税调整明细表的规定，纳税调整项目分为收入类调整项目、扣除类调整项目、资产类调整项目、特殊事项调整项目和特别纳税调整项目。

(二) 纳税调整项目

1. 收入类调整项目

（1）视同销售收入

《企业所得税法实施条例》规定，企业发生非货币性资产交换，以及将货物、财产、劳务用于捐赠、偿债、赞助、集资、广告、样品、职工福利或利润分配等用途的，应当视同销售货物、转让财产或提供劳务，但国务院财政、税务主管部门另有规定的除外。

视同销售收入是指会计上不作为销售核算，而在税收上作为应税收入缴纳企业所得税的收入，主要包括非货币性交易视同销售收入，货物、财产、劳务视同销售收入和其他视同销售收入。

注意，如果会计上未确认收入，则计算应纳税所得额时就要在会计利润总额基础上调增视同销售收入，调减相应的视同销售成本。

课堂训练 5-1 云纳公司用本公司生产的产品对外捐赠，产品计税价格100万元、成本30万元，会计上未确认收入。计算企业所得税应纳税所得额时应如何进行纳税调整？

会计上未确认收入，而税法规定，对外捐赠视同销售，按该货物计税价格确认收入，同时按实际情况确认成本。因此，就会产生视同销售收入和视同销售成本，此时应纳税所得额收入类项目要调增100万元、扣除类项目要调减30万元。

提示

视同货物移库，即将存货用于在建工程、管理部门、分公司等不确认收入。例如，水泥厂用自产的水泥去建厂房就是视同货物移库。这种情况下，资产的所有权属在形式和实质上均未发生改变，所以不确认收入。

知识拓展 5-2 视同销售在会计、增值税和企业所得税处理上的差异

视同销售在《企业会计准则》《增值税暂行条例》《企业所得税法》中的处理方式有差异，现结合前文所述做综合比较，如表5-4所示。

表5-4 视同销售在会计、增值税和企业所得税处理上的差异

项　目		会计是否确认收入	增值税是否视同销售	企业所得税是否视同销售
将货物交付其他单位或个人代销		√	√	√
销售代销货物（针对代销行为本身）	收取手续费	×	√	×
	视同买断	√	√	√
统一核算，异地移送		×	√	×
集体福利（食堂、浴室）或职工福利（给个人）	自产、委托加工	√	√	√
	外购	×	×	√
投资（自产、委托加工、外购）		√	√	√
分配给股东或投资者（自产、委托加工、外购）		√	√	√
无偿赠送（自产、委托加工、外购）		×	√	√
交际应酬	自产、委托加工	×	√	√
	外购	×	×	√
市场推广、广告样品	自产、委托加工	×	√	√
	外购	×	√	√

（2）不征税收入

税法规定的不征税收入包括以下几项。

① 财政拨款。这是指各级人民政府对纳入预算管理的事业单位、社会团体等组织拨付的财政资金。但国务院和国务院财政、税务主管部门另有规定的除外。

② 依法收取并纳入财政管理的行政事业性收费、政府性基金。行政事业性收费是指依照法律、法规等有关规定，按照规定程序批准，在实施社会公共管理，以及在向公民、法人或其他组织提供特定公共服务的过程中，向特定对象收取并纳入财政管理的费用；政府性基金是指企业依照法律、行政法规等有关规定，代政府收取的具有专项用途的财政资金。

③ 国务院规定的其他不征税收入。这是指企业取得的，由国务院财政、税务主管部门规定了专项用途并经国务院批准的财政性资金。财政性资金是指企业取得的来源于政府及其有关部门的财政补助、补贴、贷款贴息，及其他各类财政专项资金，包括直接减免的增值税和即征即退、先征后退、先征后返的各种税收，但不包括企业按规定取得的出口退税款。

注意，会计利润总额已经计入不征税收入，在计算应纳税所得额时，要调减相应的不征税收入金额。

课堂训练 5-2 云纳公司获得政府的财政专项资金支持30万元。计算企业应纳税所得额时应如何进行纳税调整？

30万元在会计上确认为营业外收入，但由于其属于财政性资金，税法规定对这部分收入不征税，所以需要在会计利润总额的基础上调减30万元。

> **提示**
>
> 企业的不征税收入用于支出形成的费用，不得在计算应纳税所得额时扣除；企业的不征税收入用于支出形成的资产，其计算的折旧、摊销金额不得在计算应纳税所得额时扣除。

（3）免税收入

免税收入是指纳税人本年度发生的根据税收规定免征企业所得税的收入和所得。注意，会计利润总额已经计入这部分收入，所以在计算应纳税所得额时要调减相应的免税收入金额。

① 为鼓励企业积极购买国债，支援国家建设，税法规定企业因购买国债所得的利息收入，免征企业所得税。

② 符合条件的居民企业之间的股息、红利等权益性收益，免征企业所得税。这是指居民企业直接投资于其他居民企业取得的投资收益。例如，居民企业包记面包的老板觉得上市公司柔宇科技前景很好，于是购买了其股票，买了一年多，今年年底分红了，这就是红利，属于免税收入。

③ 在中国境内设立机构、场所的非居民企业从居民企业取得与该机构、场所有实际联系的股息、红利等权益性投资收益，免征企业所得税。

> **提示**
>
> 居民企业和非居民企业取得的上述免税的投资收益，不包括连续持有居民企业公开发行并上市流通的股票不足 12 个月取得的投资收益。

知识拓展 5-3　　　　　　　　符合条件的非营利组织的收入

符合条件的非营利组织是指：依法履行非营利组织登记手续；从事公益性或非营利性活动；取得的收入除用于与该组织有关的、合理的支出外，全部用于登记核定或章程规定的公益性或非营利性事业；财产及其孳息不用于分配；按照登记核定或章程规定，该组织注销后的剩余财产用于公益性或非营利性目的，或者由登记管理机关转赠给与该组织性质、宗旨相同的组织，并向社会公告；投入人对投入该组织的财产不保留或享有任何财产权利；工作人员工资福利开支控制在规定的比例内，不得变相分配该组织的财产；国务院财政、税务主管部门规定的其他条件。

《企业所得税法》第二十六条第（四）项所称符合条件的非营利组织的收入，不包括非营利组织从事营利性活动取得的收入，但国务院财政、税务主管部门另有规定的除外。这也是为了防范非营利组织从事营利活动可能带来的税收漏洞。

非营利组织的下列收入为免税收入：接受其他单位或个人捐赠的收入；除《企业所得税法》第七条规定的财政拨款以外的其他政府补助收入，但不包括因政府购买服务而取得的收入；按照省级以上民政、财政部门规定收取的会费；不征税收入和免税收入孳生的银行存款利息收入；财政部、国家税务总局规定的其他收入。

2. 扣除类调整项目

（1）职工薪酬

企业发生的合理的工资薪金支出准予据实扣除。

① 工资、薪金是指企业每一纳税年度支付给在本企业任职或受雇员工的所有现金或非现金形式的劳动报酬，包括基本工资、奖金、津贴、补贴、年终加薪、加班工资，以及与员工任职或受雇有关的其他支出。

② 合理的工资、薪金是指企业按照股东大会、董事会、薪酬委员会或相关管理机构制定的工资、薪金制度规定实际发放给员工的工资、薪金。

> **提示**
>
> 一定是实际发放的工资、薪金才可以税前扣除。根据《企业所得税法实施条例》第三十四条的规定，企业的工资、薪金扣除时间为实际发放的纳税年度。

企业发生的职工福利费、工会经费、职工教育经费按标准扣除；未超过标准的按实际数扣除；超过标准的当年只能按标准扣除，除职工教育经费外，超出标准的部分既不得扣除，也不得在以后年度结转扣除。

注意，职工薪酬在计算会计利润总额时已经作为成本费用扣除，因而在计算应纳税所得额时，超过扣除标准的部分要调增。

① 企业发生的职工福利费支出，不超过工资、薪金总额14%的部分准予扣除。

课堂训练 5-3 纳昆公司是居民企业，实际发放工资250万元，职工福利费支出46万元。计算企业所得税时，可以税前扣除多少？如何调整应纳税所得额？

职工福利费按规定不超过工资、薪金总额的14%的部分准予扣除，因此：

准予扣除的金额＝250×14%＝35（万元）

在计算利润总额时46万元已经计入成本费用扣减，而《企业所得税法》规定不超过35万元的部分才允许扣减，所以需要在利润总额的基础上调增应纳税所得额11万元。

② 企业拨缴的工会经费，不超过工资、薪金总额2%的部分准予扣除。

课堂训练 5-4 纳昆公司是居民企业，实际发放工资250万元，拨付工会经费6万元。计算企业所得税时，可以税前扣除多少？如何调整应纳税所得额？

按规定工会经费不超过工资、薪金总额的2%的部分准予扣除，因此：

准予扣除的金额＝250×2%＝5（万元）

在计算利润总额时，6万元工会经费已经计入成本费用扣减，而《企业所得税法》规定不超过5万元的部分才允许扣减，所以需要在利润总额的基础上调增应纳税所得额1万元。

③ 企业发生的职工教育经费支出，不超过工资、薪金总额8%的部分，准予在计算企业所得税应纳税所得额时扣除。超过部分，准予在以后纳税年度结转扣除。

课堂训练 5-5 纳昆公司是居民企业，实际发放工资250万元，职工教育经费支出35万元。计算企业所得税时，可以税前扣除多少？如何调整应纳税所得额？

按规定职工教育经费不超过工资、薪金总额的8%的部分准予扣除，因此：

准予扣除的金额＝250×8%＝20（万元）

在计算利润总额时，35万元工会经费已经计入成本费用扣减，而《企业所得税法》规定不超过20万元的部分才允许扣减，所以需要在利润总额的基础上调增应纳税所得额15万元。

④ 集成电路设计企业和符合条件的软件企业的职工培训费用，单独进行核算并按实际发生额在计算应纳税所得额时扣除。

（2）利息费用

① 非金融企业向金融企业借款的利息支出、金融企业的各项存款利息支出和同业拆借利息支出、企业经批准发行债券的利息支出，可据实扣除。

② 非金融企业向非金融企业借款的利息支出，不超过按照金融业同期同类贷款利率计算的数额的部分可以据实扣除，超过部分不予扣除。

注意，利息费用在计算会计利润总额时已经作为费用扣除，因而在计算应纳税所得额时，超过扣除标准的部分要调增。

课堂训练 5-6 纳昆公司2021年发生财务费用50万元，其中含向非金融企业借款300万元所支付的年利息21万元。而当年金融企业贷款的年利率为4.35%。计算税前可扣除的利息费用是多少？如何调整应纳税所得额？

税前可扣除的利息费用＝300×4.35%＝13.05（万元）

因此，实际利息费用超标准7.95（21－13.05）万元，需要调增应纳税所得额7.95万元。

（3）业务招待费

企业发生的与生产经营活动有关的业务招待费支出，按照发生额的60%扣除，但最高不得超过当年销售（营业）收入的5‰。当年销售（营业）收入包括《企业所得税法实施条例》第二十五条规定的视同销售（营业）收入额。

销售（营业）收入是业务招待费限额的计算基数，不仅包括销售货物收入、让渡资产使用权收入、提供劳务收入等主营业务收入，还包括其他业务收入和视同销售收入。但不含营业外收入、转让固定资产或无形资产所有权收入、投资收益（从事股权投资业务的企业除外）。

注意，在计算会计利润总额时业务招待费作为费用已经扣除，因而在计算应纳税所得额时，超过扣除标准的部分要调增。

课堂训练 5-7 纳昆公司2021年销售收入2 300万元，实际发生的业务招待费为20万元，则2021年计算企业所得税时，业务招待费的扣除标准是多少？如何调整应纳税所得额？

第一，按实际发生额的60%扣除：20×60%＝12（万元）。

第二，同时要以销售收入的5‰为限扣除：2 300×5‰＝11.5（万元）。

由于11.5＜12，所以扣除标准为11.5万元。

因此，实际发生额超标准8.5（20－11.5）万元，需要调增应纳税所得额8.5万元。

（4）加计扣除优惠

<1>研发费用加计扣除

企业开展研发活动中实际发生的研发费用，未形成无形资产计入当期损益的，在按规定据实扣除的基础上，再按照实际发生额的50%在税前加计扣除；形成无形资产的，在上述期间按照无形资产成本的150%在税前摊销。

在2018年1月1日至2023年12月31日，企业开展研发活动中实际发生的研发费用，未形成无形资产计入当期损益的，在按规定据实扣除的基础上，再按照实际发生额的75%在税前加计扣除；形成无形资产的，在上述期间按照无形资产成本的175%在税前摊销。

制造企业开展研发活动中实际发生的研发费用，未形成无形资产计入当期损益的，在按规定据实扣除的基础上，自2021年1月1日起，再按照实际发生额的100%在税前加计扣除；

形成无形资产的，自2021年1月1日起，按照无形资产成本的200%在税前摊销。

课堂训练 5-8 纳昆公司2021年发生管理费用670万元，其中三新技术开发费用100万元。计算企业所得税时，可以税前扣除多少？如何进行纳税调整？

研发费用加计扣除＝100×75%＝75（万元）

因此，需要调减应纳税所得额75万元。

知识拓展 5-4 　　　　　　　　研发费用归集范围

① 人员人工费用，包括直接从事研发活动人员的工资、薪金、基本养老保险、基本医疗保险、失业保险、工伤保险、生育保险和住房公积金，以及外聘研发人员的劳务费用。

② 直接投入费用，研发活动直接消耗的材料、燃料和动力费用；用于中间试验和产品试制的模具、工艺装备开发及制造费，不构成固定资产的样品、样机及一般测试手段购置费，试制产品的检验费；用于研发活动的仪器、设备的运行维护、调整、检验、维修等费用，以及通过经营租赁方式租入的用于研发活动的仪器、设备租赁费。

③ 折旧费用，包括用于研发活动的仪器、设备的折旧费。

④ 无形资产摊销，用于研发活动的软件、专利权、非专利技术的摊销费用。

⑤ 新产品设计费、新工艺规程制定费、新药研制的临床试验费、勘探开发技术的现场试验费。

⑥ 其他相关费用，如图书资料费、专家咨询费、知识产权的申请费等，且总额不得超过可加计扣除研发费用总额的10%。

⑦ 财政部和国家税务总局规定的其他费用。

知识拓展 5-5 　　　　　　　不适用税前加计扣除政策的活动

① 企业产品（服务）的常规性升级。

② 对某项科研成果的直接应用，如直接采用公开的新工艺、材料、装置、产品、服务或知识等。

③ 企业在商品化后为顾客提供的技术支持活动。

④ 对现存产品、服务、技术、材料或工艺流程进行的重复或简单改变。

⑤ 市场调查研究、效率调查或管理研究。

⑥ 作为工业（服务）流程环节或常规的质量控制、测试分析、维修维护。

⑦ 社会科学、艺术或人文学方面的研究。

知识拓展 5-6 　　　　　　　不适用税前加计扣除政策的行业

不适用税前加计扣除政策的行业包括烟草制造业、住宿和餐饮业、批发和零售业、房地产业、租赁和商务服务业、娱乐业、财政部和国家税务总局规定的其他行业。以这些行业业务为主营业务，研发费用发生当年的主营业务收入占企业收入总额减除不征税收入和投资收益的余额50%以上的企业，不适用研发费用的加计扣除政策。

<2> 企业安置残疾人员所支付的工资加计扣除

企业安置残疾人员的,在按照支付给残疾职工工资据实扣除的基础上,按照支付给残疾职工工资的100%加计扣除。

企业享受这项加计扣除需要具备以下条件:依法与安置的每位残疾人签订了1年以上(含)的劳动合同或服务协议,并且安置每位残疾人在企业实际上岗工作;为安置的每位残疾人按月足额缴纳了企业所在区、县人民政府根据国家政策规定的基本养老保险、基本医疗保险、失业保险和工伤保险等社会保险;定期通过银行等金融机构向安置的每位残疾人实际支付了不低于企业所在区、县适用的经省级人民政府批准的最低工资标准的工资;具备安置残疾人上岗工作的基本设施。

(5)广告费和业务宣传费

依据《企业所得税法实施条例》(中华人民共和国国务院令第512号)、《关于广告费和业务宣传费支出税前扣除政策的通知》(财税〔2017〕41号)和《关于广告费和业务宣传费支出税前扣除有关事项的公告》(财政部、税务总局公告2020年第43号)的规定,在实务中,企业广告费和业务宣传费的扣除限额的计算比例可分为3档:15%、30%、0。

① 根据《企业所得税法实施条例》第四十四条的规定,企业发生的符合条件的广告费和业务宣传费支出,除国务院财政、税务主管部门另有规定外,不超过当年销售(营业)收入15%的部分,准予扣除;超过部分,准予在以后纳税年度结转扣除。

② 根据《关于广告费和业务宣传费支出税前扣除有关事项的公告》的规定,对化妆品制造或销售、医药制造和饮料制造(不含酒类制造)企业发生的广告费与业务宣传费支出,不超过当年销售(营业)收入30%的部分,准予扣除;超过部分,准予在以后纳税年度结转扣除。

③ 烟草企业的烟草广告费和业务宣传费支出,一律不得在计算应纳税所得额时扣除。需要注意的是,烟草企业除烟草以外的广告费和业务宣传费支出,按照一般企业,不超过当年销售(营业)收入15%的部分,准予扣除;超过部分,准予在以后纳税年度结转扣除。

注意,计算会计利润总额时广告费和业务宣传费已经扣除,在计算应纳税所得额时超过扣除标准的部分就要调增。

课堂训练 5-9 纳昆公司2021年销售收入2 300万元,财产租赁收入200万元,广告费支出525万元。计算企业所得税时广告费的扣除标准是多少?应纳税所得额如何调整?

广告费扣除标准=(2 300+200)×15%=375(万元)

超标准150(525-375)万元,所以需要调增应纳税所得额150万元。

(6)公益性捐赠支出

《企业所得税法》规定,公益性捐赠是指企业通过公益性社会组织,县级以上人民政府及其部门等国家机关,用于符合法律规定的公益慈善事业捐赠支出。

> **提示**
>
> 只有通过公益性社会组织或县级以上人民政府及其部门来进行，并且用于规定的公益事业的捐赠才允许扣除。纳税人直接向受赠人的捐赠不允许扣除。

企业的捐赠支出在会计处理中已经作为营业外支出在利润总额中扣除，而税法规定要区分公益性捐赠和非公益性捐赠，对于企业当年发生及以前年度结转的公益性捐赠支出，不超过年度利润总额12%的部分，准予扣除。自2017年1月1日起，超过年度利润总额12%的部分，准予以后3年内在计算应纳税所得额时结转扣除。非公益性捐赠支出不允许税前扣除。注意，企业公益性捐赠超出限额部分和非公益性捐赠部分，需要调增应纳税所得额。

课堂训练 5-10 纳昆公司2021年利润总额80万元，公益性捐赠支出15万元。计算企业所得税时，公益性捐赠支出的扣除标准是多少？如何调整应纳税所得额？

公益性捐赠支出扣除标准＝80×12%＝9.6（万元）

超标准扣除了5.4（15－9.6）万元，所以需要调增应纳税所得额5.4万元。

（三）不得扣除项目

在计算应纳税所得额时，下列支出不得扣除。

① 向投资者支付的股息、红利等权益性投资收益款项。这是分给投资人的，不能税前扣除。

② 企业所得税税款。

③ 税收滞纳金。这是指纳税人、扣缴义务人违反税收法律、法规，被税务征收机关加收的滞纳金。

④ 罚金、罚款和被没收财物的损失。这是指纳税人违反国家有关法律、法规规定，被有关部门处以的罚款、罚金和被没收的财物。

⑤ 超过《企业所得税法》第九条规定以外的捐赠支出。当年不可扣除，符合规定的公益性捐赠支出可以在以后3年内扣除。

⑥ 赞助支出。这是指企业发生的与生产经营活动无关的各种非广告性质的支出。广告性质的赞助支出可以按照广告费规定限额扣除。

⑦ 未经核定的准备金支出。这是指不符合国务院财政、税务主管部门规定的各项资产减值准备、风险准备等准备金支出。根据《企业所得税法实施条例》第五十五条的规定，除财政部和国家税务总局核准计提的准备金可以税前扣除外，其他行业、企业计提的各项资产减值准备、风险准备等准备金均不得税前扣除。

⑧ 企业之间支付的管理费、企业内营业机构之间支付的租金和特许权使用费，以及非银行企业内营业机构之间支付的利息，不得扣除。

> **提示**
>
> 银行企业内营业机构之间支付的利息可以税前扣除。

⑨ 与取得收入无关的其他支出。

> **知识拓展 5-7**　　　　　　银行罚息是否能在税前扣除

国家税务总局《企业所得税税前扣除办法》（国税发〔2000〕84号）第六条明确规定，因违反法律、行政法规而交付的罚款、罚金、滞纳金，在计算应纳税所得额时不得扣除。第五十六条进一步规定："纳税人按照经济合同规定支付的违约金（包括银行罚息）、罚款和诉讼费可以扣除。"因此，银行罚息属于纳税人按照经济合同规定支付的违约金，属于营业外支出，不属于行政罚款，可以在税前扣除。

（四）税收优惠政策

1. 高新技术企业所得税优惠

国家需要重点扶持的高新技术企业减按15%的税率征收企业所得税。

认定为高新技术企业必须同时满足以下条件。

① 企业申请认定时必须注册成立1年以上。

② 企业通过自主研发、受让、受赠、并购等方式，获得对其主要产品（服务）在技术上发挥核心支持作用的知识产权的所有权。

③ 对企业主要产品（服务）发挥核心支持作用的技术属于《国家重点支持的高新技术领域（2016年修订）》规定的范围。

④ 企业从事研发和相关技术创新活动的科技人员占企业当年职工总数的比例不低于10%。

⑤ 企业近3个会计年度（实际经营期不满3年的按实际经营时间计算）的研发费用总额占同期销售收入总额的比例符合如下要求。

- 最近一年销售收入小于5 000万元（含）的企业，比例不低于5%。
- 最近一年销售收入在5 000万元至2亿元（含）的企业，比例不低于4%。
- 最近一年销售收入在2亿元以上的企业，比例不低于3%。其中，企业在中国境内发生的研发费用总额占全部研发费用总额的比例不低于60%。
- 近一年高新技术产品（服务）收入占企业同期总收入的比例不低于60%。
- 企业创新能力评价应达到相应要求。
- 企业申请认定前一年内未发生重大安全、重大质量事故或严重环境违法行为。

2. 技术先进型服务企业所得税优惠

① 自2017年1月1日起，对经认定的技术先进型服务企业，减按15%的税率征收企业所得税。享受企业所得税优惠政策的技术先进型服务企业必须同时符合以下条件：在中国境内（不包括港、澳、台地区）注册的法人企业；从事《技术先进型服务业务认定范围（试行）》中的一种或多种技术先进型服务业务，采用先进技术或具备较强的研发能力；

具有大专以上学历的员工占企业职工总数的50%以上；从事《技术先进型服务业务认定范围（试行）》中的技术先进型服务业务取得的收入占企业当年总收入的50%以上；从事离岸服务外包业务取得的收入不低于企业当年总收入的35%。

② 自2018年1月1日起，对经认定的技术先进型服务企业（服务贸易类），减按15%的税率征收企业所得税。

3. 小型微利企业减按20%的税率征收企业所得税

从事国家非限制和禁止行业，并同时符合规定的年度应纳税所得额、从业人数和资产总额3项条件的企业为小型微利企业：从业人数不超过300人；资产总额不超过5 000万元；年度应纳税所得额不超过300万元。以上各指标暂按当年度截至本期申报所属期末的情况进行判断。其中，资产总额、从业人数指标按全年季度平均值计算；年度应纳税所得额指标暂按截至本期申报所属期末不超过300万元的标准判断。

对小型微利企业年应纳税所得额不超过100万元的部分，自2019年1月1日至2020年12月31日，减按25%计入应纳税所得额；自2021年1月1日至2022年12月31日，对小型微利企业年应纳税所得额不超过100万元的部分，减按12.5%计入应纳税所得额，再按20%的优惠税率缴纳企业所得税；自2023年1月1日至2024年12月31日，对小型微利企业年应纳税所得额不超过100万元的部分，减按25%计入应纳税所得额，再按20%的税率缴纳企业所得税。

对小型微利企业年应纳税所得额超过100万元但不超过300万元的部分，自2019年1月1日至2021年12月31日，减按50%计入应纳税所得额，再按20%的优惠税率缴纳企业所得税。2022年1月1日至2024年12月31日，对小型微利企业年应纳税所得额超过100万元但不超过300万元的部分，减按25%计入应纳税所得额，按20%的税率缴纳企业所得税。

课堂训练 5-11 纳昆公司为居民企业，被认定为小型微利企业，2022年企业所得税应纳税所得额为270万元。计算该企业2022年企业所得税应纳税额。

2022年应纳税所得额不超过100万元的部分，减按12.5%计入：100×12.5%=12.5（万元）。

2022年应纳税所得额超过100万元但不超过300万元的部分，减按25%计入：(270−100)×25%=42.5（万元）。

应纳税额=(12.5+42.5)×20%=11（万元）

三、任务实施

（一）计算利润总额

利润总额=(4 000+40)−2 600−(140−100)−770−480−60+100+(100+50+30)−50=320（万元）

（二）计算应纳税所得额

1. 收入类调整项目

① 第⑥笔业务"将自产的产品发给职工。成本 50 万元，市场价格 100 万元（企业未确认收入）"属于视同销售的情形，所以要调整应纳税所得额，收入项目按照产品的公允价值调增 100 万元。同时，要确认视同销售成本，扣除项目调减 50 万元。视同销售的成本其实属于纳税调整的扣除项目。

② 第⑤笔业务"获得财政补贴收入 100 万元"属于不征税收入，100 万元在计算会计利润总额时已作为营业外收入计算在内，计算应纳税所得额时就要调减 100 万元。

③ 第④笔业务"获得股息收入 100 万元。其中，国债收入 40 万元；2018 年 4 月以公允价值 1 000 万元的技术投资于 A 公司，获得股息收入 60 万元"，国债收入 40 万元属于免税收入中的国债利息收入，可以免税；免税收入中股息、红利等权益性投资收益不包括连续持有居民企业公开发行并上市流通的股票不足 12 个月取得的投资收益，2018 年 4 月的投资到 2021 年年底已满足连续持有 12 个月的条件，属于免税收入。在计算应纳税所得额时，要在利润总额基础上调减 100 万元的股息收入。

2. 扣除类调整项目

（1）第⑭笔业务"计入成本、费用的实发工资总额为 200 万元，拨缴工会经费 5 万元、职工福利费 30 万元、职工教育经费 18 万元"

① 实发的工资可以据实扣除。

② 工会经费准予扣除 4（200×2%）万元，所以调增应纳税所得额＝5－4＝1（万元）。

③ 职工福利费准予扣除 28（200×14%）万元，所以调增应纳税所得额＝30－28＝2（万元）。

④ 职工教育经费准予扣除 16（200×8%）万元，所以调增应纳税所得额＝18－16＝2（万元）。

（2）第⑧笔业务"发生管理费用 480 万元。其中业务招待费 25 万元"

① 按实际发生额的 60% 扣除：25×60%＝15（万元）。

② 按销售（营业）收入 5‰为限扣除：(4 000＋40＋100)×5‰＝20.7（万元）。

由于 15＜20.7，所以扣除标准为 15 万元。因此，超扣除标准 10（25－15）万元，调增应纳税所得额 10 万元。

（3）第⑧笔业务"发生管理费用 480 万元，其中研发支出 40 万元"

研发费用可以加计扣除 30（40×75%）万元，因此应纳税所得额调减 30 万元。

（4）第⑦笔业务"发生销售费用 770 万元，其中广告费 660 万元"

广告费扣除标准＝(4 000＋40＋100)×15%＝621（万元）

因此，超过扣除标准 39（660－621）万元，应调增应纳税所得额 39 万元。

3. 不得扣除项目

第⑬笔业务"发生营业外支出 50 万元。其中，支付税收滞纳金 6 万元"。

税收滞纳金属于不得扣除的项目，所以应调增应纳税所得额6万元。

4. 应纳税所得额

应纳税所得额＝320＋100－(40＋60＋100)＋(39＋10＋1＋2＋2＋6)－(50＋30)＝200（万元）

云飞公司为小型微利企业，享受税收优惠政策。

2021年应纳税所得额不超过100万元的部分，减按12.5%计入：100×12.5%＝12.5（万元）。

2021年应纳税所得额超过100万元但不超过300万元的部分，减按50%计入：(200－100)×50%＝50（万元）。

因此，云飞公司应纳税所得额为12.5＋50＝62.5（万元）。

（三）计算应纳税额

应纳税额＝应纳税所得额×20%＝62.5×20%＝12.5（万元）

可知减免税额＝200×25%－12.5＝37.5（万元）

四、任务评价

请在表5-5中客观填写每一项任务的完成情况。

表5-5 任务评价表

工作任务清单	完成情况
①能准确计算利润总额	
②能准确进行纳税调整	
③能准确计算企业所得税应纳税所得额	
④能准确计算企业所得税应纳税额	

任务三　企业所得税的申报

一、任务情境

（一）任务场景

北京米兰典雅服饰有限公司是一家商贸企业，2021年第三季度应纳税所得额为2 536.37元，季初季末从业人数均为6人，季初资产总额为4 691 021.02元，季末资产总额为3 795 101.05元。企业基本信息如下。

企业名称：北京米兰典雅服饰有限公司；纳税人识别号：911101050648592378

经营地址：北京市北京经济技术开发区永昌北路7号2号楼101室；电话：010-86735347

开户银行：中国建设银行经济技术开发区支行；银行账号：11060110228400037183

所属行业：服装贸易服务

法定代表人：周鹏涵

住所：北京市北京经济技术开发区永昌北路 7 号 2 号楼 101 室

纳税人类型：一般纳税人，税率 13%

（二）任务布置

根据北京米兰典雅服饰有限公司送来的 2021 年 9 月公司第三季度的财务报表，上传财务报表、审核财务报表，在智能税务平台上填写企业所得税月（季）度预缴纳税申报表主表及附表信息，对公司第三季度的企业所得税进行预缴申报。

二、知识准备

（一）企业所得税征收管理

1. 纳税地点

① 除税收法律、行政法规另有规定外，居民企业以企业登记注册地为纳税地点。但登记注册地在境外的，以实际管理机构所在地为纳税地点。企业注册登记地是指企业依照国家有关规定登记注册的住所地。

② 非居民企业在中国境内设立机构、场所的，应当就其所设机构、场所取得的来源于中国境内的所得，以及发生在中国境外但与其所设机构、场所有实际联系的所得，以机构、场所所在地为纳税地点。非居民企业在中国境内设立两个或两个以上机构、场所，符合国务院、税务主管部门规定条件的，可以选择由其主要机构、场所汇总缴纳企业所得税。

③ 非居民企业在中国境内未设立机构、场所，或者虽设立机构、场所但取得的所得与其所设机构、场所没有实际联系的，以扣缴义务人所在地为纳税地点。

2. 纳税期限

① 企业所得税按年计征，分月或分季预缴，年终汇算清缴，多退少补。

② 企业所得税的纳税年度，自公历 1 月 1 日起至 12 月 31 日止。企业在一个纳税年度的中间开业，或者由于合并、关闭等原因终止经营活动，使该纳税年度的实际经营期不足 12 个月的，应当以其实际经营期为一个纳税年度。

3. 纳税申报

我国企业所得税有查账征收和核定征收两种形式。

（1）核定征收

居民企业纳税人具有下列情形之一的，核定征收企业所得税：依照法律、行政法规的规定可以不设置账簿的；依照法律、行政法规的规定应当设置但未设置账簿的；擅自销毁账簿或拒不提供纳税资料的；虽然设置账簿，但是账目混乱或成本资料、收入凭证、费用凭证残缺不全，难以查账的；发生纳税义务，未按照规定的期限办理纳税申报，经税务机关责令限期申报，逾期仍不申报的；申报的计税依据明显偏低，又无正当理由的。特殊行业、特殊类型的纳税人和一定规模以上的纳税人不适用。上述特定纳税人由国家税务总局另行明确。

税务机关应根据纳税人的具体情况，对核定征收企业所得税的纳税人，核定应税所得率或应纳税额。

（2）查账征收

① 按月或按季预缴，应当自月份或季度终了之日起15日内，向税务机关报送预缴纳税申报表。预缴税款实行查账征收的企业报送中华人民共和国企业所得税月（季）度预缴纳税申报表（A类）。

② 预缴税款以人民币计算，所得以外币计算的，应折算为人民币计缴。

③ 企业清算时，应当以清算期间作为一个纳税年度。企业应当自清算结束之日起15日内，向主管税务机关报送企业所得税纳税申报表，并结清税款。

④ 自2019年起，小型微利企业所得税统一实行按季度预缴。

⑤ 查账征收的企业在年终汇算清缴时，无论盈利或亏损，都要按规定的期限报送相关资料，包括企业基本信息表、企业所得税年度纳税申报主表（1张）及相关附表（39张）。企业自年度终了之日起5个月内，办理汇算清缴。企业在年度中间终止经营活动的，应当自实际经营终止之日起60日内办理当期企业所得税汇算清缴。企业应当在办理注销登记前，向税务机关申报并依法缴纳企业所得税。

（二）企业所得税季度预缴申报

进行企业所得税的季度预缴申报需要填制中华人民共和国企业所得税月（季）度预缴纳税申报表及其4张附表。应当自月份或季度终了之日起15日内，向税务机关报送预缴纳税申报表。预缴税款实行查账征收的企业报送中华人民共和国企业所得税月（季）度预缴纳税申报表（A类）及其附表，如表5-6至表5-10所示。

图解企业所得税预缴纳税申报表简化

主表与4张附表的表间关系为：

① 主表第6行＝表A201010第41行。

② 主表第7行＝表A201020第11行第5列。

③ 主表第12行＝表A201030第30行。

④ 主表第15行＝表A202000"应纳所得税额"栏填报的金额。

⑤ 主表第17行＝表A202000"总机构分摊所得税额"栏填报的金额。

⑥ 主表第18行＝表A202000"总机构财政集中分配所得税额"栏填报的金额。

⑦ 主表第19行＝表A202000"分支机构情况"中对应总机构独立生产经营部门行次的"分配所得税额"列次填报的金额。

表 5-6 A200000 中华人民共和国企业所得税月（季）度预缴纳税申报表（A 类）

税款所属期间：　　年　月　日至　　年　月　日

纳税人识别号（统一社会信用代码）：□□□□□□□□□□□□□□□□□□

纳税人名称：　　　　　　　　　　　　　　　　　　　　　　　　　　　金额单位：人民币元（列至角分）

预缴方式	□ 按照实际利润额预缴	□ 按照上一纳税年度应纳税所得额平均额预缴	□ 按照税务机关确定的其他方法预缴
企业类型	□ 一般企业	□ 跨地区经营汇总纳税企业总机构	□ 跨地区经营汇总纳税企业分支机构

按季度填报信息

项 目	一季度		二季度		三季度		四季度		季度平均值
	季初	季末	季初	季末	季初	季末	季初	季末	
从业人数									
资产总额（万元）									
国家限制或禁止行业	□是　□否						小型微利企业		□是　□否

预缴税款计算

行 次	项 目	本年累计金额
1	营业收入	
2	营业成本	
3	利润总额	
4	加：特定业务计算的应纳税所得额	
5	减：不征税收入	
6	减：免税收入、减计收入、所得减免等优惠金额（填写 A201010）	
7	减：资产加速折旧、摊销（扣除）调减额（填写 A201020）	
8	减：弥补以前年度亏损	
9	实际利润额（3＋4－5－6－7－8）/ 按照上一纳税年度应纳税所得额平均额确定的应纳税所得额	
10	税率（25%）	
11	应纳所得税额（9×10）	
12	减：减免所得税额（填写 A201030）	
13	减：实际已缴纳所得税额	
14	减：特定业务预缴（征）所得税额	
L15	减：符合条件的小型微利企业延缓缴纳所得税额（是否延缓缴纳所得税　□是　□否）	
15	本期应补（退）所得税额（11－12－13－14－L15）/ 税务机关确定的本期应纳所得税额	

汇总纳税企业总分机构税款计算

16	总机构填报	总机构本期分摊应补（退）所得税额（17＋18＋19）	
17		其中：总机构分摊应补（退）所得税额（15× 总机构分摊比例 __%）	
18		财政集中分配应补（退）所得税额（15× 财政集中分配比例 __%）	
19		总机构具有主体生产经营职能的部门分摊所得税额（15× 全部分支机构分摊比例 __%× 总机构具有主体生产经营职能部门分摊比例 __%）	
20	分支机构填报	分支机构本期分摊比例	
21		分支机构本期分摊应补（退）所得税额	

附报信息

高新技术企业	□是　□否	科技型中小企业	□是　□否
技术入股递延纳税事项	□是　□否		

谨声明：本纳税申报表是根据国家税收法律法规及相关规定填报的，是真实的、可靠的、完整的。

纳税人（签章）：　　　　年　月　日

经办人：
经办人身份证号：
代理机构签章：
代理机构统一社会信用代码：

受理人：
受理税务机关（章）：
受理日期：　　年　月　日

国家税务总局监制

表 5-7　A201010 免税收入、减计收入、所得减免等优惠明细表

行次	项　目	本年累计金额
1	一、免税收入（2＋3＋8＋9＋…＋15）	
2	（一）国债利息收入免征企业所得税	
3	（二）符合条件的居民企业之间的股息、红利等权益性投资收益免征企业所得税（4＋5.1＋5.2＋6＋7）	
4	1.一般股息红利等权益性投资收益免征企业所得税	
5.1	2.内地居民企业通过沪港通投资且连续持有 H 股满 12 个月取得的股息红利所得免征企业所得税	
5.2	3.内地居民企业通过深港通投资且连续持有 H 股满 12 个月取得的股息红利所得免征企业所得税	
6	4.居民企业持有创新企业 CDR 取得的股息红利所得免征企业所得税	
7	5.符合条件的居民企业之间属于股息、红利性质的永续债利息收入免征企业所得税	
8	（三）符合条件的非营利组织的收入免征企业所得税	
9	（四）中国清洁发展机制基金取得的收入免征企业所得税	
10	（五）投资者从证券投资基金分配中取得的收入免征企业所得税	
11	（六）取得的地方政府债券利息收入免征企业所得税	
12	（七）中国保险保障基金有限责任公司取得的保险保障基金等收入免征企业所得税	
13	（八）中国奥委会取得北京冬奥组委支付的收入免征企业所得税	
14	（九）中国残奥委会取得北京冬奥组委分期支付的收入免征企业所得税	
15	（十）其他	
16	二、减计收入（17＋18＋22＋23）	
17	（一）综合利用资源生产产品取得的收入在计算应纳税所得额时减计收入	
18	（二）金融、保险等机构取得的涉农利息、保费减计收入（19＋20＋21）	
19	1.金融机构取得的涉农贷款利息收入在计算应纳税所得额时减计收入	
20	2.保险机构取得的涉农保费收入在计算应纳税所得额时减计收入	
21	3.小额贷款公司取得的农户小额贷款利息收入在计算应纳税所得额时减计收入	
22	（三）取得铁路债券利息收入减半征收企业所得税	
23	（四）其他（23.1＋23.2）	
23.1	1.取得的社区家庭服务收入在计算应纳税所得额时减计收入	
23.2	2.其他	
24	三、加计扣除（25＋26＋27＋28）	—
25	（一）开发新技术、新产品、新工艺发生的研究开发费用加计扣除	—
26	（二）科技型中小企业开发新技术、新产品、新工艺发生的研究开发费用加计扣除	—
27	（三）企业为获得创新性、创意性、突破性的产品进行创意设计活动而发生的相关费用加计扣除	—
28	（四）安置残疾人员所支付的工资加计扣除	—
29	四、所得减免（30＋33＋34＋35＋36＋37＋38＋39＋40）	

(续表)

行次	项　　目	本年累计金额
30	（一）从事农、林、牧、渔业项目的所得减免征收企业所得税（31+32）	
31	1.免税项目	
32	2.减半征收项目	
33	（二）从事国家重点扶持的公共基础设施项目投资经营的所得定期减免企业所得税	
33.1	其中：从事农村饮水安全工程新建项目投资经营的所得定期减免企业所得税	
34	（三）从事符合条件的环境保护、节能节水项目的所得定期减免企业所得税	
35	（四）符合条件的技术转让所得减免征收企业所得税	
36	（五）实施清洁发展机制项目的所得定期减免企业所得税	
37	（六）符合条件的节能服务公司实施合同能源管理项目的所得定期减免企业所得税	
38	（七）线宽小于130纳米的集成电路生产项目的所得减免企业所得税	
39	（八）线宽小于65纳米或投资额超过150亿元的集成电路生产项目的所得减免企业所得税	
40	（九）其他	
41	合计（1+16+24+29）	
42	附列资料：1.支持新型冠状病毒感染的肺炎疫情防控捐赠支出全额扣除	
43	2.扶贫捐赠支出全额扣除	

表5-8　A201020 资产加速折旧、摊销（扣除）优惠明细表

行次	项　　目	本年享受优惠的资产原值	本年累计折旧/摊销（扣除）金额			
			账载折旧/摊销金额	按照税收一般规定计算的折旧/摊销金额	享受加速政策计算的折旧/摊销金额	纳税调减金额	享受加速政策优惠金额
		1	2	3	4	5	6（4-3）
1	一、加速折旧、摊销（不含一次性扣除，2+3+4+5）						
2	（一）重要行业固定资产加速折旧						
3	（二）其他行业研发设备加速折旧						
4	（三）海南自由贸易港企业固定资产加速折旧						
5	（四）海南自由贸易港企业无形资产加速摊销						
6	二、固定资产、无形资产一次性扣除（7+8+9+10）						
7	（一）500万元以下设备器具一次性扣除						
8	（二）疫情防控重点保障物资生产企业单价500万元以上设备一次性扣除						

（续表）

行次	项目	本年享受优惠的资产原值	本年累计折旧/摊销（扣除）金额				
			账载折旧/摊销金额	按照税收一般规定计算的折旧/摊销金额	享受加速政策计算的折旧/摊销金额	纳税调减金额	享受加速政策优惠金额
		1	2	3	4	5	6（4－3）
9	（三）海南自由贸易港企业固定资产一次性扣除						
10	（四）海南自由贸易港企业无形资产一次性扣除						
11	合计（1+6）						

表 5-9　A201030 减免所得税优惠明细表

行次	项　目	本年累计金额
1	一、符合条件的小型微利企业减免企业所得税	
2	二、国家需要重点扶持的高新技术企业减按15%的税率征收企业所得税	
3	三、经济特区和上海浦东新区新设立的高新技术企业在区内取得的所得定期减免企业所得税	
4	四、受灾地区农村信用社免征企业所得税	—
5	五、动漫企业自主开发、生产动漫产品定期减免企业所得税	
6	六、线宽小于0.8微米（含）的集成电路生产企业减免企业所得税	
7	七、线宽小于0.25微米的集成电路生产企业减按15%税率征收企业所得税	
8	八、投资额超过80亿元的集成电路生产企业减按15%税率征收企业所得税	
9	九、线宽小于0.25微米的集成电路生产企业减免企业所得税	
10	十、投资额超过80亿元的集成电路生产企业减免企业所得税	
11	十一、线宽小于130纳米的集成电路生产企业减免企业所得税	
12	十二、线宽小于65纳米或投资额超过150亿元的集成电路生产企业减免企业所得税	
13	十三、新办集成电路设计企业减免企业所得税	
14	十四、国家规划布局内集成电路设计企业可减按10%的税率征收企业所得税	
15	十五、符合条件的软件企业减免企业所得税	
16	十六、国家规划布局内重点软件企业可减按10%的税率征收企业所得税	
17	十七、符合条件的集成电路封装、测试企业定期减免企业所得税	
18	十八、符合条件的集成电路关键专用材料生产企业、集成电路专用设备生产企业定期减免企业所得税	
19	十九、经营性文化事业单位转制为企业的免征企业所得税	
20	二十、符合条件的生产和装配伤残人员专门用品企业免征企业所得税	
21	二十一、技术先进型服务企业（服务外包类）减按15%的税率征收企业所得税	
22	二十二、技术先进型服务企业（服务贸易类）减按15%的税率征收企业所得税	

(续表)

行次	项 目	本年累计金额
23	二十三、设在西部地区的鼓励类产业企业减按15%的税率征收企业所得税（主营业务收入占比____%）	
24	二十四、新疆困难地区新办企业定期减免企业所得税	
25	二十五、新疆喀什、霍尔果斯特殊经济开发区新办企业定期免征企业所得税	
26	二十六、广东横琴、福建平潭、深圳前海等地区的鼓励类产业企业减按15%税率征收企业所得税	
27	二十七、北京冬奥组委、北京冬奥会测试赛赛事组委会免征企业所得税	
28	二十八、其他（28.1+28.2+28.3+28.4）	
28.1	1. 从事污染防治的第三方企业减按15%的税率征收企业所得税	
28.2	2. 海南自由贸易港的鼓励类产业企业减按15%税率征收企业所得税	
28.3	3. 其他1	
28.4	4. 其他2	
29	二十九、民族自治地方的自治机关对本民族自治地方的企业应缴纳的企业所得税中属于地方分享的部分减征或免征（□免征□减征：减征幅度____%）	
30	合计（1+2+3+4+5+6+…+29）	

表5-10 A202000 企业所得税汇总纳税分支机构所得税分配表

税款所属期间： 年 月 日至 年 月 日

总机构名称（盖章）：
总机构纳税人识别号（统一社会信用代码）： 金额单位：元（列至角分）

应纳所得税额		总机构分摊所得税额		总机构财政集中分配所得税额			分支机构分摊所得税额	

分支机构情况	分支机构纳税人识别号（统一社会信用代码）	分支机构名称	三项因素			分配比例	分配所得税额
			营业收入	职工薪酬	资产总额		

分支机构情况	分支机构纳税人识别号（统一社会信用代码）	分支机构名称	三项因素			分配比例	分配所得税额
			营业收入	职工薪酬	资产总额		
	合 计						

三、任务实施

（一）业务流程（见图5-2）

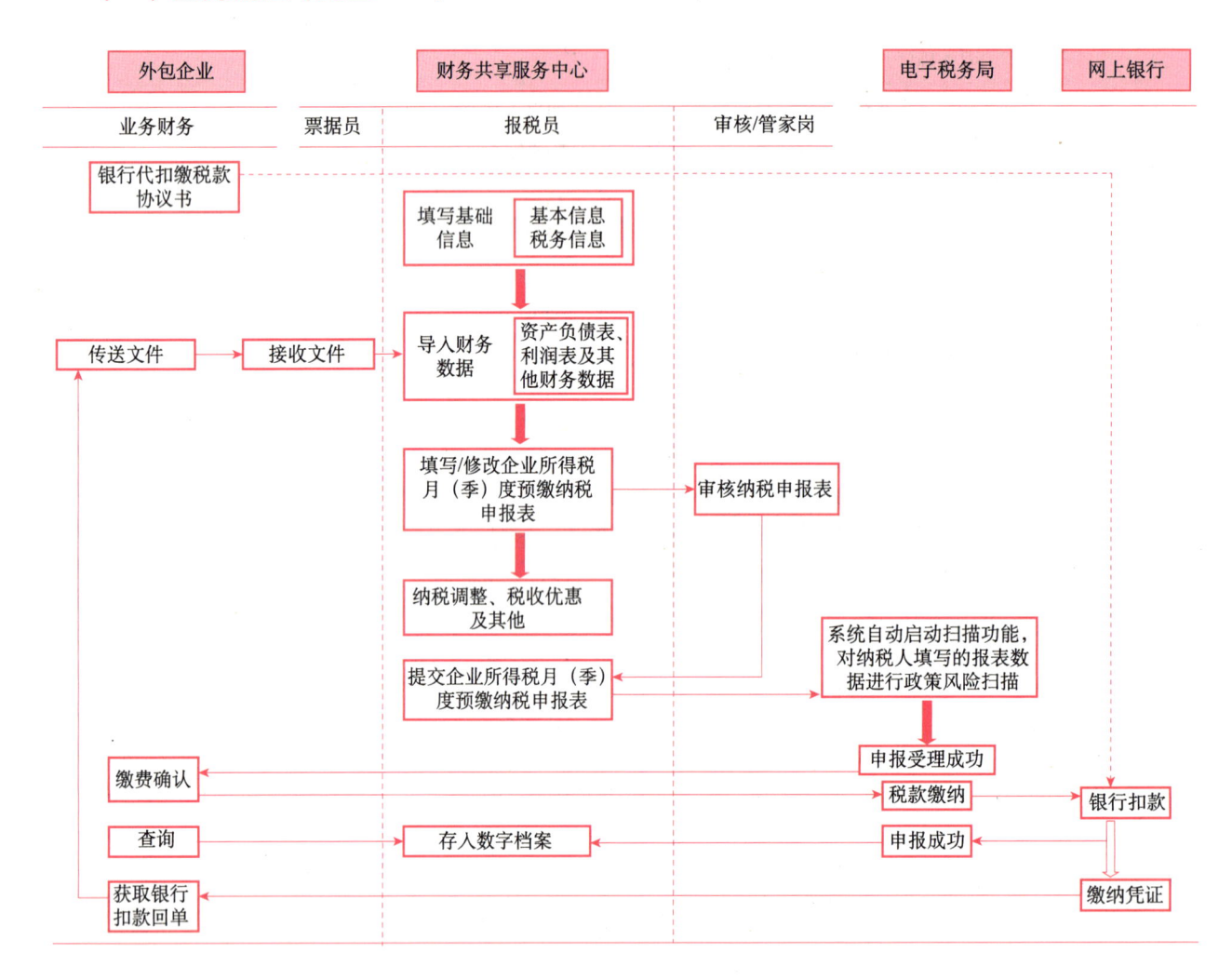

图5-2　企业所得税预缴申报流程

（二）任务操作

步骤1　数据导入。进行数据导入，上传并提交北京米兰典雅服饰有限公司2021年第三季度财务报表。

步骤2　审核数据。检查申报日期和数据，并审核财务报表。

步骤3　单击"中华人民共和国企业所得税月（季）度预缴纳税申报表（A类）"，填写主表，如表5-11所示。注意"按季度填报信息"这一栏，要把公司应纳税所得额、从业人数、资产总额数据填进去，系统会自动判定这家公司为小型微利企业，并且主表第12行减免所得税额会自动生成数据。

企业所得税季度预缴申报

单元五　企业所得税的计算与申报

表 5-11　中华人民共和国企业所得税月（季）度预缴纳税申报表（A 类）

税款所属时间自 2021 年 07 月 01 日到 2021 年 09 月 30 日

纳税人识别号：911101050648592378

纳税人名称：北京米兰典雅服饰有限公司　　　　　　　　　　　　　金额单位：人民币元（列至角分）

预缴方式	按照实际利润额预缴
企业类型	一般企业

预缴税款计算		
行　次	项　目	本年累计金额
1	营业收入	1 243 842.11
2	营业成本	955 117.6
3	利润总额	2 536.37
4	加：特定业务计算的应纳税所得额	
5	减：不征税收入	
6	减：免税收入、减计收入、所得减免等优惠金额（填写 A201010）	0.00
7	减：固定资产加速折旧（扣除）调减额（填写 A201020）	0.00
8	减：弥补以前年度亏损	
9	实际利润额（3+4-5-6-7-8）/按照上一纳税年度应纳税所得额平均额确定的应纳税所得额	2 536.37
10	税率（25%）	25.00%
11	应纳所得税额（9×10）	634.09
12	减：减免所得税额（填写 A201030）	507.27
13	减：实际已缴纳所得税额	0.00
14	减：特定业务预缴（征）所得税额	
15	本期应补（退）所得税额（11-12-13-14）/税务机关确定的本期应纳所得税额	126.82

汇总纳税企业总分机构税款计算			
16	总机构填报	总机构本期分摊应补（退）所得税额（17+18+19）	0
17	^	其中：总机构分摊应补（退）所得税额（15× 总机构分摊比例 25 %）	0
18	^	财政集中分配应补（退）所得税额（15× 财政集中分配比例 25 %）	0
19	^	总机构具有主体生产经营职能的部门分摊所得税额（15× 全部分支机构分摊比例 50 %× 总机构具有主体生产经营职能部门分摊比例 ＿%）	0
20	分支机构填报	分支机构本期分摊比例	
21	^	分支机构本期分摊应补（退）所得税额	

附报信息			
高新技术企业	否	科技型中小企业	否
技术入股递延纳税事项	否		

按季度填报信息			
季初从业人数	6	季末从业人数	6
季初资产总额（万元）	469.10	季末资产总额（万元）	379.51
国家限制或禁止行业	否	小型微利企业	是

125

(续表)

谨声明：此纳税申报表是根据《中华人民共和国企业所得税法》《中华人民共和国企业所得税法实施条例》及有关税收政策和国家统一会计制度的规定填报的，是真实的、可靠的、完整的。 　　　　　　　　　　　　　　　　　　　　　纳税人（签章）：　　　　年　月　日	
经办人： 经办人身份证号： 代理机构签章： 代理机构统一社会信用代码：	受理人： 受理税务机关（章）： 受理日期：　　　年　月　日

步骤 4　申报及缴款。

预缴纳税申报表数据审核无误后，单击"申报"按钮。

四、任务评价

请在表 5-12 中客观填写每一项任务的完成情况。

表 5-12　任务评价表

工作任务清单	完成情况
① 上传财务报表	
② 审核财务报表	
③ 在智能税务平台上填写企业所得税月（季）度预缴纳税申报表主表及附表信息	
④ 申报及缴款	

思政栏目

科技创新、产业升级
迈出坚实步伐

单元六

个人所得税的计算与申报

↘ 思政目标

1. 树立正确的世界观、人生观、价值观。
2. 强化学生依法纳税的公民意识。

↘ 知识目标

1. 掌握个人所得税纳税人的划分，征税对象、税目的确定及税率的界定。
2. 掌握不同类别个人所得额及税额的计算方法。

↘ 技能目标

1. 能够正确计算个人所得税应纳税额。
2. 能够进行个人所得税纳税申报表的填写，并进行纳税申报。

任务一　个人所得税认知

一、任务情境

（一）任务场景

根据北京绿创网络科技有限公司提供的资料，对其2021年7月份的个人所得税进行计算并申报。该公司的人员信息如表6-1所示。

表6-1　北京绿创网络科技有限公司人员信息表

工号	姓名	部门	证件类型	证件号码	性别	人员状态	手机号码	是否残疾	是否烈属	是否孤老	任职受雇从业类型	国籍（地区）
01	王曼	人力资源部	居民身份证	110102198706250347	女	正常	13810372381	否	否	否	雇员	中国
02	李博丽	人力资源部	居民身份证	130102197309230535	男	正常	13602372937	否	否	否	雇员	中国

(续表)

工号	姓名	部门	证件类型	证件号码	性别	人员状态	手机号码	是否残疾	是否烈属	是否孤老	任职受雇从业类型	国籍（地区）
03	郑海波	财务部	居民身份证	110101198503284038	男	正常	18622367198	否	否	否	雇员	中国
04	陈浩然	销售部	居民身份证	412721198404090616	男	正常	15300129812	否	否	否	雇员	中国
05	马自立	销售部	居民身份证	372302197812020348	女	正常	18703482384	否	否	否	雇员	中国
06	张岩	行政部	居民身份证	230103198810121376	男	正常	18902133472	否	否	否	雇员	中国
07	王艳艳	行政部	居民身份证	110103198901300347	女	正常	13810358219	否	否	否	雇员	中国

（二）任务布置

① 判断申报人是否为个人所得税纳税人。

② 判断个人所得税的征税对象及适用税率。

③ 根据以上判断进行人员信息管理并完成人员报送，获得人员信息反馈。

二、知识准备

个人所得税是以个人（含个体工商户、个人独资企业、合伙企业中的个人投资者、承租承包者个人）取得的各项应税所得为征税对象所征收的一种税。2019年以来，个人所得税在起征点、综合征收、专项扣除调整及征收方式等方面进行了一系列改革，对人民群众的生产、生活产生了很大的影响。

《中华人民共和国个人所得税法》

（一）个人所得税特点

① 实行综合与分类相结合征收。自2019年1月1日起，我国个人所得税采用混合征收制，将个人取得的应税所得划分为9类，个人的工资薪金所得、劳务报酬所得、稿酬所得和特许权使用费所得采用综合征收制，其他所得采用分类征收制。

② 超额累进税率与比例税率并用。分类征收制一般采用比例税率；综合征收制通常采用超额累进税率。

③ 费用扣除从宽、从简。对费用扣除采用定额扣除、定率扣除和核算扣除等方法。

④ 采取源泉扣缴和自行申报纳税。我国个人所得税的纳税方法，有自行申报纳税和全员全额扣缴申报两种。对凡是可以在应税所得的支付环节扣缴个人所得税的，均由扣缴义务人履行代扣代缴义务；对于没有扣缴义务人的，以及取得综合所得（含工资薪金所得、劳务报酬所得、稿酬所得和特许权使用费）需要办理汇算清缴的，由纳税人自行申报纳税和年终汇算清缴。此外，对其他不便于扣缴税款的，也规定由纳税人自行申报纳税。

（二）纳税人

《中华人民共和国个人所得税法》（以下简称《个人所得税法》）将纳税人分为居民个人和非居民个人。

① 居民个人是指在中国境内有住所或无住所而一个纳税年度内在中国境内居住累计满 183 天的个人。居民个人承担无限纳税义务，也就是对从中国境内和境外取得的所得都负有纳税义务。

② 非居民个人是指在中国境内无住所且一个纳税年度内在中国境内居住累计不满 183 天的个人。非居民个人承担有限纳税义务，也就是只对来自中国境内的所得负有纳税义务。要特别强调的是，居民纳税人和非居民纳税人只有在计算综合所得时才有区别，计算分类所得时两者没有区别。

居民纳税人与非居民纳税人的对比分析如表 6-2 所示。

表 6-2 居民纳税人与非居民纳税人的对比分析

分　类	判定标准		纳税义务
居民纳税人	中国境内有住所	因户籍、家庭、经济利益关系在中国境内习惯性居住，而不是实际居住或在某一定时期内居住的个人	境内＋境外所得
	中国境内居住满 183 天	在一个完整的纳税年度内，在中国境内居住满 183 天，计算时对临时离境视同在华居住，不扣减相应天数	
非居民纳税人	中国境内无住所又不居住	（略）	境内所得
	中国境内无住所且居住不满 183 天	一个完整的纳税年度内，在境内居住不满 183 天的个人	

说明：① 个人独资企业和合伙企业的投资者也是个人所得税的纳税人。
② 临时离境是指在一个纳税年度中一次不超过 30 日或多次累计不超过 90 日的离境。

基于上面两类纳税人的划分，可以明确纳税人的划分标准——一个是住所标准，一个是居住时间标准。

① 住所标准。《个人所得税法》所称在中国境内有住所，是指因户籍、家庭、经济利益关系而在中国境内习惯性居住。住所通常指公民长期生活和活动的主要场所。由于公民实际的生活和活动场所很多，因此我国民事法律规定，公民以他的户籍所在地的居住地为住所。

② 居住时间标准。居住时间是指个人在一国境内实际居住的天数。在实际生活中，虽然有时个人在一国境内并无住所，又没有经常性居住地，但是却在该国停留的时间较长，从该国取得了收入，这时就应对其行使税收管辖权，甚至视为该国的居民征税。

（三）征税对象

我国个人所得税按来源划分，共有 9 个应税项目。

① 工资薪金所得。这是指个人因任职或受雇取得的工资、薪金、奖金、年终加薪、劳动分红、津贴、补贴及与任职或受雇有关的其他所得。

② 劳务报酬所得。这是指个人从事劳务取得的所得，包括从事设计、装潢、安装、制

图、化验、测试、医疗、法律、会计、咨询、讲学、翻译、审稿、书画、雕刻、影视、录音、录像、演出、表演、广告、展览、技术服务、介绍服务、经纪服务、代办服务及其他劳务取得的所得。

③ 稿酬所得。这是指个人因其作品以图书、报刊等形式出版、发表而取得的所得。

④ 特许权使用费所得。这是指个人提供专利权、商标权、著作权、非专利技术及其他特许权的使用权取得的所得。提供著作权的使用权取得的所得不包括稿酬所得。

⑤ 经营所得。经营所得包括以下几项。

- 个体工商户从事生产、经营活动取得的所得，个人独资企业投资人、合伙企业的个人合伙人来源于境内注册的个人独资企业、合伙企业生产和经营的所得。
- 个人依法从事办学、医疗、咨询及其他有偿服务活动取得的所得。
- 个人对企业、事业单位承包经营、承租经营及转包、转租取得的所得。
- 个人从事其他生产、经营活动取得的所得。

⑥ 利息、股息、红利所得。这是指个人拥有债权、股权等而取得的利息、股息、红利所得。

⑦ 财产租赁所得。这是指个人出租不动产、机器设备、车船及其他财产取得的所得。

⑧ 财产转让所得。这是指个人转让有价证券、股权、合伙企业中的财产份额、不动产、机器设备、车船及其他财产取得的所得。

⑨ 偶然所得。这是指个人得奖、中奖、中彩及其他偶然性质的所得。

居民个人取得上述第①项至第④项所得（以下称综合所得），按纳税年度合并计算个人所得税；非居民个人取得上述第①项至第④项所得，按月或按次分项计算个人所得税。纳税人取得上述第⑤项至第⑨项所得，分别计算个人所得税。

知识拓展 6-1　　　　　　　　　　个人所得税免税规定

根据《个人所得税法》的规定，以下收入是免税的。

① 省级人民政府、国务院部委和中国人民解放军军以上单位，以及外国组织、国际组织颁发的科学、教育、技术、文化、卫生、体育、环境保护等方面的奖金。

② 国债和国家发行的金融债券利息。

③ 按照国家统一规定发给的补贴、津贴。

④ 福利费、抚恤金、救济金。

⑤ 保险赔款。

⑥ 军人的转业费、复员费、退役金。

⑦ 按照国家统一规定发给干部、职工的安家费、退职费、基本养老金或退休费、离休费、离休生活补助费。

⑧ 依照有关法律规定应予免税的各国驻华使馆、领事馆的外交代表、领事官员和其他人员的所得。

⑨ 中国政府参加的国际公约、签订的协议中规定免税的所得。

⑩ 国务院规定的其他免税所得。

（四）税率

个人所得税的税率按所得项目不同分别确定。

1. 综合所得预扣预缴税率

① 居民个人工资薪金所得按月预扣预缴，适用七级超额累进税率，税率为3%～45%，如表6-3所示。

表6-3　税率表（居民个人工资薪金所得适用）　　　　　　　　　　　　　　　　元

级 数	全年应纳税所得额	税 率	速算扣除数
1	不超过36 000元的	3%	0
2	超过36 000元至144 000元的部分	10%	2 520
3	超过144 000元至300 000元的部分	20%	16 920
4	超过300 000元至420 000元的部分	25%	31 920
5	超过420 000元至660 000元的部分	30%	52 920
6	超过660 000元至960 000元的部分	35%	85 920
7	超过960 000元的部分	45%	181 920

② 居民个人劳务报酬所得预扣预缴，适用三级超额累进税率，税率为20%～40%，如表6-4所示。

表6-4　税率表（居民个人劳务报酬所得适用）　　　　　　　　　　　　　　　　元

级 数	全年应纳税所得额	税 率	速算扣除数
1	不超过20 000元的	20%	0
2	超过20 000元至50 000元的部分	30%	2 000
3	超过50 000元的部分	40%	7 000

③ 居民个人稿酬、特许权使用费所得，预扣预缴税率为20%。

2. 非居民个人工资薪金、劳务报酬、稿酬、特许权使用费所得

其适用七级超额累进税率，税率为3%～45%，如表6-5所示。

表6-5　税率表（非居民个人工资薪金等所得适用）　　　　　　　　　　　　　　元

级 数	全年应纳税所得额	税 率	速算扣除数
1	不超过3 000元的	3%	0
2	超过3 000元至12 000元的部分	10%	210
3	超过12 000元至25 000元的部分	20%	1 410
4	超过25 000元至35 000元的部分	25%	2 660
5	超过35 000元至55 000元的部分	30%	4 410
6	超过55 000元至80 000元的部分	35%	7 160
7	超过80 000元的部分	45%	15 160

3. 经营所得

经营所得适用税率为 5% 至 35%，如表 6-6 所示。

表 6-6 税率表（经营所得适用） 元

级 数	全年应纳税所得额	税 率	速算扣除数
1	不超过 30 000 元的	5%	0
2	超过 30 000 元至 90 000 元的部分	10%	1 500
3	超过 90 000 元至 300 000 元的部分	20%	10 500
4	超过 300 000 元至 500 000 元的部分	30%	40 500
5	超过 500 000 元的部分	35%	65 500

4. 比例税率

对个人的稿酬所得，特许权使用费所得，利息、股息、红利所得，财产租赁所得，财产转让所得，偶然所得和其他所得，按次计算征收个人所得税，适用 20% 的比例税率。

课堂训练 6-1 某居民个人 2021 年 8 月应税劳务报酬所得为 15 000 元。应代扣代缴其个人所得税应纳税额是多少？

方法一 超额累进税率的应纳税额。

15 000 元划分成三部分是 3 000 元、9 000 元和 3 000 元，对应不同的税率。

应纳税额＝3 000×3%＋9 000×10%＋3 000×20%＝1 590（元）

方法二 查七级超额累进税率表得适用税率 20%，速算扣除数 1 410 元。

应纳税额＝15 000×20%－1 410＝1 590（元）

三、任务实施

根据居民纳税人和非居民纳税人的判断标准，北京绿创网络科技有限公司 7 位员工均为居民纳税人，征税对象为工资薪金所得，适用七级超额累进税率。

四、任务评价

请在表 6-7 中客观填写每一项工作任务的完成情况。

表 6-7 任务评价表

工作任务清单	完成情况
① 能准确判断个人所得税的纳税人	
② 能准确判断个人所得税的征税对象和税率	
③ 能准确进行个税纳税人员信息管理，并完成人员报送	

单元六 个人所得税的计算与申报

任务二 个人所得税的计算

一、任务情境

(一) 任务场景

李女士在信息服务公司工作，2021年1月至12月每月在信息服务公司取得工资、薪金收入15 000元，无免税收入；每月缴纳"三险一金"2 500元；从1月开始享受子女教育和赡养老人专项附加扣除共计2 000元，无其他扣除。另外，4月取得劳务报酬收入2 000元、稿酬收入2 000元；7月取得劳务报酬收入20 000元、特许权使用费收入3 000元。

(二) 任务布置

① 准确计算工资薪金所得预扣预缴税额。

② 准确计算其他综合所得（劳务报酬、稿酬、特许权使用费所得）预扣预缴个人所得税税额。

③ 准确计算李女士综合所得全年应纳税额。

二、知识准备

(一) 居民个人综合所得应纳税额的计算

对于居民个人而言，工资薪金、劳务报酬、稿酬、特许权使用费属于综合所得，采取按月或按次预扣预缴个人所得税、年终汇算清缴、多退少补的方法。

年度汇算清缴应退应补税额 = 应纳税额 − 已预扣预缴税额

= [（综合所得收入额 − 60 000元 − 专项扣除 −

专项附加扣除 − 依法确定的其他扣除 − 捐赠）×

适用税率 − 速算扣除数] − 已预扣预缴税额

其中：

① 综合所得收入额。综合所得汇算清缴时，按纳税年度合并计算收入额。劳务报酬和稿酬、特许权使用费所得与预扣预缴不同，非全额计入。综合所得收入额的计算公式为：

工资薪金所得收入额 = 全部工资薪金税前收入

劳务报酬所得收入额 = 全部劳务报酬税前收入 × (1−20%)

稿酬所得收入额 = 全部稿酬税前收入 × (1−20%) × 70%

特许权使用费所得收入额 = 全部特许权使用费税前收入 × (1−20%)

② 60 000 元是基本减除费用。

③ 专项扣除。专项扣除包括居民个人按照国家规定的范围和标准缴纳的基本养老保险、基本医疗保险、失业保险等社会保险费和住房公积金等，即"三险一金"。在企业的实际业务中，企业必须帮员工代扣代缴住房公积金、基本医疗保险、基本养老保险、失业保险。按照国家规定，单位为个人代扣代缴的"三险一金"，可从纳税人的应纳税所得额中扣除。

④ 专项附加扣除。专项附加扣除包括子女教育、继续教育、大病医疗、住房贷款利息或住房租金、赡养老人、3岁以下婴幼儿照护等。

⑤ 依法确定的其他扣除。依法确定的其他扣除包括个人缴付符合国家规定的企业年金、职业年金，个人购买符合国家规定的商业健康保险、税收递延型商业养老保险的支出，以及国务院规定可以扣除的其他项目。

图解个税专项附加扣除

在上述专项附加扣除中的子女教育、继续教育、住房贷款利息或住房租金、赡养老人、3岁以下婴幼儿照护每月扣除，本年度扣除不完的，不得结转以后年度扣除；大病医疗次年汇算清缴时扣除。具体扣除方法如表6-8至表6-14所示。

表6-8　子女教育专项附加扣除

享受条件	子女年满3岁至小学入学前处于学前教育阶段、子女接受全日制学历教育。学历教育包括义务教育、高中教育、高等教育
扣除标准	子女教育按照每个子女每年12 000元（每月1 000元）的标准定额扣除
扣除方式	既可以选择由父母一方按照每月1 000元的标准扣除，也可以选择由双方分别按照每月500元的标准扣除。具体扣除方式在一个纳税年度内不能变更
扣除时间	学前教育阶段，为子女年满3周岁当月至小学入学前一月；学历教育，为子女接受全日制学历教育入学的当月至全日制学历教育结束的当月

表6-9　继续教育专项附加扣除

享受条件	在中国境内接受学历（学位）继续教育，接受技能人员职业资格继续教育、专业技术人员职业资格继续教育
扣除标准	纳税人在中国境内接受学历（学位）继续教育的支出，在学历（学位）教育期间按照每月400元定额扣除。纳税人接受技能人员职业资格继续教育、专业技术人员职业资格继续教育的支出，在取得相关证书的当年，按照3 600元定额扣除
扣除方式	个人接受本科及以下学历（学位）继续教育，符合规定扣除条件的，既可以选择由其父母扣除，也可以选择由本人扣除
扣除时间	入学的当月至学历（学位）继续教育结束的当月，同一学历（学位）继续教育的扣除期限最长不得超过48个月。职业资格继续教育为取得相关证书的当年

表6-10　大病医疗专项附加扣除

享受条件	在一个纳税年度内，纳税人发生的与基本医保相关的医药费用支出，扣除医保报销后个人负担（指医保目录范围内的自付部分）累计超过15 000元的部分
扣除标准	医保目录范围内的自付部分累计超过15 000元的部分，在80 000元限额内据实扣除
扣除方式	可以选择由本人或其配偶扣除；未成年子女发生的医药费用支出可以选择由其父母一方扣除
扣除时间	为医疗保障信息系统记录的医药费用实际支出的当年，汇算清缴时扣除

表 6-11　住房贷款利息专项附加扣除

享受条件	纳税人本人、配偶单独或共同使用商业银行或住房公积金个人住房贷款为本人、配偶购买中国境内住房，发生的首套住房贷款（购买住房享受首套住房贷款利率的住房贷款）利息支出
扣除标准	在实际发生贷款利息的年度，按照每月 1 000 元的标准定额扣除，扣除期限最长不超过 240 个月。纳税人只能享受一次首套住房贷款的利息扣除
扣除方式	经夫妻双方约定，可以选择由其中一方扣除，具体扣除方式在一个纳税年度内不能变更
扣除时间	贷款合同约定开始还款的当月至贷款全部归还或贷款合同终止的当月，扣除期限最长不得超过 240 个月

表 6-12　住房租金专项附加扣除

享受条件	纳税人在主要工作城市没有自有住房而发生的住房租金支出。纳税人的配偶在纳税人的主要工作城市有自有住房的，视同纳税人在主要工作城市有自有住房。纳税人及其配偶在一个纳税年度内不能同时分别享受住房贷款利息和住房租金专项附加扣除
扣除标准	直辖市、省会（首府）城市、计划单列市及国务院确定的其他城市，扣除标准为每月 1 500 元；除第一项所列城市以外，市辖区户籍人口超过 100 万人的城市，扣除标准为每月 1 100 元；市辖区户籍人口不超过 100 万人的城市，扣除标准为每月 800 元
扣除方式	住房租金支出由签订租赁住房合同的承租人扣除。夫妻双方主要工作城市相同的，只能由一方扣除住房租金支出
扣除时间	租赁合同（协议）约定的房屋租赁期开始的当月至租赁期结束的当月。提前终止合同（协议）的，以实际租赁期限为准

表 6-13　赡养老人专项附加扣除

享受条件	纳税人赡养一位及以上被赡养人（是指年满 60 岁的父母，以及子女均已去世的年满 60 岁的祖父母、外祖父母）
扣除标准	纳税人为独生子女的，按照每月 2 000 元的标准定额扣除；纳税人为非独生子女的，由其与兄弟姐妹分摊每月 2 000 元的扣除额度，每人分摊的额度不能超过每月 1 000 元
扣除方式	既可以由赡养人均摊或约定分摊，也可以由被赡养人指定分摊
扣除时间	为被赡养人年满 60 周岁的当月至赡养义务终止的年末

表 6-14　3 岁以下婴幼儿照护专项扣除

享受条件	纳税人照护 3 岁以下婴幼儿子女
扣除标准	按照每个婴幼儿每月 1 000 元的标准定额扣除
扣除方式	可以选择由父母一方按照标准的 100% 税前扣除，也可以选择由父母双方分别按照标准的 50% 扣除
扣除时间	纳税人婴幼儿子女 3 周岁以前

需要注意的是，纳税人同时从两处以上取得工资薪金所得，并由扣缴义务人减除专项附加扣除的，对同一专项附加扣除项目，在一个纳税年度内只能选择从一处取得的所得中减除。居民个人取得劳务报酬所得、稿酬所得、特许权使用费所得，应当在汇算清缴时向税务机关提供有关信息，减除专项附加扣除。

课堂训练 6-2 张林 2021 年 1 月新入职本单位开始领取工资，到 3 月才首次向单位报送正在上幼儿园的 5 岁女儿的相关信息。3 月份该员工在本单位发工资时可扣除的子女教育支出金额是多少？

计算的关键是张林1月入职，虽然3月才报送信息，但是扣除额从1月开始，因此扣除的子女教育支出金额＝1 000（元／月）×3（月）＝3 000（元）。

知识拓展 6-2　　专项附加扣除诚信申报——五提醒

第一，如果已经申报某项专项附加扣除，又没有留存这些证明资料，将会影响享受专项附加扣除。

第二，由于大病医疗扣除需要累计计算个人全年发生的医疗支出自行负担金额，所以只能在本年度结束后才能申报享受。

第三，只能选择住房贷款利息或住房租金中的一项扣除。同时符合两项扣除条件的，可根据个人情况自行选择其中一项扣除。

第四，专项附加扣除自2019年1月1日起实施，因此发证（批准）日期在这一时间之后的才能依法享受扣除。

第五，如果父母双方享受子女教育专项附加扣除，需要在协商一致的基础上进行申报。如果双方都按照1 000元／月的扣除标准申报，则会影响双方子女教育专项附加扣除的享受。

（二）居民个人工资薪金所得预扣预缴税额的计算

扣缴义务人支付工资薪金所得时，按累计预扣法计算预扣税款，按月办理全员全额扣缴申报。其计算公式如下。

1. 计算累计预扣预缴应纳税所得额

累计预扣预缴应纳税所得额＝累计收入－累计免税收入－累计减除费用

（每月5 000元）－累计专项扣除（"三险一金"等）－

累计专项附加扣除－累计依法确定的其他扣除

2. 计算本期预扣预缴应纳税额

本期预扣预缴应纳税额＝（累计预扣预缴应纳税所得额×预扣率－速算扣除数）－

累计减免税额－累计已预扣预缴税额

其中，5 000元是免征额，表示如果月工资还不到5 000元，就不用缴纳个人所得税。累计减除费用按照5 000元／月乘以纳税人当年截至本月在本单位的任职受雇月份数计算。居民个人工资薪金所得预扣税率适用税率见表6-3。

课堂训练 6-3　某职工2021年每月应发工资均为10 000元，每月减除费用5 000元、"三险一金"等专项扣除为1 500元、从1月起享受赡养老人专项附加扣除1 000元。此外，没有减免收入及减免税额等情况。以前3个月为例，其预扣预缴税额分别为多少？

1月：（10 000－5 000－1 500－1 000）×3％＝75（元）

2月：（10 000×2－5 000×2－1 500×2－1 000×2）×3％－75＝75（元）

3月：（10 000×3－5 000×3－1 500×3－1 000×3）×3％－75－75＝75（元）

进一步计算可知，该纳税人全年累计预扣预缴应纳税所得额为30 000元，一直适用

3%的税率，因此各月应预扣预缴的税款相同。

知识拓展 6-3 累计专项扣除为什么是"三险一金"？不应该是"五险一金"吗？

"三险一金"指的是养老保险、医疗保险、失业保险，以及住房公积金中需要个人承担的部分。之所以没有工伤保险和生育保险，是因为这两项由单位缴纳，个人不缴费。

注意，各地的"三险一金"缴费基数不同，缴费比例规定也不一样。以北京为例，2021年的个人承担养老保险比例为8%，医疗保险比例为2%+3元，失业保险比例为0.5%，住房公积金比例为12%。

（三）居民个人劳务报酬预扣预缴税款的计算

扣缴义务人向居民个人支付劳务报酬所得时，采用以下方法按月或按次预扣预缴个人所得税。

1. 计算预扣预缴应纳税所得额

① 每次收入不超过4 000元的：

$$预扣预缴应纳税所得额 = 每次收入额 - 800$$

② 每次收入在4 000元以上的：

$$预扣预缴应纳税所得额 = 每次收入额 \times (1 - 20\%)$$

2. 关于"次"的规定

① 属于一次性收入的，以取得该项收入为一次。

② 属于同一项目连续性收入的，以一个月内取得的收入为一次。

③ 保险营销员、证券经纪人这种较多按次获取报酬的职位，取得的佣金收入属于劳务报酬所得，以不含增值税的收入减除20%的费用后的余额为收入额，收入额减去展业成本及附加税费后，并入当年综合所得，计算缴纳个人所得税。保险营销员、证券经纪人的展业成本按照收入额的25%计算。

3. 计算预扣预缴应纳税额

$$应纳税额 = 预扣预缴应纳税所得额 \times 预扣率 - 速算扣除数$$

居民个人劳务报酬所得适用税率见表6-4。

课堂训练 6-4 张丽2021年因给某电子公司提供技术支持工作，收取了6 000元的劳务报酬。应预扣预缴多少个人所得税？

由于劳务报酬收入在4 000元以上，因此：

预扣预缴应纳税所得额 = 每次收入额 × (1-20%) = 6 000 × (1-20%) = 4 800（元）

应纳税额 = 预扣预缴应纳税所得额 × 适用税率 - 速算扣除数 = 4 800 × 20% - 0 = 960（元）

知识拓展 6-4 偷逃税款，国法不容

近年曾有艺人因涉嫌签订"阴阳合同"、拆分收入获取"天价片酬"来偷逃税的问题被举报。这就是典型的刻意降低"劳务报酬所得"偷逃税款的行为。上海市税务局、北京市广

电局等单位已启动相关调查。

《中华人民共和国刑法》第二百〇一条规定:"纳税人采取欺骗、隐瞒手段进行虚假纳税申报或者不申报,逃避缴纳税款数额较大并且占应纳税额百分之十以上的,处三年以下有期徒刑或者拘役,并处罚金;数额巨大并且占应纳税额百分之三十以上的,处三年以上七年以下有期徒刑,并处罚金。"漏税是指因客观原因未缴或少缴税款的行为,主观上不是出于逃避税收的故意,客观上未采取弄虚作假的手段,但结果是未缴或少缴税款。漏税应当依法补缴税款及滞纳金,否则就要承担刑事责任。

(四)居民个人稿酬预扣预缴个人所得税的计算

扣缴义务人向居民个人支付稿酬所得时,收入额减按70%计算,采用以下方法按月或按次预扣预缴个人所得税。

1. 计算预扣预缴应纳税所得额

① 每次收入不超过4 000元的:

$$预扣预缴应纳税所得额=(每次收入额-800)\times 70\%$$

② 每次收入在4 000元以上的:

$$预扣预缴应纳税所得额=每次收入额\times(1-20\%)\times 70\%$$

2. 关于"次"的规定

① 属于一次性收入的,以取得该项收入为一次。

② 属于同一项目连续性收入的,以一个月内取得的收入为一次。

③ 个人每次以图书、报刊方式出版、发表同一作品,不论出版单位是预付还是分笔支付稿酬,或者是加印该作品后再付稿酬,均应合并为一次征税。

④ 在两处或两处以上出版、发表或再版同一作品而取得的稿酬,可以分别对各处取得的所得或再版所得分次征税。

⑤ 个人的同一作品在报刊上连载,应合并其因连载而取得的所得为一次。连载之后又出书取得稿酬的,或者先出书后连载取得稿酬的,应视同再版稿酬分次征税。

⑥ 作者去世后,对取得其遗作稿酬的个人,按稿酬所得征税。

3. 计算预扣预缴应纳税额

$$应纳税额=预扣预缴应纳税所得额\times 预扣率$$

稿酬所得适用20%的比例预扣率。

课堂训练 6-5 某居民个人取得稿酬所得40 000元。依照现行税法规定计算该所得应预扣预缴税额。

由于稿酬所得在4 000元以上,因此:

预扣预缴应纳税所得额=每次收入额×(1-20%)×70%=40 000×(1-20%)×70%=22 400(元)

应纳税额＝预扣预缴应纳税所得额×20%＝22 400×20%＝4 480（元）

课堂训练 6-6 孙某在某美容杂志上发表一篇文章，获得稿酬3 000元。孙某应缴纳的个人所得税税额为多少？

由于稿酬所得不超过4 000元，因此：

预扣预缴应纳税所得额＝（每次收入额－800）×70%＝（3 000－800）×70%＝1 540（元）

应纳税额＝预扣预缴应纳税所得额×20%＝1 540×20%＝308（元）

（五）居民个人特许权使用费预扣预缴个人所得税的计算

扣缴义务人向居民个人支付特许权使用费所得时，采用按月或按次预扣预缴个人所得税。其计算预扣预缴应纳税所得额、关于"次"的规定、计算预扣预缴应纳税额与居民个人劳务报酬的相同，不再赘述。

特许权使用费所得与稿酬所得不同之处如下。

① 提供著作权的使用权取得的所得，不包括稿酬的所得。

② 对于作者将自己的文字作品手稿原件或复印件公开拍卖（竞价）取得的所得，属于提供著作权的使用所得，故应按特许权使用费所得项目征收个人所得税。

③ 个人取得特许权的经济赔偿收入，应按"特许权使用费所得"应税项目缴纳个人所得税，税款由支付赔款的单位或个人代扣代缴。

课堂训练 6-7 叶某发明了一项自动化专利技术，2021年8月转让给A公司，转让价150 000元，A公司8月支付使用费6 000元、9月支付使用费9 000元；9月，叶某将该项使用权转让给D公司，获得转让费收入8 000元。计算叶某转让特许权使用费所得应预缴的个人所得税税额。

叶某此项专利技术转让了两次，应分两次所得计算预缴个人所得税。

转让给A公司应预缴个人所得税税额＝（6 000＋9 000）×（1－20%）×20%＝2 400（元）

转让给D公司应预缴个人所得税税额＝8 000×（1－20%）×20%＝1 280（元）

叶某转让此项专利技术共需要预缴个人所得税税额＝2 400＋1 280＝3 680（元）

综上所述，形成居民纳税人综合所得个人所得税计算方案，如表6-15所示。

表6-15 居民纳税人综合所得个人所得税计算方案

税　目	居民纳税人				汇算清缴
	预扣预缴			
	预扣预缴应纳税所得额	预扣率	预扣预缴税额计算方法	
工资薪金	累计收入－累计免税收入－累计减除费用－累计专项扣除－累计专项附加扣除－累计其他扣除	七级超额累进税率	累计预扣法	综合所得税率
劳务报酬	每次收入不足4 000元的，减800元费用；每次收入高于4 000元的，减20%费用为收入额。稿酬在此基础上，再减按70%作为收入额	三级超额累进税率	速算扣除法	
特许权使用费		20%	应纳税所得额×20%	
稿酬				

知识拓展 6-5 劳务报酬、稿酬、特许权使用费预扣预缴与年度汇算清缴时计算方法的区别

1. 收入额的计算方法不同

年度汇算清缴时，这 3 项收入额为收入减除 20% 的费用后的余额；预扣预缴时收入额为每次收入减除费用后的余额，其中收入不超过 4 000 元的，费用按 800 元计算；每次收入 4 000 元以上的，费用按 20% 计算。

2. 可扣除的项目不同

这 3 项所得和工资薪金所得属于综合所得，年度汇算清缴时以 4 项所得的合计收入额减除费用 60 000 元及专项扣除、专项附加扣除和依法确定的其他扣除后的余额，为年应纳税所得额。而这 3 项所得日常预扣预缴税款时暂不减除专项附加扣除。

3. 适用的税率/预扣率不同

年度汇算清缴时，各项所得合并适用 3% 至 45% 的超额累进税率；预扣预缴时，劳务报酬所得适用表 6-4 所示的税率，稿酬所得、特许权使用费所得适用 20% 的比例预扣率。

（六）非居民个人代扣代缴个人所得税的计算

扣缴义务人向非居民个人支付工资薪金所得、劳务报酬所得、稿酬所得和特许权使用费所得时，应当按以下方法按月或按次代扣代缴个人所得税。

① 非居民个人的工资薪金所得，以每月收入额减除费用 5 000 元后的余额为应纳税所得额。

② 劳务报酬所得、稿酬所得、特许权使用费所得，以每次收入额为应纳税所得额，适用月度税率表计算应纳税额。其中，劳务报酬所得、稿酬所得、特许权使用费所得以收入减除 20% 的费用后的余额为收入额。稿酬所得的收入额减按 70% 计算。

③ 非居民个人工资薪金所得、劳务报酬所得、稿酬所得和特许权使用费所得个人所得税应纳税额的计算公式为：

$$应纳税额 = 应纳税所得额 \times 税率 - 速算扣除数$$

非居民个人工资薪金所得、劳务报酬所得、稿酬所得和特许权使用费所得适用税率见表 6-5。

课堂训练 6-8 国外某作家（非居民纳税人）的一篇小说送交我国出版社出版，一次取得稿酬 20 000 元。该作家应被代扣代缴多少个人所得税？

取得稿酬应纳税所得额 = 20 000 × （1－20%）× 70% = 11 200（元）

应纳税额 = 应纳税所得额 × 税率 － 速算扣除数 = 11 200 × 10% － 210 = 910（元）

居民纳税人与非居民纳税人综合所得个人所得税计算对比如表 6-16 所示。

表 6-16　居民纳税人与非居民纳税人综合所得个人所得税计算对比

税 目	居民纳税人			汇算清缴环节	非居民纳税人	
	预扣预缴环节				代扣代缴环节	
	预扣预缴应纳税所得额	预扣率	预扣预缴税额计算方法		应纳税所得额	税　率
工资薪金	累计收入－累计免税收入－累计减除费用－累计专项扣除－累计专项附加扣除－累计其他扣除	与综合所得年税率表一致	累计预扣法	多退少补	月收入减5 000元	换算成按月的综合所得税率表
劳务报酬	每次收入不超过4 000元的，减800元费用；每次收入在4 000元以上的，减20%费用为收入额。稿酬在此基础上，再减按70%作为收入额	20%～40%	预扣与原来的加成征收一致		每次收入减20%费用为收入额。稿酬再减按70%计算	
特许权使用费		20%	收入额×20%			
稿酬						

（七）经营所得个人所得税的计算

经营所得的个人所得税应纳税额计算有查账征收和核定征收两种方法，比较常见的为查账征收。其计算公式为：

应纳税所得额＝每一纳税年度的收入总额－成本、费用、损失等准予扣除项目－起征点

应纳税额＝应纳税所得额×适用税率－速算扣除数

　　　　＝（每一纳税年度的收入总额－成本、费用、损失等准予扣除项目－

　　　　　起征点）×适用税率－速算扣除数

其中，生产经营所得适用五级超额累进税率，见表6-6；准予扣除的成本、费用是指个体工商户、个人独资企业、合伙企业及个人从事其他生产、经营活动发生的各项直接支出和分配计入成本的间接费用及销售费用、管理费用、财务费用；损失是指个体工商户、个人独资企业、合伙企业及个人从事其他生产经营活动发生的固定资产和存货的盘亏、毁损、报废损失，转让财产损失，坏账损失，自然灾害等不可抗力因素造成的损失及其他损失。

税法明确规定了经营所得不得扣除的项目和准予限额扣除的项目，如表6-17和表6-18所示。

表 6-17　经营所得不得扣除的项目

不得扣除的项目	个人所得税税额，包括业主及其从业人员
	税收滞纳金
	罚金、罚款和被没收财物的损失
	不符合扣除规定的捐赠支出
	赞助支出（非广告性质）
	用于个人和家庭的支出
	与取得生产经营收入无关的支出

表 6-18 经营所得准予限额扣除的项目

准予限额扣除的项目（成本、费用、税金、损失）	不高于金融机构同期同类贷款利息的部分
	补充养老、医疗保险费（分别为工资的 5%）
	商业保险中的财产、人身安全（国家规定）保险可以扣除
	工会会费、职工福利费、职工教育经费（分别为工资的 2%、14%、8%）
	广告和业务宣传费（收入的 15%）
	业务招待费（60%）且不超过收入的 0.5%
	投资者本人的费用 60 000 元／年
	公益性捐赠（应税所得额的 30%）
	用于"三新"开发的仪器、装置费（100 000 元以下）
	企业生产经营和投资者家庭生活共用的固定资产难以划分的，按总费用的 40% 扣除
	开办费（可以选择一次性扣除或 3 年内摊销）

课堂训练 6-9 刘飞个体经营的花圃账证健全。2021 年营业额为 300 000 元；购进花苗、肥料等原料费为 48 000 元；全年共缴纳水电费、房租、煤气费等 6 000 元，缴纳税金及附加 16 500 元；支付给 2 名雇工工资共 80 000 元。计算其年终应缴个人所得税税额。

个人所得税税前扣除＝48 000＋6 000＋16 500＋80 000＝150 500（元）

应纳税所得额＝每一纳税年度的收入总额－成本、费用、损失等准予扣除项目－起征点＝300 000－150 500－60 000＝89 500（元）

应纳税额＝应纳税所得额×适用税率－速算扣除数＝89 500×10%－4 500＝4 450（元）

（八）利息、股息、红利所得个人所得税的计算

利息、股息、红利所得以个人每次取得的收入额为应纳税所得额，不得从收入额中扣除任何费用。

股份制企业在分配股息、红利时，以股票形式向股东个人支付应得的股息、红利（派发红股），应以派发红股的股票票面金额为收入额计算征收个人所得税。

利息、股息、红利所得适用税率为 20%。其应纳税额的计算公式为：

$$应纳税额＝应纳税所得额×20\%＝每次收入额×20\%$$

（九）财产租赁所得个人所得税的计算

财产租赁所得一般以个人每次取得的收入定额定率减除规定费用后的余额为应纳税所得额。财产租赁所得以一个月内取得的收入为一次，在计算缴纳个人所得税时，依次扣除以下费用。

① 纳税人在出租财产过程中缴纳的税金、教育费附加，可凭完税凭证从财产租赁收入中扣除。

② 由纳税人负担的该出租财产实际开支的修缮费用，必须是实际发生并能够提供有

效准确凭证的支出，以每次扣除800元为限。一次扣除不完的，可以继续扣除，直至扣完为止。

③ 税法规定的费用扣除标准，每次收入不超过4 000元的，定额减除费用800元；每次收入在4 000元以上的，减除20%的费用。

税率一般情况下为20%，个人出租住房取得的所得暂减按10%的税率征收个人所得税。应纳税额的计算公式如下。

<1> 每次收入不超过4 000元：

应纳税额=应纳税所得额×20%

=[每次（月）收入额－财产租赁过程中缴纳的税费－由纳税人负担的租赁财产实际开支的修缮费用（800元为限）－800]×20%（或10%）

<2> 每次收入在4 000元以上：

应纳税额=应纳税所得额×20%

=[每次（月）收入额－财产租赁过程中缴纳的税费－由纳税人负担的租赁财产实际开支的修缮费用（800元为限）]×（1－20%）×20%（或10%）

课堂训练 6-10 张丽按市场价格出租一套个人商品房。2021年4月，取得不含增值税租金收入6 000元；本月财产租赁过程中缴纳的可以税前扣除的税费合计为240元；由纳税人负担的租赁财产实际开支的修缮费用为600元。均取得合法票据。计算张丽出租房屋应缴纳的个人所得税税额。

应纳税额=（6 000－240－600）×（1－20%）×10%=412.8（元）

课堂训练 6-11 2021年4月，刘飞出租住房取得不含增值税租金收入3 000元；房屋租赁过程中缴纳的可以税前扣除的相关税费120元；支付出租住房修缮费900元。计算刘飞当月出租住房应缴纳的个人所得税税额。

虽然支付出租住房修缮费900元，但修缮费最高扣800元，因此：

应纳税额=（3 000－120－800－800）×10%=128（元）

（十）财产转让所得个人所得税的计算

财产转让所得以转让财产的收入额减除财产原值和合理费用后的余额，为应纳税所得额。

财产转让所得适用税率为20%。其应纳税额的计算公式为：

应纳税额=应纳税所得额×20%

=（收入总额－财产原值－合理费用）×20%

同时，我国税法对以下财产转让做了特别规定。

（1）个人转让房屋

对个人转让自用达5年以上且是家庭唯一生活用房取得的所得，暂免征收个人所得税。

5年之内的要按照上述计税方法计税。

（2）个人股权转让所得

对境内上市公司股票（非限售股）转让所得，暂不（免）征收个人所得税。对个人转让上市公司限售股取得的所得，按照财产转让所得适用20%的比例税率征收个人所得税。

（3）其他转让所得

① 个人以非货币性资产投资，属于个人转让非货币性资产和投资同时发生。对个人转让非货币性资产的所得，应按照财产转让所得依法计算缴纳个人所得税。这体现了货币投资与非货币投资等价原则，非货币投资也不能逃税。

② 个人通过招标、竞拍或其他方式购置债权以后，通过相关司法或行政程序主张债权而取得的所得，应按照财产转让所得缴纳个人所得税。

课堂训练 6-12 市民张先生通过房屋中介将自己一套购入价为150万元的住房，经中介协商以成交价220万元转让给李先生，交易产生的全部税费及中介费12万元由张先生承担。双方签订了"阴阳合同"。在这份"阴阳合同"里，这套房屋的交易价格降为150万元。后发生买卖纠纷，法院判定按照实际成交价220万元减除财产原值和合理费用后的余额缴纳个人所得税，要求张先生补缴税款。计算张先生应缴纳多少税款。

张先生应纳税所得额＝财产转让收入－财产原值－合理费用＝2 200 000－1 500 000－120 000＝580 000（元）

张先生应纳税额＝580 000×20%＝116 000（元）

（十一）偶然所得个税计算

偶然所得以每次收入额为应纳税所得额（以每次取得该项收入为一次），不得扣减为获得奖金而支出的费用。收入额包括现金、实物、有价证券和其他形式的经济利益。

① 所得为实物的，应当按照取得的凭证上所注明的价格计算应纳税所得额；无凭证的实物或凭证上所注明的价格明显偏低的，参照市场价格核定应纳税所得额。

② 所得为有价证券的，根据票面价格和市场价格核定应纳税所得额。

③ 所得为其他形式的经济利益的，参照市场价格核定应纳税所得额。

偶然所得适用税率为20%。其应纳税额的计算公式为：

$$应纳税额＝应纳税所得额 \times 20\%$$

知识拓展 6-6 　　　　**网络红包需要缴纳个人所得税吗？**

对个人取得企业派发的现金网络红包，应按照"偶然所得"项目计算缴纳个人所得税，税款由派发红包的企业代扣代缴。

个人取得企业派发的用于购买该企业商品（产品）或服务才能使用的非现金网络红包，包括各种消费券、代金券、抵用券、优惠券等，以及个人因购买该企业商品或服务达到一定额度而取得企业返还的现金网络红包，属于企业销售商品（产品）或提供服务的价格折扣、折让，不征收个人所得税。

个人之间派发的现金网络红包，不属于《个人所得税法》规定的应税所得，不征收个人所得税。

知识拓展 6-7　　　　　　　　彩票中奖取得收入如何缴税？

对个人购买社会福利有奖募捐奖券一次中奖收入不超过 10 000 元的暂免征收个人所得税；对一次中奖收入超过 10 000 元的，应按税法规定全额征税。

课堂训练 6-13
王建将一处新购置的房产无偿赠予自己的好朋友李波，房地产赠予合同上标明该房产价值 120 万元，赠予过程中李波支付契税等可扣除的相关税费 4 万元。李波是否需要缴纳个人所得税？

除不征税情形以外，房屋产权所有人将房屋无偿赠予他人的，受赠人按照"偶然所得"项目缴纳个人所得税，税率为 20%；受赠人无偿受赠房屋计征个人所得税时，应纳税所得额为房地产赠予合同上标明的赠予房屋价值减除赠予过程中受赠人支付的相关税费后的余额。

李波应缴纳的个人所得税税额=（120-4）×20%=23.2（万元）

知识拓展 6-8　　　　　　　　　　捐赠计税办法

捐赠是指个人将其所得通过中国境内的社会团体、国家机关向教育和其他社会公益事业及遭受严重自然灾害地区、贫困地区进行赠予。我国的个人所得税在政策上鼓励个人向公益事业及灾区、贫困地区捐赠，以推动公益事业的发展。

《关于公益慈善事业捐赠个人所得税政策的公告》

公益捐赠抵税，必须满足 3 个前提条件：一是为教育、扶贫、济困等公益慈善事业而捐赠；二是接受捐赠的机构属于取得公益性捐赠税前扣除资格的慈善组织、其他社会组织和群众团体；三是对于通过公益性社会团体发生的公益性捐赠支出，企业或个人应提供省级以上（含省级）财政部门印制并加盖接受捐赠单位印章的公益性捐赠票据，或者加盖接受捐赠单位印章的"非税收入一般缴款书"收据联，方可按规定进行税前扣除。不得扣除的公益性捐赠，一般就是没有同时符合上述 3 个条件的捐赠支出。例如，某人直接向所在地学校捐赠了一笔价值 200 万元的商品，由于未通过公益性社会组织进行捐赠，所以不得税前扣除。

扣除一般分为全额扣除和限额扣除。

① 个人通过非营利性的社会团体和国家机关向红十字事业、农村义务教育（希望工程除外）、公益性青少年活动及福利性、非营利性老年服务机构的捐赠，在计算缴纳个人所得税时，准予在税前的所得额中全额扣除。

② 个人将其所得用于对教育、扶贫、济困等公益慈善事业进行捐赠，捐赠额未超过纳税人申报的应纳税所得额 30% 的部分，可以从其应纳税所得额中扣除。国务院规定对公益慈善事业捐赠实行全额扣除的，从其规定。其计算公式为：

应纳税额=（应纳税所得额-允许扣除的捐赠额）×适用税率-速算扣除数

知识拓展 6-9　　全年一次性奖金计税办法

全年一次性奖金是指行政机关、企事业单位等扣缴义务人根据其全年经济效益和对雇员全年工作业绩的综合考核情况，向雇员发放的一次性奖金。上述全年一次性奖金也包括年终加薪、实行年薪制和绩效工资办法的单位根据考核情况兑现的年薪与绩效工资。

根据《财政部税务总局关于个人所得税法修改后有关优惠政策衔接问题的通知》第一条的规定，在2021年12月31日前，居民个人取得全年一次性奖金既可单独计税，也可统一并入综合所得征收个人所得税。

（1）单独计税

这是指以全年一次性奖金收入除以12个月得到的数额，按照按月换算后的综合所得税率表（月度税率表），确定适用税率和速算扣除数，单独计算纳税。其计算公式为：

应纳税额＝全年一次性奖金收入×适用税率－速算扣除数

（2）合并计税

自2022年1月1日起，居民个人取得全年一次性奖金，应并入当年综合所得计算缴纳个人所得税。

三、任务实施

1. 工资薪金所得预扣预缴个人所得税税额的计算

（1）1月份工资薪金所得预扣预缴个人所得税税额的计算

2021年1月累计预扣预缴应纳税所得额＝累计收入－累计免税收入－累计减除费用－累计专项扣除－累计专项附加扣除－累计依法确定的其他扣除＝15 000－5 000－2 500－2 000＝5 500（元）（对应税率为3%）

1月应预扣预缴税额＝累计预扣预缴应纳税所得额×预扣率－速算扣除数－累计减免税额－累计已预扣预缴税额＝5 500×3%＝165（元）

因此，2021年1月，信息服务公司在发放工资环节预扣预缴个人所得税税额为165元。

（2）2月份工资薪金所得预扣预缴个人所得税税额的计算

2021年2月累计预扣预缴应纳税所得额＝累计收入－累计免税收入－累计减除费用－累计专项扣除－累计专项附加扣除－累计依法确定的其他扣除＝15 000×2－5 000×2－2 500×2－2 000×2＝11 000（元）（对应税率为3%）

2月应预扣预缴税额＝累计预扣预缴应纳税所得额×预扣率－速算扣除数－累计减免税额－累计已预扣预缴税额＝11 000×3%－165＝165（元）

因此，2021年2月，信息服务公司在发放工资环节预扣预缴个人所得税税额为165元。

（3）3月份工资薪金所得预扣预缴个人所得税税额的计算

2021年3月累计预扣预缴应纳税所得额＝累计收入－累计免税收入－累计减除费用－

累计专项扣除－累计专项附加扣除－累计依法确定的其他扣除＝15 000×3－5 000×3－2 500×3－2 000×3＝16 500元（对应税率为3%）

3月应预扣预缴税额＝（累计预扣预缴应纳税所得额×预扣率－速算扣除数）－累计减免税额－累计已预扣预缴税额＝16 500×3%－165－165＝165（元）

因此，2021年3月，信息服务公司在发放工资环节预扣预缴个人所得税税额为165元。

用同样的计税方法计算出其他月份的预扣预缴税额，如表6-19所示。

表6-19　工资薪金所得各月预扣预缴税额　　　　　　　　　　　　　　　　　　　元

月　份	工资薪金收入	费用扣除标准	专项扣除	专项附加扣除	应纳税所得额	税率/%	速算扣除数	累计应纳税额	当月应纳税额
1月	15 000	5 000	2 500	2 000	5 500	3	0	165	165
2月累计	30 000	10 000	5 000	4 000	11 000	3	0	330	165
3月累计	45 000	15 000	7 500	6 000	16 500	3	0	495	165
4月累计	60 000	20 000	10 000	8 000	22 000	3	0	660	165
5月累计	75 000	25 000	12 500	10 000	27 500	3	0	825	165
6月累计	90 000	30 000	15 000	12 000	33 000	3	0	990	165
7月累计	105 000	35 000	17 500	14 000	38 500	10	2 520	1 330	340
8月累计	120 000	40 000	20 000	16 000	44 000	10	2 520	1 880	550
9月累计	135 000	45 000	22 500	18 000	49 500	10	2 520	2 430	550
10月累计	150 000	50 000	25 000	20 000	55 000	10	2 520	2 980	550
11月累计	165 000	55 000	27 500	22 000	60 500	10	2 520	3 530	550
12月累计	180 000	60 000	30 000	24 000	66 000	10	2 520	4 080	550

2. 其他综合所得预扣预缴个人所得税税额的计算

① 2021年4月，李女士取得劳务报酬收入2 000元、稿酬收入2 000元。

劳务报酬所得预扣预缴应纳税所得额＝每次收入－800＝2 000－800＝1 200（元）

劳务报酬所得预扣预缴税额＝预扣预缴应纳税所得额×预扣率－速算扣除数＝1 200×20%＝240（元）

稿酬所得预扣预缴应纳税所得额＝（每次收入－800）×70%＝(2 000－800)×70%＝840（元）

稿酬所得预扣预缴税额＝预扣预缴应纳税所得额×预扣率＝840×20%＝168（元）

因此，李女士4月劳务报酬所得预扣预缴个人所得税税额为240元、稿酬所得预扣预缴税额为168元。

② 2021年7月，李女士取得劳务报酬20 000元、特许权使用费所得3 000元。

劳务报酬所得预扣预缴应纳税所得额＝每次收入×(1－20%)＝20 000×(1－20%)＝16 000（元）

劳务报酬所得预扣预缴税额＝预扣预缴应纳税所得额×预扣率－速算扣除数＝16 000×30%－2 000＝2 800（元）

特许权使用费所得预扣预缴应纳税所得额＝每次收入－800＝3 000－800＝2 200（元）

特许权使用费所得预扣预缴税额＝预扣预缴应纳税所得额×预扣率＝2 200×20%＝440（元）

因此，李女士7月劳务报酬所得预扣预缴个人所得税税额为2 800元、特许权使用费所得预扣预缴税额为440元。

至此可以得出：预扣预缴税额＝工资薪金所得预扣预缴税额＋劳务报酬所得预扣预缴税额＋稿酬所得预扣预缴税额＋特许权使用费所得预扣预缴税额＝4 080＋(240＋2 800)＋168＋440＝7 728（元）

3. 综合所得全年应纳税额的计算

年收入额＝工资薪金所得收入＋劳务报酬所得收入＋稿酬所得收入＋特许权使用费所得收入＝16 000×12＋(2 000＋20 000)×(1－20%)＋2 000×(1－20%)×70%＋3 000×(1－20%)＝213 120（元）

综合所得应纳税所得额＝年收入额－60 000－专项扣除－专项附加扣除－依法确定的其他扣除＝213 120－60 000－(2 500×12)－(2 000×12)＝99 120（元）

综合所得全年应纳税额＝应纳税所得额×税率－速算扣除数＝99 120×10%－2 520＝7 392（元）

四、任务评价

请在表6-20中客观填写每一项工作任务的完成情况。

表6-20　任务评价表

工作任务清单	完成情况
① 综合所得预扣预缴应纳税额的计算	
② 综合所得全年应纳税额的计算	
③ 分类所得应纳税额的计算	

任务三　个人所得税的申报

一、任务情境

（一）任务场景

2021年2月4日，财务人员收到唐山大地商贸有限公司员工工资表，经审核后对唐山大地商贸有限公司2021年1月员工个人所得税进行预扣预缴申报。

(二)任务布置

① 登录自然人税收管理系统(见图6-1),添加人员信息。

② 填写正常工资薪金所得表。

③ 进行税款计算,审核无误后进行纳税申报。

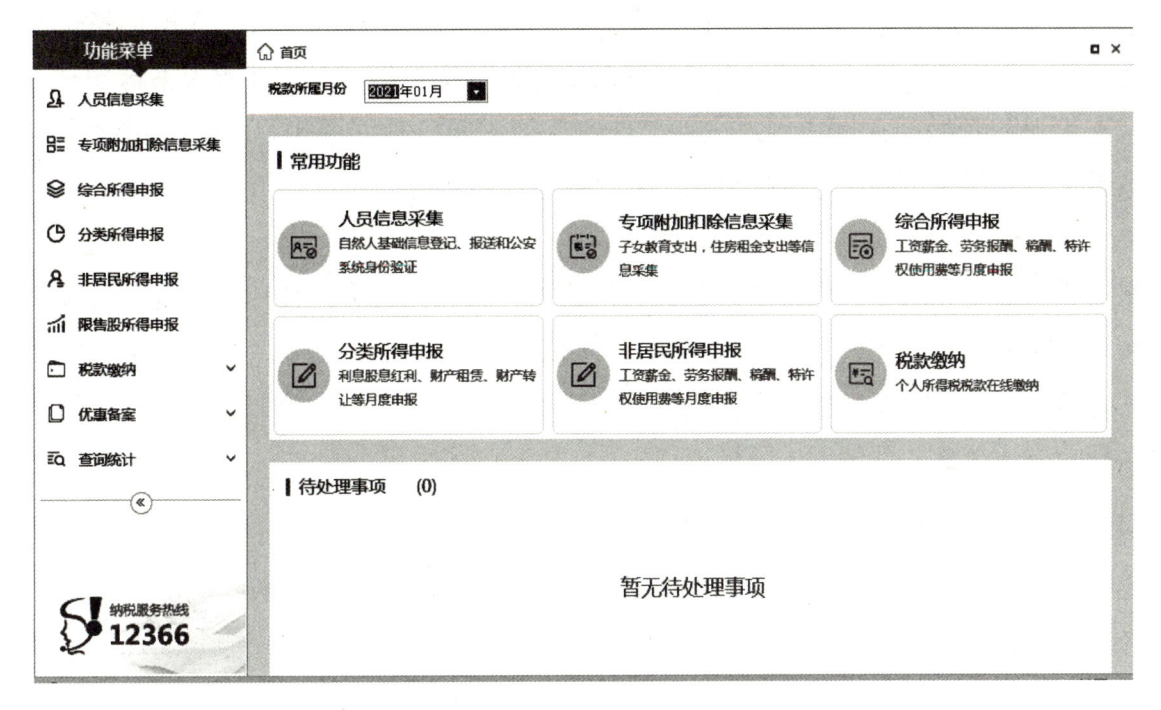

图6-1 自然人税收管理系统扣缴客户端界面

二、知识准备

(一)预扣预缴

在预扣预缴的计税方法下,征收个人所得税分两步:第一步,由扣缴义务人按月或按次全额预扣预缴税款;第二步,年度预扣预缴税额与年度应纳税额不一致的,由居民个人于取得所得的次年3月1日至6月30日向主管税务机关办理综合所得年度汇算清缴,税款多退少补。国家税务总局《关于进一步简便优化部分纳税人个人所得税预扣预缴方法的公告》(以下简称《公告》)主要优化了以下两类纳税人的预扣预缴方法。

《关于进一步简便优化部分纳税人个人所得税预扣预缴方法的公告》

① 上一完整纳税年度各月均在同一单位扣缴申报了工资薪金所得个人所得税且全年工资薪金收入不超过60 000元的居民个人。具体来说,需要同时满足3个条件:上一纳税年度1月至12月均在同一单位任职且预扣预缴申报了工资薪金所得个人所得税;上一纳税年度1月至12月的累计工资薪金收入(包括全年一次性奖金等各类工资薪金所得,且不扣减任何费用及免税收入)不超过60 000元;本纳税年度自1月起,仍在该单位任职受雇并取得工资薪金所得。

② 按照累计预扣法预扣预缴劳务报酬所得个人所得税的居民个人,如保险营销员和证

券经纪人等。同样，需要同时满足以下 3 个条件：上一纳税年度 1 月至 12 月均在同一单位取酬且按照累计预扣法预扣预缴申报了劳务报酬所得个人所得税；上一纳税年度 1 月至 12 月的累计劳务报酬（不扣减任何费用及免税收入）不超过 60 000 元；本纳税年度自 1 月起，仍在该单位取得按照累计预扣法预扣预缴税款的劳务报酬所得。

对符合《公告》规定的纳税人，扣缴义务人在预扣预缴本纳税年度个人所得税时，累计减除费用自 1 月份起直接按照全年 60 000 元计算扣除，即在纳税人累计收入不超过 6 万元的月份，不用预扣预缴个人所得税；在其累计收入超过 60 000 元的当月及年内后续月份，再预扣预缴个人所得税。同时，依据税法规定，扣缴义务人仍应按税法规定办理全员全额扣缴申报。

需要说明的是，对符合《公告》条件的纳税人，如扣缴义务人预计本年度发放给其的收入将超过 60 000 元、纳税人存在需要纳税记录或本人有多处所得合并后全年收入预计超过 60 000 元等情形时，扣缴义务人与纳税人可在当年 1 月税款扣缴申报前经双方确认后，按照原预扣预缴方法计算并预缴个人所得税。

（二）纳税时间与地点

扣缴义务人每月或每次预扣、代扣的税款，应当在次月 15 日内缴入国库，并向税务机关报送扣缴个人所得税申报表。同时，必须向纳税人开具税务机关统一印制的代扣代缴税款凭证，并注明纳税人姓名、工作单位、家庭住址和居民身份证或护照号码等个人情况。7 日之内缴入国库，并向税务机关报送扣缴个人所得税申报表。对于非正式扣税凭证，纳税人可以拒收。

纳税人办理汇算清缴退税或扣缴义务人为纳税人办理汇算清缴退税的，税务机关审核后，按照国库管理的有关规定办理退税。

税务机关按法律规定向履行了代扣代缴义务的单位和个人支付手续费，按所扣缴税款的 2% 付给；对未履行代扣代缴义务的，要由扣缴义务人缴纳应扣未扣的税款，并给予一定的处罚。

（三）汇算清缴

1. 汇算清缴的计算

年度汇算应退或应补税额=[（综合所得收入额-60 000 元-专项扣除-专项附加扣除-依法确定的其他扣除-捐赠）×适用税率-速算扣除数]-本年已预缴税额

需要注意的是，汇算清缴只针对居民个人，而且只针对居民个人的综合所得，非居民不用进行汇算清缴。

2. 汇算清缴适用人群

汇算清缴适用于已预缴税额大于年度应纳税额且申请退税的居民个人；综合所得收入全年超过 120 000 元且需要补税金额超过 400 元的居民个人。

单元六　个人所得税的计算与申报

（1）需要退税的纳税人

① 没有任职受雇单位，仅取得劳务报酬、稿酬、特许权使用费所得，需要通过年度汇算办理各种税前扣除的。

② 取得劳务报酬、稿酬、特许权使用费所得，年度中间适用的预扣率高于全年综合所得年适用税率的。

③ 预缴税款时，未享受或未足额享受综合所得税收优惠的。例如，张琳每月固定一处取得劳务报酬 20 000 元，适用 20% 预扣率后预缴个人所得税 3 200 元，全年 38 400 元；全年汇算，全年劳务报酬 240 000 元，减除 60 000 元费用（不考虑其他扣除）后，适用 10% 的综合所得税率，全年应纳税款 11 880 元。因此，可申请 26 520 元退税。

④ 有符合条件的公益慈善捐赠支出，但预缴税款时未办理扣除的。

⑤ 征税年度综合所得年收入额不足 60 000 元，但平时预缴过个人所得税的。

⑥ 征税年度有符合享受条件的专项附加扣除，但预缴税款时没有申报扣除的。

⑦ 因年中就业、退职或部分月份没有收入等原因，减除费用 60 000 元、"三险一金"等专项扣除、子女教育等专项附加扣除、企业（职业）年金及商业健康保险、税收递延型养老保险等扣除不充分的。例如，刘洪每月工资 9 000 元，个人缴付"三险一金"1 800 元；有 1 个上小学的孩子，按规定可以每月享受 1 000 元（全年 12 000 元）的子女教育专项附加扣除。但因其在预缴环节未填报，使得计算个人所得税时未减除子女教育专项附加扣除，全年预缴个人所得税 792 元。其在年度汇算时填报了相关信息后可补充扣除 12 000 元，扣除后全年应纳个人所得税 432 元，按规定其可以申请退税 360 元。

（2）需要补税的纳税人

① 年度综合所得收入超过 120 000 元且需要补税金额在 400 元以上的。

② 在两个以上单位任职受雇并领取工资薪金，预缴税款时重复扣除了基本减除费用（5 000 元/月）的。

③ 除工资薪金外，纳税人还有劳务报酬、稿酬、特许权使用费，各项综合所得的收入加总后，导致适用综合所得年税率高于预扣率的。

3. 汇算清缴不适用的人群

① 年度汇算需要补税但综合所得收入全年不超过 120 000 元的。

② 年度汇算需要补税金额不超过 400 元的。

③ 已预缴税额与年度应纳税额一致或不申请退税的。

④ 非居民纳税人。

课堂训练 6-14 李女士在信息服务公司工作，2021 年 1 月至 12 月已预扣预缴税款 7 728 元，全年综合所得应纳税额 7 392 元，则李女士应该如何进行汇算清缴？

汇算清缴退回税款＝预扣预缴税额－全年综合所得应纳税额＝7 728－7 392＝336（元）

税费计算与智能申报

李女士在年终汇算清缴时候可退税 336 元。具体可以通过个人所得税 APP 进行个税汇算清缴，如图 6-2 所示。

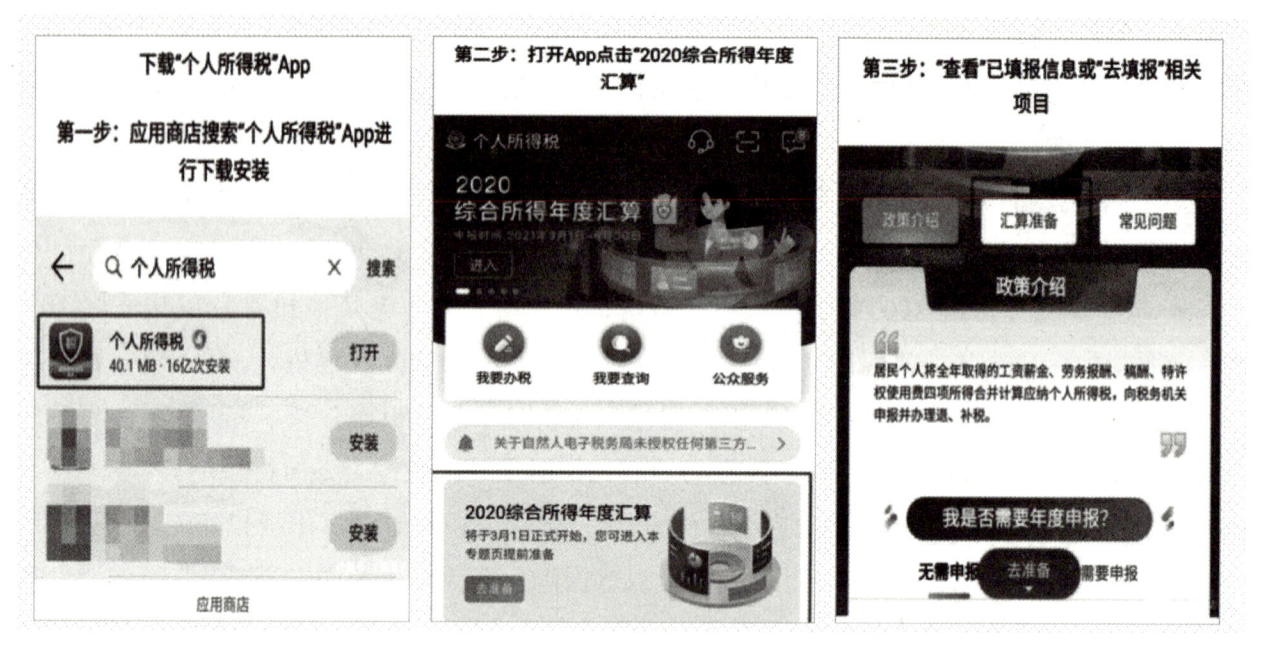

图 6-2　个人所得税 APP

三、任务实施

（一）任务流程

个人所得税申报流程如图 6-3 所示。

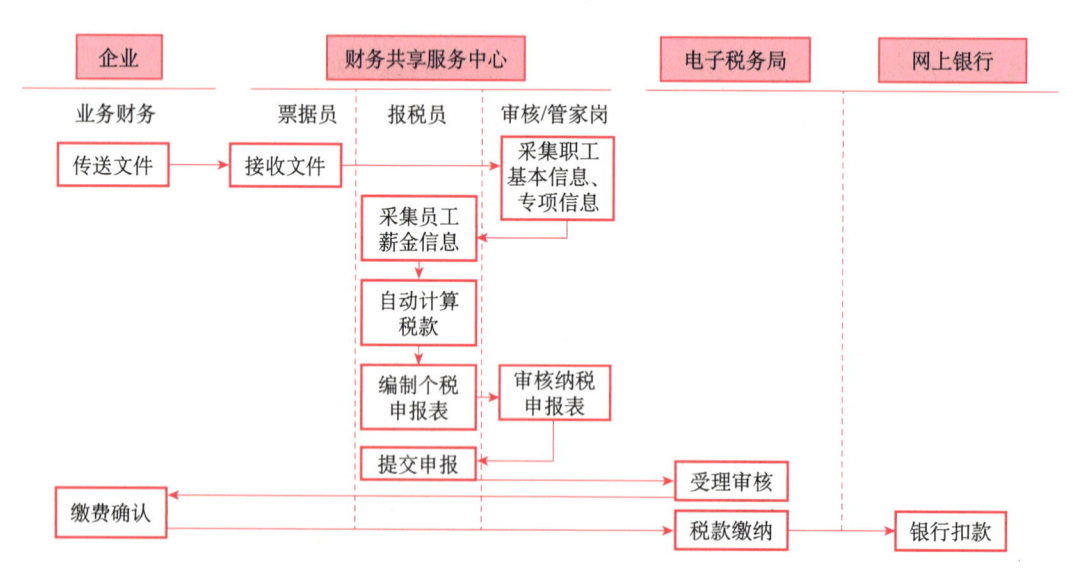

图 6-3　个人所得税申报流程

（二）任务操作

为唐山大地商贸有限公司 2021 年 1 月公司员工工资薪金所得个人所得税进行预扣预缴申报。其主要步骤如下。

单元六　个人所得税的计算与申报

步骤 1　单击"人员信息采集",如图 6-4 所示。

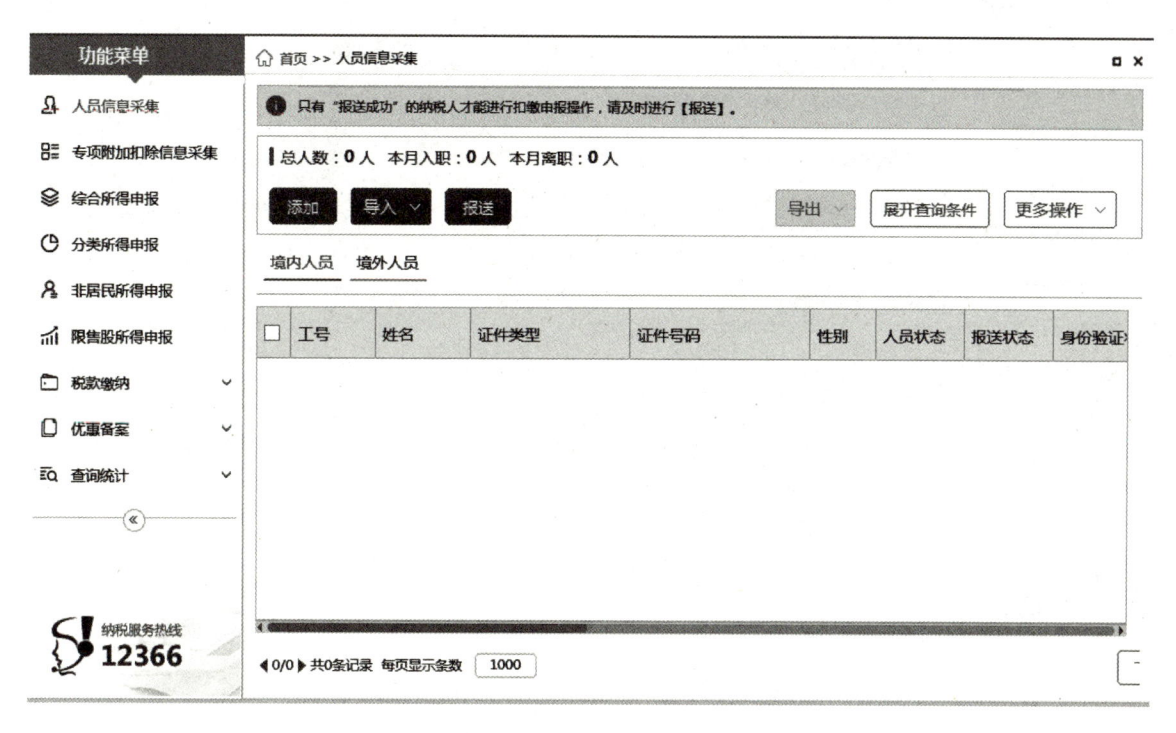

图 6-4　自然人税收管理系统人员信息采集

步骤 2　单击"专项附加扣除信息采集"(见图 6-5),根据任务场景进行填报。

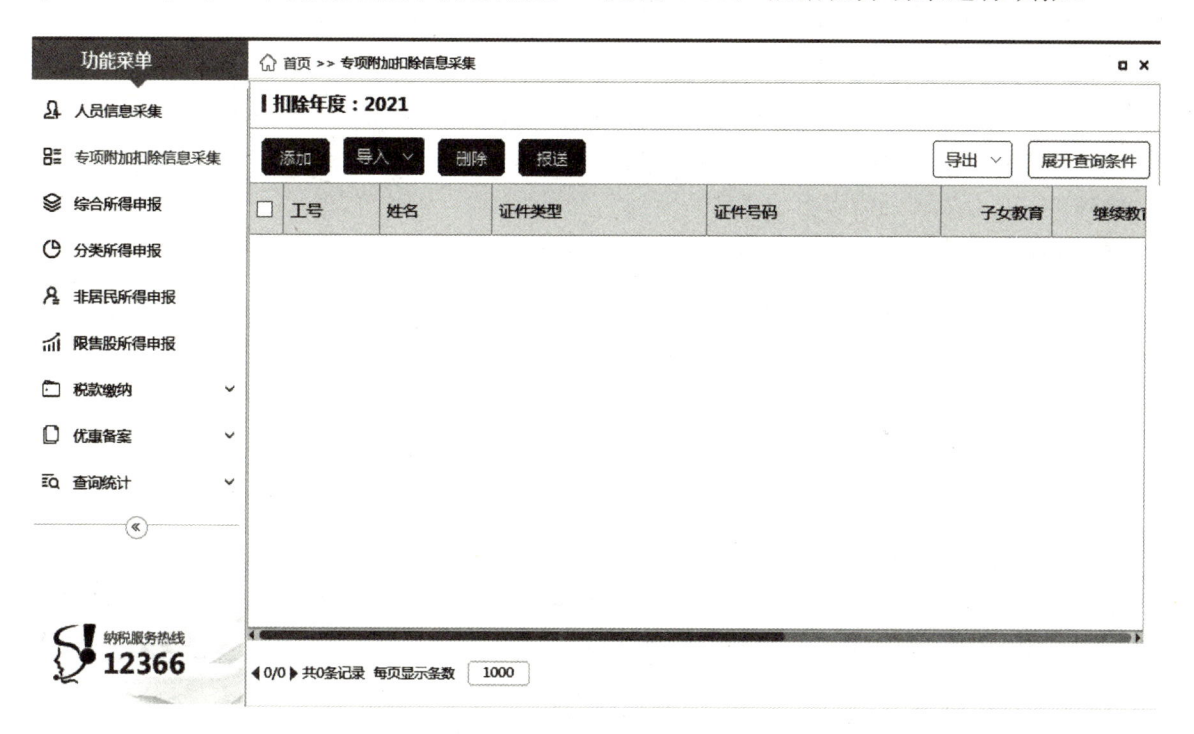

图 6-5　自然人税收管理系统专项附加扣除信息采集

步骤 3　单击"综合所得申报",再单击"正常工资薪金所得"右侧的"填写"按钮,如图 6-6 所示。

153

税费计算与智能申报

图 6-6 自然人税收管理系统综合所得申报

① 打开"正常工资薪金所得"界面，如图 6-7 所示。

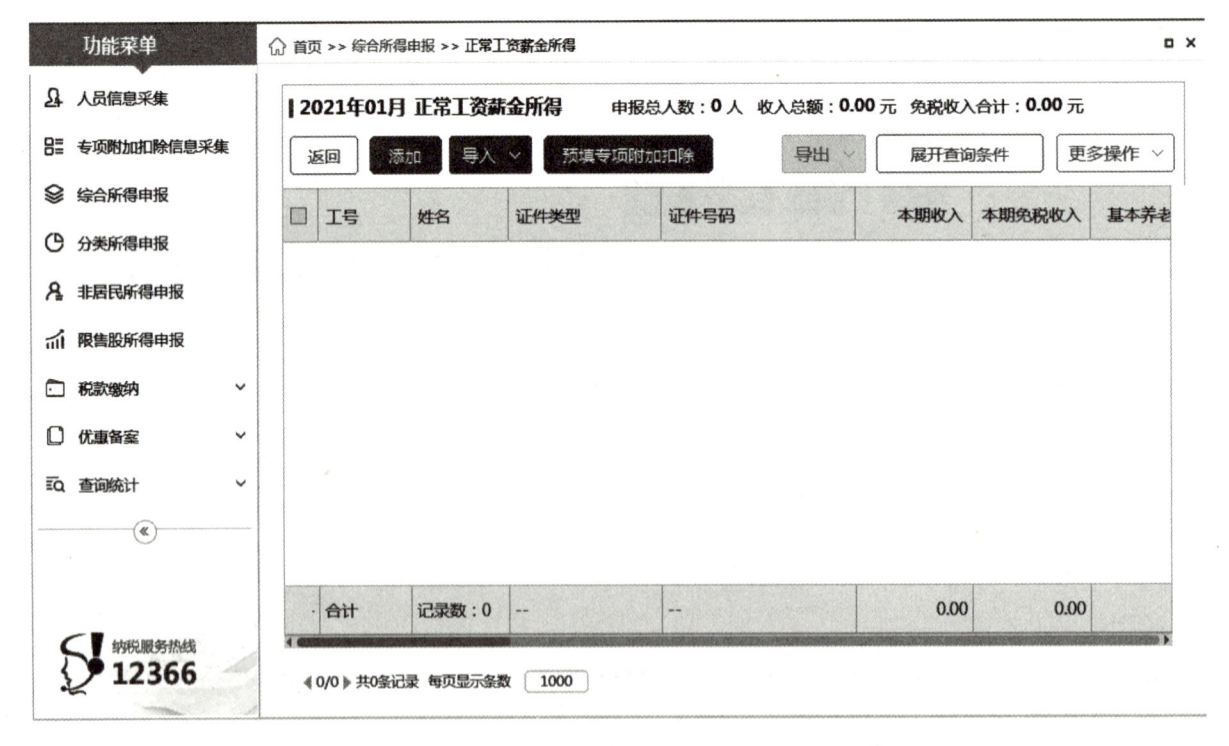

图 6-7 自然人税收管理系统正常工资薪金所得申报填写

② 新增正常工资薪金所得信息，如图 6-8 所示。也可以用标准模板导入方式导入工资——先下载模板，然后填好，导入即可。

单元六 个人所得税的计算与申报

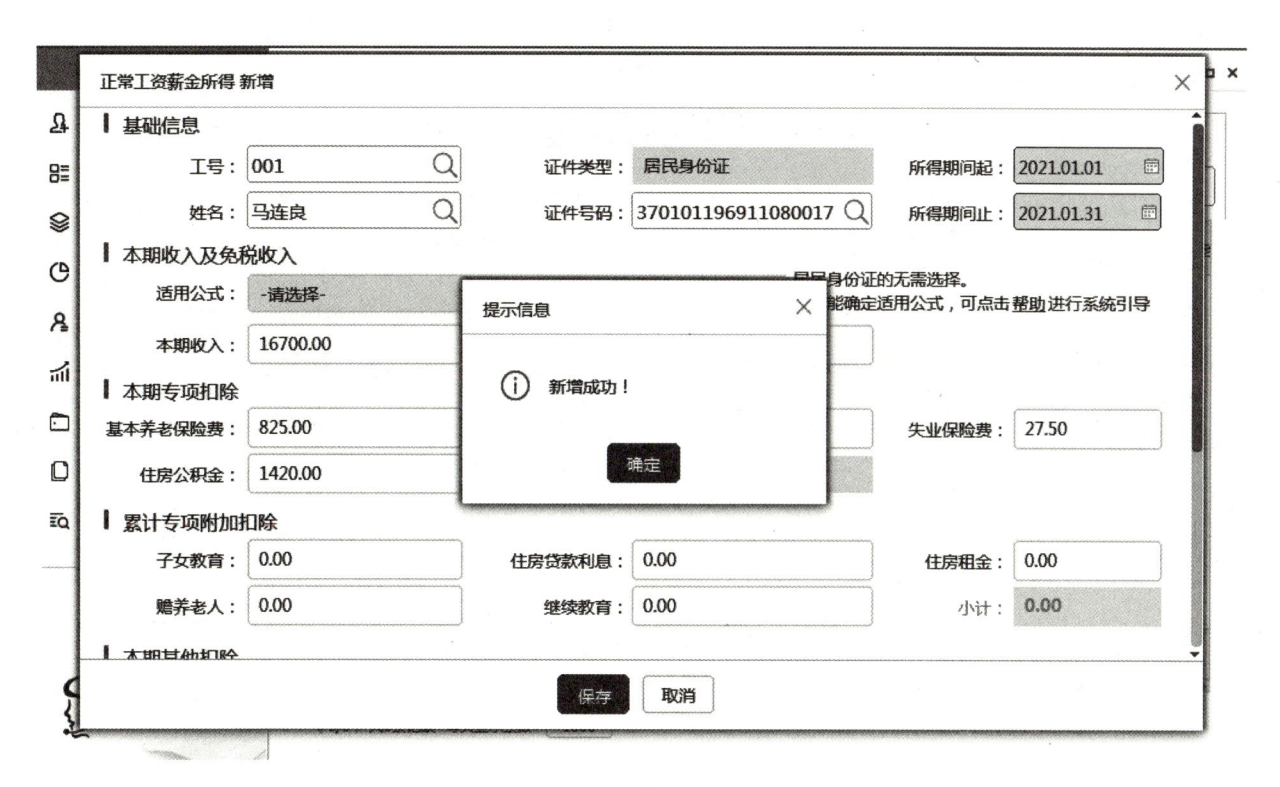

图 6-8 自然人税收管理系统正常工资薪金所得编辑

③ 所有需要填报的信息都填完后，单击"预填专项附加扣除"按钮，如图 6-9 所示。

图 6-9 自然人税收管理系统专项附加扣除信息预填

步骤 4 单击"税款计算"，如图 6-10 所示。

税费计算与智能申报

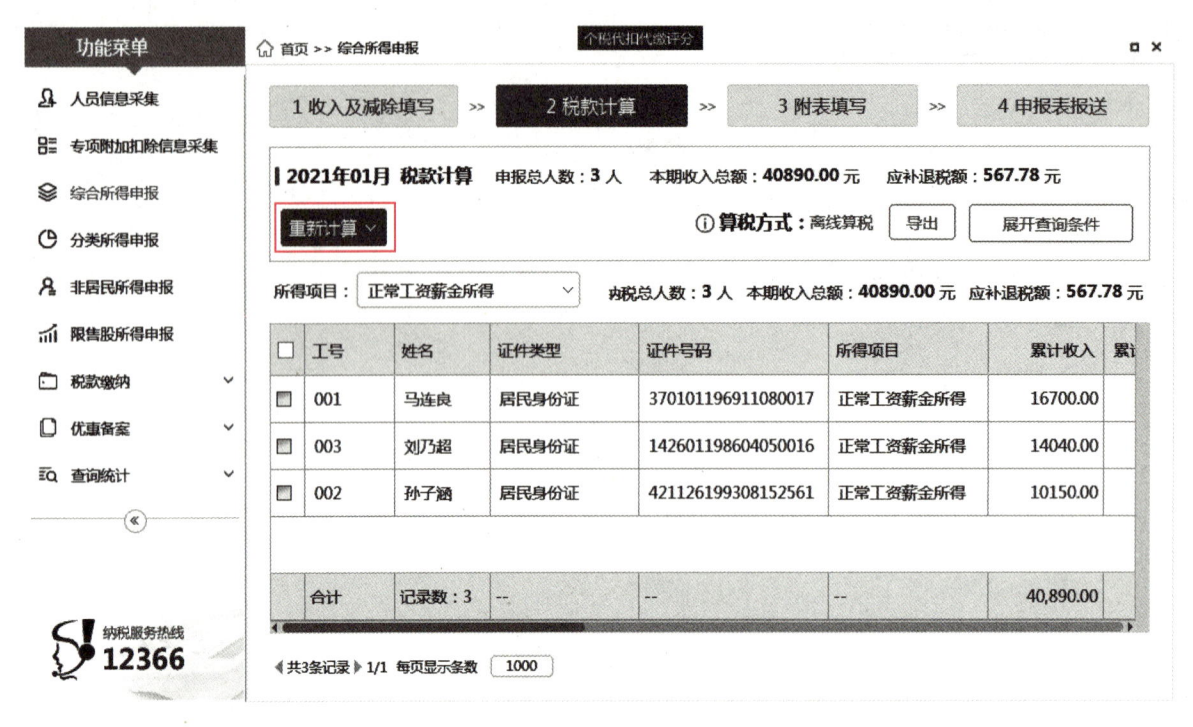

图 6-10　自然人税收管理系统税款计算

步骤 5　单击"附表填写",选择需要填写的附表,如"商业健康保险附表",单击"填写"按钮,如图 6-11 所示。

图 6-11　自然人税收管理系统附表填写

步骤 6　单击"申报表报送",再单击"发送申报"按钮,如图 6-12 所示。

156

单元六 个人所得税的计算与申报

图 6-12 自然人税收管理系统申报表报送

步骤 7 申报成功后，单击左侧的"税款缴纳"，如图 6-13 所示。

图 6-13 自然人税收管理系统税款缴纳

四、任务评价

请在表 6-21 中客观填写每一项工作任务的完成情况。

157

表 6-21　任务评价表

工作任务清单	完成情况
① 能够在智能税务平台上进行人员信息采集	
② 能够在智能税务平台上填写工资薪金所得表	
③ 能够进行个人所得税税额计算，审核无误后进行纳税申报	
④ 能够准确计算汇算清缴补退税金额	

思政栏目

藏富于民，增强百姓获得感

单元七

财产和行为税的计算与申报

↳ 思政目标

1. 培养认真仔细、一丝不苟的工作精神。
2. 培养耐心、细致、严谨的工作态度，成为受企业欢迎的人。
3. 树立专业自信，培养持之以恒、积极进取、自强不息的精神。
4. 培养吃苦耐劳、勇于挑战、永不言败、永远向上的精神。

↳ 知识目标

1. 理解城镇土地使用税、房产税、车船税、印花税的概念。
2. 掌握城镇土地使用税、房产税、车船税、印花税的征税范围、纳税人和税率。

↳ 技能目标

1. 能够正确计算城镇土地使用税、房产税、车船税、印花税的应纳税额。
2. 能够完成城镇土地使用税、房产税、车船税、印花税的纳税申报。

任务一　城镇土地使用税的计算与申报

一、任务情境

（一）任务场景

财务共享服务中心员工为完成北京子林文化有限公司（位于北京市西城区张利街）的城镇土地使用税纳税申报任务，查阅公司的国有土地使用证等文件。该公司当年新增占地面积为 78 000 平方米。其中，办公用地 45 000 平方米；厂办幼儿园用地 15 000 平方米；绿化用地（厂区内，不对外开放）18 000 平方米。当地规定的城镇土地使用税每平方米年税额为 12 元。

图解财产和行为税合并纳税

（二）任务布置

① 准确判断北京子林文化有限公司是否为城镇土地使用税纳税人。
② 准确判断城镇土地使用税的征税范围、计税依据。
③ 根据以上判断进行城镇土地使用税应纳税额的计算，并填写纳税申报表。

二、知识准备

《中华人民共和国城镇土地使用税暂行条例》（中华人民共和国国务院令第17号）于1988年9月27日发布，是为合理利用城镇土地、调节土地级差收入、提高土地使用效益、加强土地管理而制定的条例。该条例自1988年11月1日起施行，经4次修订，最新版本为2019年3月2日修订后的版本。

城镇土地税是以开征范围内的土地为征税对象，以实际占用的土地面积为计税依据，按规定税额对拥有土地使用权的单位和个人征收的一种税。

（一）城镇土地使用税的征税范围

城镇土地税的征税范围为城市、县城、建制镇和工矿区。其中，城市是指经国务院批准设立的市，其征税范围包括市区和郊区；县城是指县人民政府所在地，其征税范围为县人民政府所在地的城镇；建制镇是指经省、自治区、直辖市人民政府批准设立的，符合国务院规定的建制镇标准的镇，其征税范围一般为镇人民政府所在地；工矿区是指工商业比较发达、人口比较集中的大中型工矿企业所在地，工矿区的设立必须经省、自治区、直辖市人民政府批准。

（二）城镇土地使用税的纳税人

在城市、县城、建制镇、工矿区范围内使用土地的单位和个人，为城镇土地使用税的纳税人，应当依照规定缴纳城镇土地使用税。城镇土地使用税的纳税人通常包括以下几类。

① 拥有土地使用权的单位和个人。
② 土地使用权未确定或权属纠纷未解决的，其实际使用人为纳税人。
③ 土地使用权共有的，共有各方都是纳税人，由共有各方分别纳税。

土地使用权共有的，以共有各方实际占用土地的面积占总面积的比例，分别计算缴纳城镇土地使用税。

（三）城镇土地使用税的适用税额

城镇土地使用税实行分级幅度税额，按大、中、小城市和县城、建制县、工矿区分别规定每平方米城镇土地使用税年应纳税额。

大、中、小城市以公安部门登记在册的非农业正式户口人数为依据，按照国务院颁布的《城市规划条例》中规定的标准划分：人口在50万人以上者为大城市；人口在20万人至50

万人之间者为中等城市；人口在 20 万人以下者为小城市。城镇土地使用税的税率如表 7-1 所示。

表 7-1　城镇土地使用税税率

级　别	人　口	税　额
大城市	50 万人以上	每平方米 1.5 元～30 元
中等城市	20 万人～50 万人	每平方米 1.2 元～24 元
小城市	20 万人以下	每平方米 0.9 元～18 元
县城、建制镇、工矿区		每平方米 0.6 元～12 元

省、自治区、直辖市人民政府应当在税法规定的税额幅度内，根据市政建设状况、经济繁荣程度等条件，确定所辖地区的适用税额幅度。

市、县人民政府应当根据实际情况，将本地区土地划分为若干等级，在省、自治区、直辖市人民政府确定的税额幅度内，制定适用税额标准，报省、自治区、直辖市人民政府批准执行。

（四）城镇土地使用税的计税依据

城镇土地使用税以纳税人实际占用的土地面积为计税依据。纳税人实际占用的土地面积按下列办法确定。

① 由省（自治区、直辖市）人民政府确定的单位组织测定土地面积的，以测定的面积为准。

② 尚未组织测量，但纳税人持有政府部门核发的土地使用证书的，以证书确认的土地面积为准。

③ 尚未核发土地使用证书的，应由纳税人据实申报土地面积并据以纳税，待核发土地使用证书以后再做调整。

④ 自 2009 年 12 月 1 日起，对地下建筑用地暂按应征税款的 50% 征收城镇土地使用税。对在城镇土地使用税征税范围内单独建造的地下建筑用地，按规定征收城镇土地使用税。其中，已取得地下土地使用证书的，按土地使用证书确认的土地面积计算应征税额；未取得地下土地使用证书或地下土地使用证书上未标明土地面积的，按地下建筑垂直投影面积计算应征税款。

纳税人因房产、土地的实物或权利状态发生变化而依法终止城镇土地使用税纳税义务的，其应纳税款的计算应截止到土地的实物或权利状态发生变化的当月末。

（五）城镇土地使用税应纳税额的计算

城镇土地使用税应纳税额依据纳税人实际占用应税土地面积和适用单位税额计算。其计算公式为：

$$应纳税额 = 计税土地面积（平方米） \times 适用税率$$

根据任务场景，北京子林文化有限公司应纳城镇土地使用税税额如下。

该公司应税面积＝45 000＋18 000＝63 000（平方米）

应纳城镇土地使用税税额＝(45 000＋15 000)×0.8＝48 000（元）

（六）城镇土地使用税的优惠政策

① 国家机关、人民团体、军队自用的土地（仅指这些单位的办公用地和公务用地），免征城镇土地使用税。

② 由国家财政部门拨付事业经费的单位自用的土地（这是指单位本身的业务用地，如学校的教学楼、操场、食堂等占用的土地），免征城镇土地使用税。

③ 宗教寺庙、公园、名胜古迹自用的土地，免征城镇土地使用税（自用是指举行宗教仪式等的用地和寺庙内宗教人员的生活用地；公园、名胜古迹中供公共参观游览的用地及其管理单位的办公用地，不包括公园、名胜古迹中附设的营业单位、影剧院、饮食部、茶社、照相馆、索道公司等经营用地）。

④ 市政街道、广场、绿化地带等公共用地，免征城镇土地使用税。

⑤ 直接用于农、林、牧、渔业的生产用地（这是指直接用于种植养殖、饲养的专业用地，不包括农副产品加工场地和生活办公用地），免征城镇土地使用税。

⑥ 自行开山填海整治的土地和改造的废弃土地，从使用的月份起免缴城镇土地使用税5年至10年。

⑦ 对石油、天然气生产建设中用于地质勘探井下作业、油气田地面工程等施工临时用地，暂免征收城镇土地使用税。由财政部另行规定免税的能源、交通、水利设施用地和其他用地，免征城镇土地使用税。

⑧ 对机场飞行区（包括跑道、滑行道、停机坪、安全带、夜航灯光区）用地、场内外通信导航设施用地和飞行区四周排水防洪设施用地，免征城镇土地使用税。机场道路中的场外道路用地免征城镇土地使用税；场内道路用地依照规定征收城镇土地使用税。

⑨ 对盐场的盐滩、盐矿的矿井用地，暂免征城镇土地使用税。

⑩ 自2019年1月1日至2023年12月31日，对国家级、省级科技企业孵化器、大学科技园和国家备案众创空间自用及无偿或通过出租等方式提供给在孵对象使用的土地，免征城镇土地使用税。

（七）城镇土地使用税的征收管理

1. 城镇土地使用税的纳税义务发生时间

① 纳税人购置新建商品房的，自房屋交付使用的次月起，计征城镇土地使用税。

② 纳税人购置存量房的，自办理房屋权属转移、变更登记手续，房地产权属登记机关签发房屋权属证书的次月起，计征城镇土地使用税。

③ 纳税人出租、出借房产的，自交付出租、出借房产的次月起，计征城镇土地使

用税。

④ 以出让或转让方式有偿取得土地使用权的，应由受让方从合同约定交付土地时间的次月起缴纳城镇土地使用税；合同未约定交付土地时间的，由受让方从合同签订的次月起缴纳城镇土地使用税。

⑤ 纳税人新征用的耕地，自批准征用之日起满一年时开始缴纳土地使用税。

⑥ 纳税人新征用的非耕地，自批准征用的次月起缴纳土地使用税。

2. 城镇土地使用税的纳税地点

城镇土地使用税的纳税地点为土地所在地，由土地所在地的税务机关负责征收。纳税人使用的土地不属于同一省（自治区、直辖市）管辖的，由纳税人分别向土地所在地的税务机关申报缴纳；在同一省（自治区、直辖市）管辖范围内的，纳税人跨地区使用的土地，由各省（自治区、直辖市）税务局确定纳税地点。

3. 城镇土地使用税的纳税期限

城镇土地使用税实行按年计算、分期缴纳的征收方法，具体纳税期限由省（自治区、直辖市）人民政府确定。目前，各地一般规定为每个季度缴纳一次或半年缴纳一次，每次征期15天或1个月。

三、任务实施

（一）任务流程

城镇土地使用税申报流程如图7-1所示。

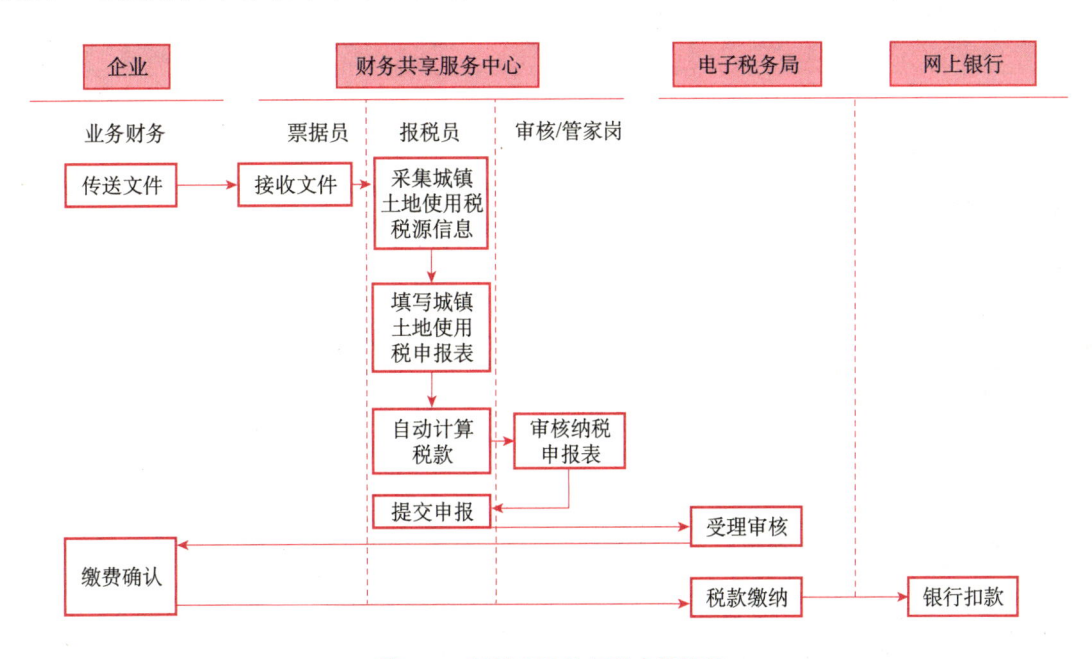

图7-1 城镇土地使用税申报流程

（二）任务操作

根据任务场景，北京子林文化有限公司相关任务分析如下。

由于北京子林文化有限公司拥有城镇土地使用权，因此是城镇土地使用税的纳税人。

该公司坐落于北京市海淀区，办公用地和不对外开放的绿化用地属于征收范围，厂办幼儿园免征城镇土地使用税。其计税依据为 63 000（45 000＋18 000）平方米；应纳城镇土地使用税税额＝(45 000＋18 000)×12＝756 000（元）。

1. 登录并采集城镇土地使用税税源信息

步骤 1　登录国家税务总局北京市电子税务局，如图 7-2 所示。单击"我要办税"下方的"税费申报及缴纳"，如图 7-3 所示。单击左侧"申报清册"下方的"按期应申报"，如图 7-4 所示。

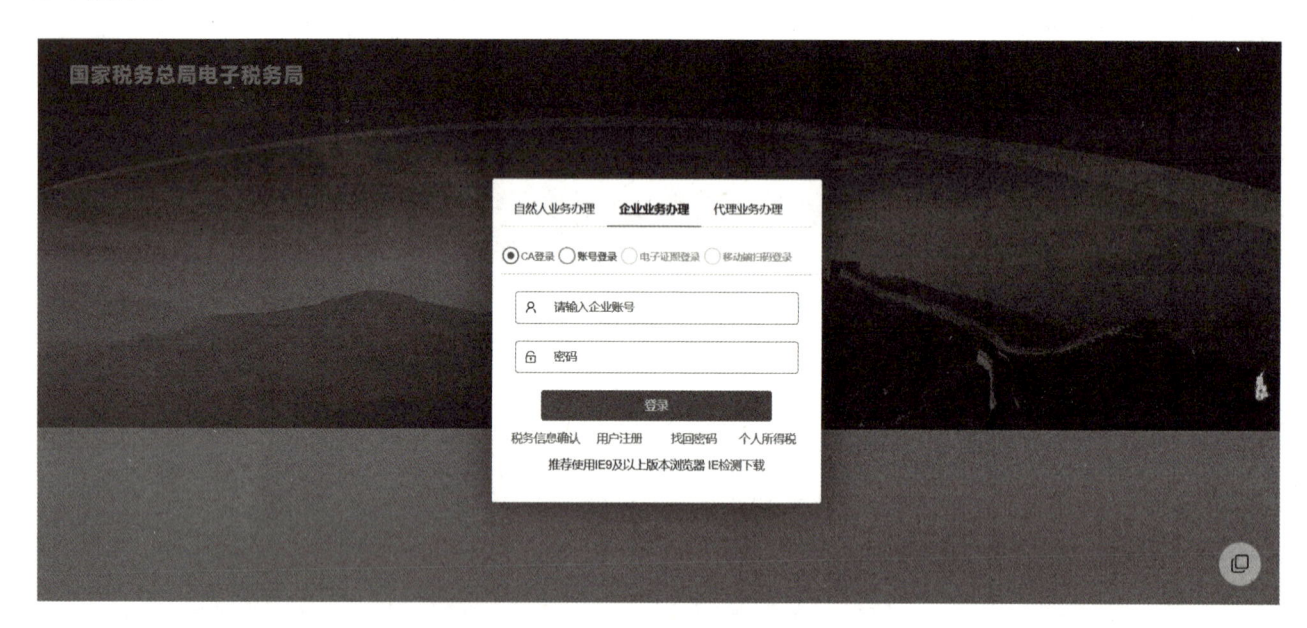

图 7-2　登录国家税务总局北京市电子税务局

图 7-3　单击"税费申报及缴纳"

单元七　财产和行为税的计算与申报

图 7-4　单击"按应期申报"

步骤 2　单击"财产和行为税合并申报"右侧的"填写申报表"按钮。首次申报时需要进行税源信息采集，在"财产和行为税税源采集"右侧单击"申报"按钮，如图 7-5 所示。

图 7-5　财产和行为税税源采集

提示

税源信息发生变化时，更新维护数据；税源信息没有变化的，可以直接进行申报。

步骤 3　在"财产和行为税纳税申报税源采集"界面，单击"城镇土地使用税"右侧的"税源采集"按钮，如图 7-6 所示。

图 7-6　城镇土地使用税税源采集

税费计算与智能申报

步骤4 单击界面下方的"新增"按钮，到"城镇土地使用税基础信息"界面依次填写相关的数据，如图7-7和图7-8所示。然后单击"保存"按钮。

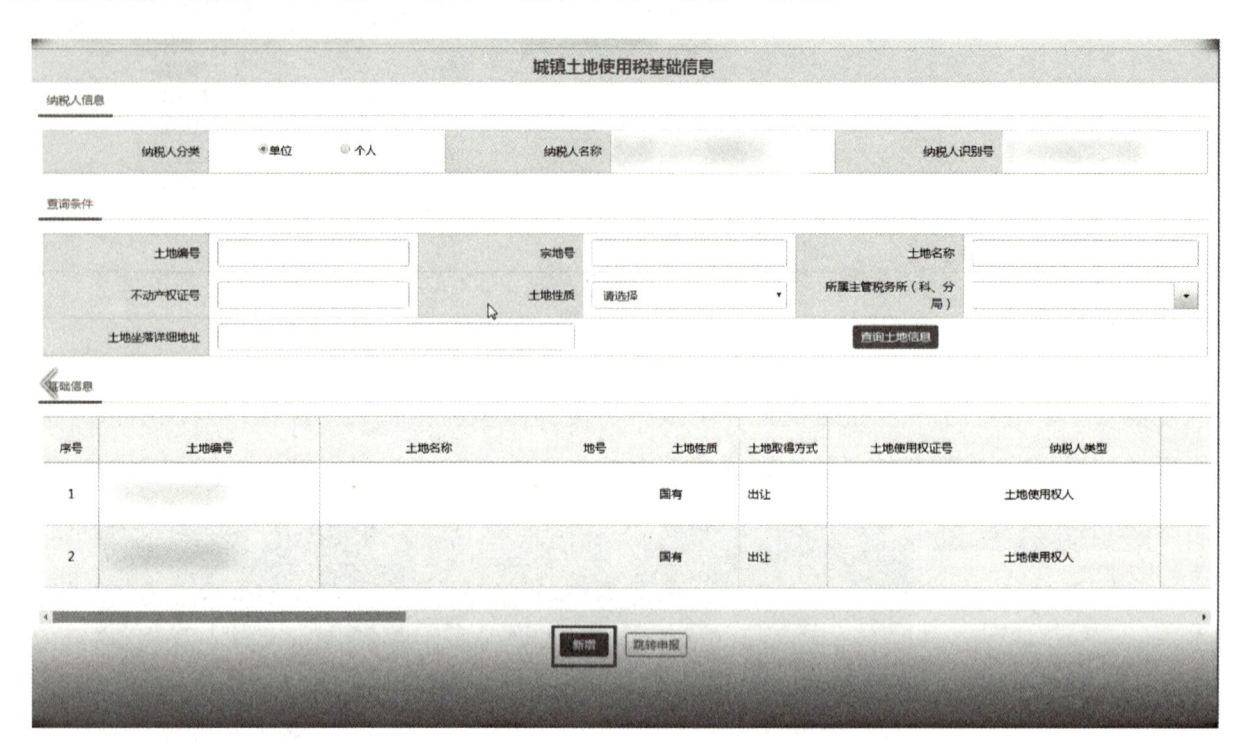

图7-7 新增城镇土地使用税基本信息

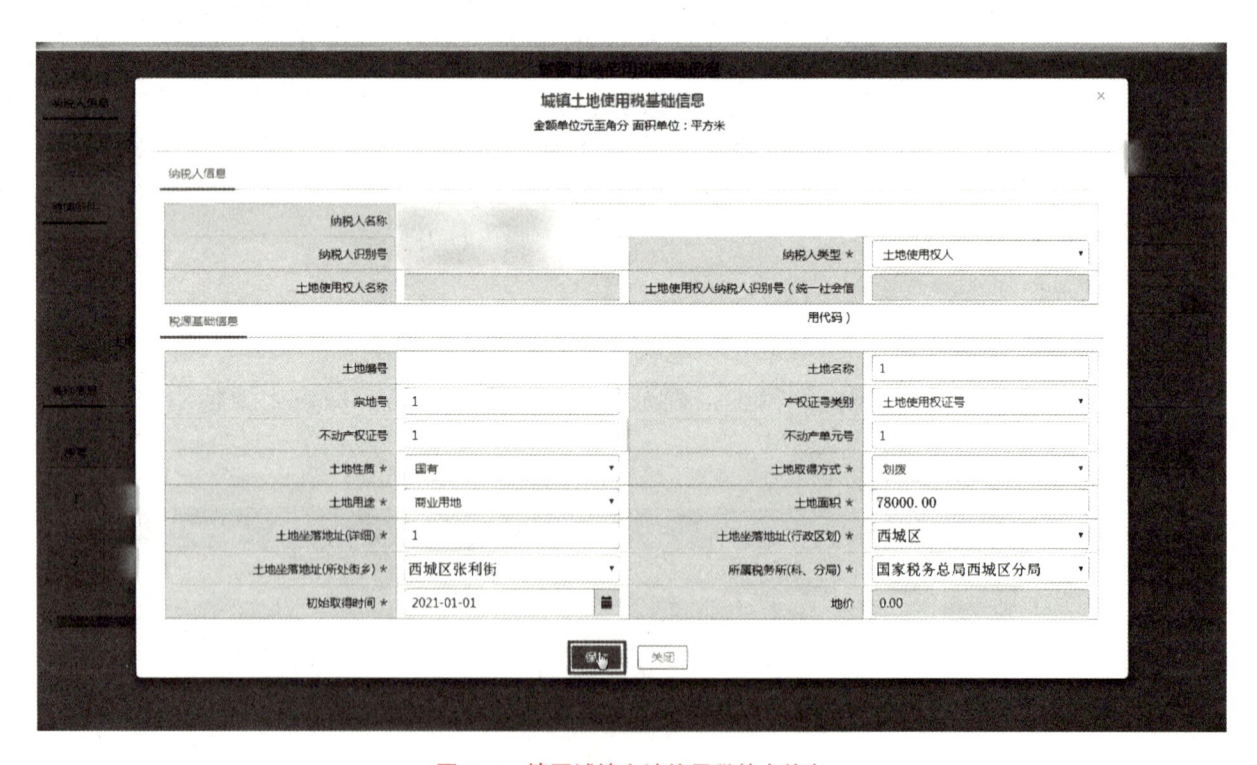

图7-8 填写城镇土地使用税基本信息

步骤5 系统提示"是否维护应税明细信息"，单击"确定"按钮，如图7-9所示。

单元七　财产和行为税的计算与申报

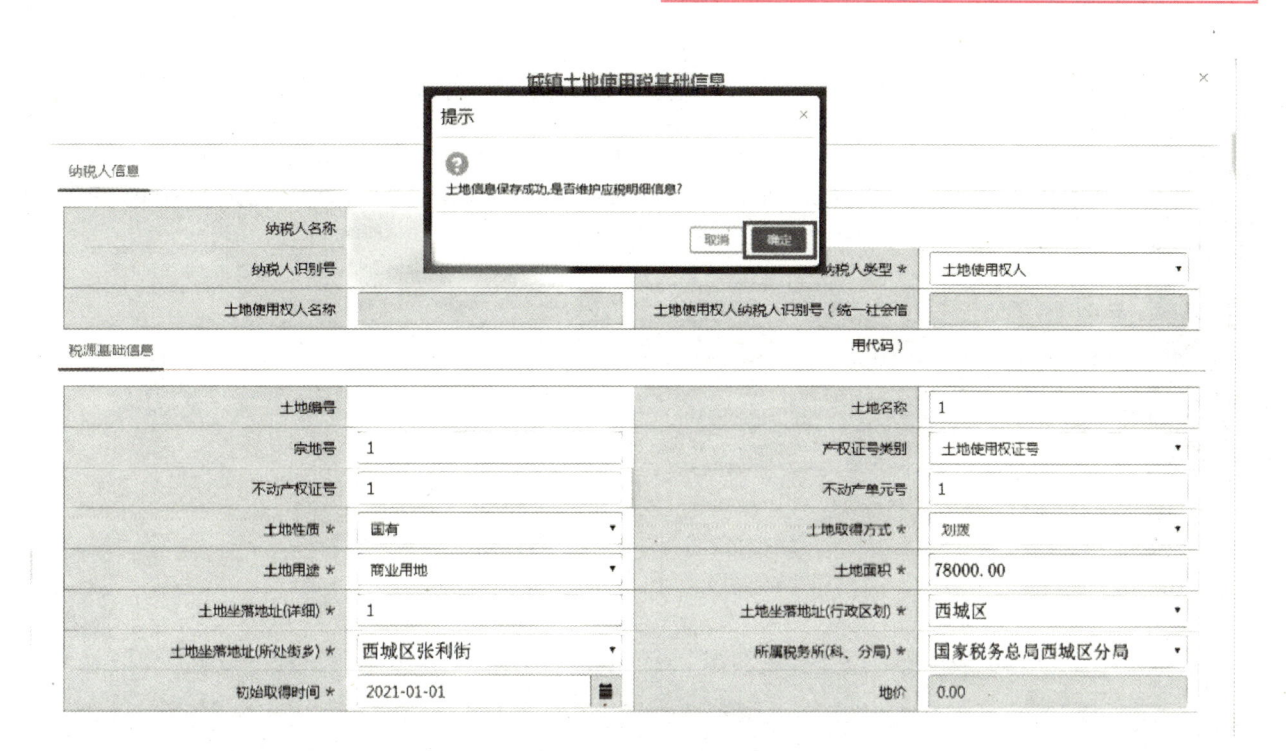

图 7-9　确定维护应税明细信息

步骤 6　在"应税信息维护"界面，选择土地等级等信息，如图 7-10 所示。

图 7-10　选择土地等级等信息

步骤 7　单击"新增"按钮，选择相应的减免税性质代码，如图 7-11 所示。单击界面上方的"保存"按钮，显示"保存成功"，信息采集完毕。

167

税费计算与智能申报

图 7-11 减免信息采集

2. 填写城镇土地使用税纳税申报表

步骤 1　税源信息维护完成之后，返回主界面，单击"财产和行为税纳税申报"右侧的"申报"按钮（见图 7-12），进入"财产和行为税纳税申报"界面。

图 7-12　财产和行为税纳税申报

步骤 2　在下面的"待申报税种"区域，选中"城镇土地使用税"前面的方框，单击页面下方的"申报"按钮，如图 7-13 所示。

单元七 财产和行为税的计算与申报

图 7-13 申报城镇土地使用税

3. 自动计算税款，审核无误后申报

系统根据之前的申报信息，自动生成"财产和行为税纳税申报表"，如图 7-14 所示。核对相关数据项是否准确无误，核对完毕后单击"申报"按钮，即可成功申报。

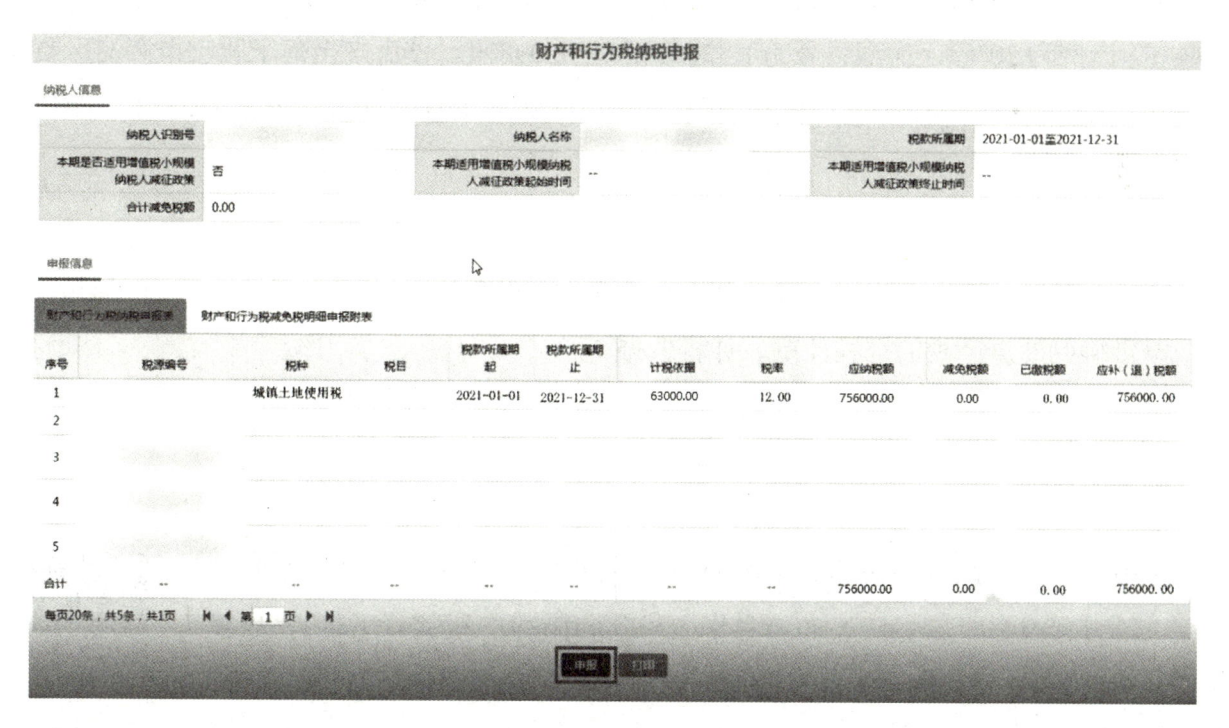

图 7-14 财产和行为税纳税申报表

169

四、任务评价

请在表 7-2 中客观填写每一项工作任务的完成情况。

表 7-2　任务评价表

工作任务清单	完成情况
①城镇土地使用税政策的相关规定	
②城镇土地使用税的计算	
③在智能税务平台上进行城镇土地使用税纳税申报，并缴纳税款	

任务二　房产税的计算与申报

一、任务情境

（一）任务场景

北京中益商贸有限公司（纳税人识别号 91110108MA005AGH0G）2021 年度拥有办公用房一处，该房产原值为 3 000 万元。按照当地的规定，房产税按半年进行纳税申报（房产原值的扣除比例为 30%），房源编号为 H370700020136209874。该房产坐落于北京市海淀区嘉园一里 1 号院。财务共享服务中心报税员李子健于 2022 年 1 月 8 日对该公司 2021 年下半年的房产税进行纳税申报。

（二）任务布置

① 准确判断北京中益商贸有限公司是否为房产税纳税人。
② 准确判断房产税的征税范围、计税依据。
③ 根据以上判断进行房产税应纳税额的计算，并填写纳税申报表。

二、知识准备

1950 年 1 月，政务院公布《全国税政实施要则》，规定全国统一征收房产税。1986 年 9 月，国务院发布《中华人民共和国房产税暂行条例》，条例自 1986 年 10 月 1 日起施行。2011 年 1 月，《中华人民共和国房产税暂行条例》进行了修订。

房产税是以房产为征税对象，按房屋的计税余值或租金收入为计税依据，向房屋产权所有人征收的一种财产税。

（一）房产税的征税范围

房产税以房产为征税对象，在城市、县城、建制镇和工矿区征收。它包括以下3层含义。

① 房产以房屋形态存在，独立于房屋之外的建筑物，如围墙、暖房、水塔、烟囱、室外游泳池等不属于房产。

② 城市郊区、农村的房屋不属于房产税的征税范围。

③ 这里的"房产"被用来进行商业服务、生产经营（办公）等各类经营性活动。国家机关、人民团体、军队等单位不属于经济营利性组织，其自用的房产不属于房产税的征税范围。但是，如果上述单位的房产用于出租从事经营活动，就属于房产税的征税范围。同样，个人的住宅自用的不征收房产税，但是如果用于出租经营，就属于房产税的征税范围。

（二）房产税的纳税人

《中华人民共和国房产税暂行条例》规定，房产税由产权所有人缴纳。其中：

① 产权属于国家所有的，由经营管理单位纳税；产权属于集体和个人所有的，由集体单位和个人纳税。

② 产权出典的，由承典人纳税。

③ 产权所有人、承典人不在房屋所在地的，或者产权未确定及租典纠纷未解决的，由房产代管人或使用人纳税。

（三）房产税的计税依据和税率

房产税的计税依据是房产的计税余值或房产的租金收入。按照房产计税余值征税的，称为从价计征；按照房产租金收入征税的，称为从租计征。

① 从价计征的计税依据为按房产原值一次减除10%～30%后的余值（扣除比例由省、自治区、直辖市人民政府确定），计征的适用税率为1.2%。

② 从租计征的计税依据为租金收入（包括实物收入和货币收入）。如果以劳务或其他形式为报酬抵付房租收入，则应根据当地同类房产的租金水平确定一个标准租金额，计征的税率为12%。自2008年3月1日起，对个人出租住房，不区分用途，按4%的税率征收房产税。

（四）房产税的优惠政策

目前，房产税的税收优惠政策主要有以下几项。

① 国家机关、人民团体、军队自用的房产免征房产税。自用是指这些单位本身的办公用房和公务用房。

② 由国家财政部门拨付事业经费的事业单位，无论是实行全额还是差额预算管理，本身业务范围内使用的房产免征房产税。但是当其经费来源实行自收自支后，应征收房产税。

③ 宗教寺庙、公园、名胜古迹自用的房产免征房产税。但宗教寺庙、公园、名胜古迹

中附设的营业单位，如影剧院、饮食部、茶社、照相馆等所使用的房产及出租的房产，不属于免税范围，应照章纳税。

④ 个人所有非营业用的房产免征房产税。对个人拥有的营业用房或出租等非自用的房产，应按照规定征收房产税。

⑤ 经财政部批准免税的其他房产。

⑥ 自2019年1月1日至2023年12月31日，对国家级、省级科技企业孵化器、大学科技园和国家备案众创空间自用及无偿或通过出租等方式提供给在孵对象使用的房产，免征房产税。

⑦ 自2019年1月1日至2023年12月31日，对高校学生公寓免征房产税。

⑧ 自2019年1月1日至2023年12月31日，对农产品批发市场、农贸市场（包括自有和承租，下同）专门用于经营农产品的房产、土地，暂免征收房产税；对同时经营其他产品的农产品批发市场和农贸市场使用的房产、土地，按其他产品与农产品交易场地面积的比例确定免征房产税。

（五）房产税应纳税额的计算

1. 从价计征房产税

其计算公式为：

$$全年应纳税额 = 应税房产原值 \times (1 - 扣除比例) \times 1.2\%$$

2. 从租计征房产税

其计算公式为：

$$应纳税额 = 不含增值税租金收入 \times 12\%（或4\%）$$

根据任务场景，北京中益商贸有限公司应纳房产税税额如下。

该公司下半年度应缴纳的房产税税额 = 3 000×(1-30%)×1.2%÷2 = 12.6（万元）

（六）房产税的征收管理

1. 房产税的纳税义务发生时间

① 纳税人将原有房产用于生产经营，从生产经营之月起计征房产税。

② 纳税人自行新建房屋用于生产经营，从建成的次月起计征房产税。

③ 纳税人委托施工企业建设的房屋，从办理验收手续的次月起计征房产税。

④ 纳税人购置新建商品房，自房屋交付使用的次月起计征房产税。

⑤ 纳税人购置存量房，自办理房屋权属转移、变更登记手续，房地产权属登记机关签发房屋权属证书的次月起计征房产税。

⑥ 纳税人出租、出借房产，自交付出租、出借房产的次月起计征房产税。

⑦ 房地产开发企业自用、出租、出借自建商品房，自房屋使用或交付的次月起计征房产税。

⑧ 自 2009 年起，因房产的实物或权利状态发生变化，而依法终止房产税纳税义务的，其应纳税款的计算应截止到房产的实物或权利状态发生变化的当月末。

2. 房产税的纳税地点

房产税在房产所在地缴纳；房产不在同一地方的纳税人，应按房产的坐落地点分别向房产所在地的税务机关纳税。

3. 房产税的纳税期限

房产税实行按年计算、分期缴纳的征收方法，具体纳税期限由省、自治区、直辖市人民政府确定。一般按季度或半年缴纳。

三、任务实施

（一）任务流程

房产税申报流程如图 7-15 所示。

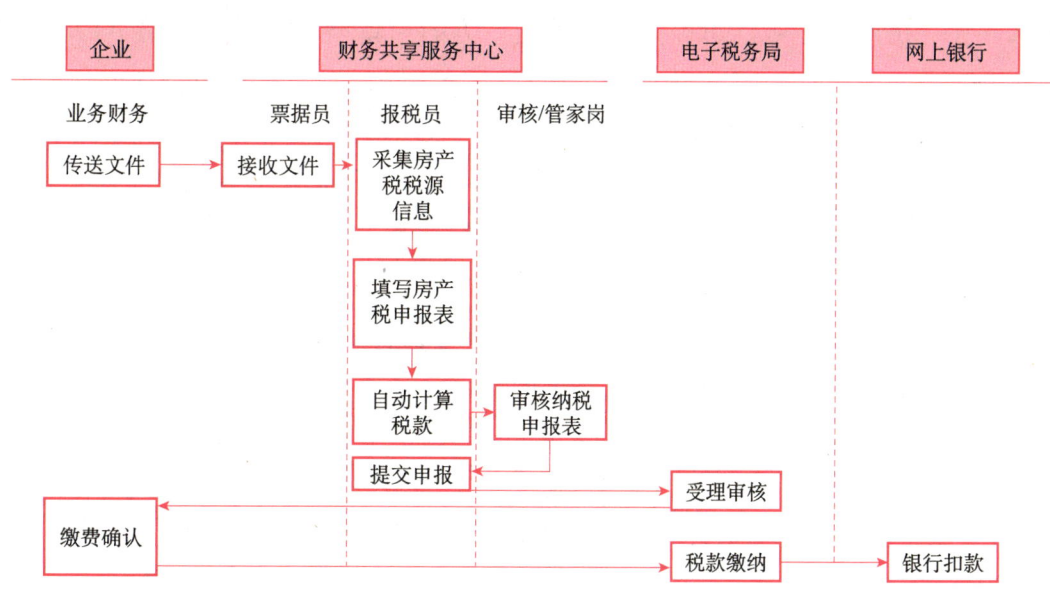

图 7-15 房产税申报流程

（二）任务操作

根据任务场景，北京中益商贸有限公司相关任务分析如下。

北京中益商贸有限公司位于北京市海淀区，其房产属于经营所用，应缴纳房产税。其计税依据为 2 100[3 000×(1－30%)] 万元。

1. 登录并采集房产税税源信息

步骤 1 登录国家税务总局北京市电子税务局，单击"我要办税"下方的"税费申报及缴纳"，再单击"申报清册"下方的"按期应申报"。

步骤 2 单击"财产和行为税合并申报"右侧的"填写申报表"按钮。首次申报时，需要进行税源信息采集，单击"财产和行为税税源采集"右侧的"申报"按钮。

税费计算与智能申报

步骤3　在"财产和行为税纳税申报税源采集"界面,单击"房产税"右侧的"税源采集"按钮,如图7-16所示。

图7-16　房产税税源采集

步骤4　在"房产税基础信息"界面,单击下方的"新增"按钮,如图7-17所示。依次输入相关的必填项,如果其对应的土地已经采集土地税源,则可单击"查询"按钮,选择相关土地税源必填项,如图7-18所示。

图7-17　房产税基础信息

174

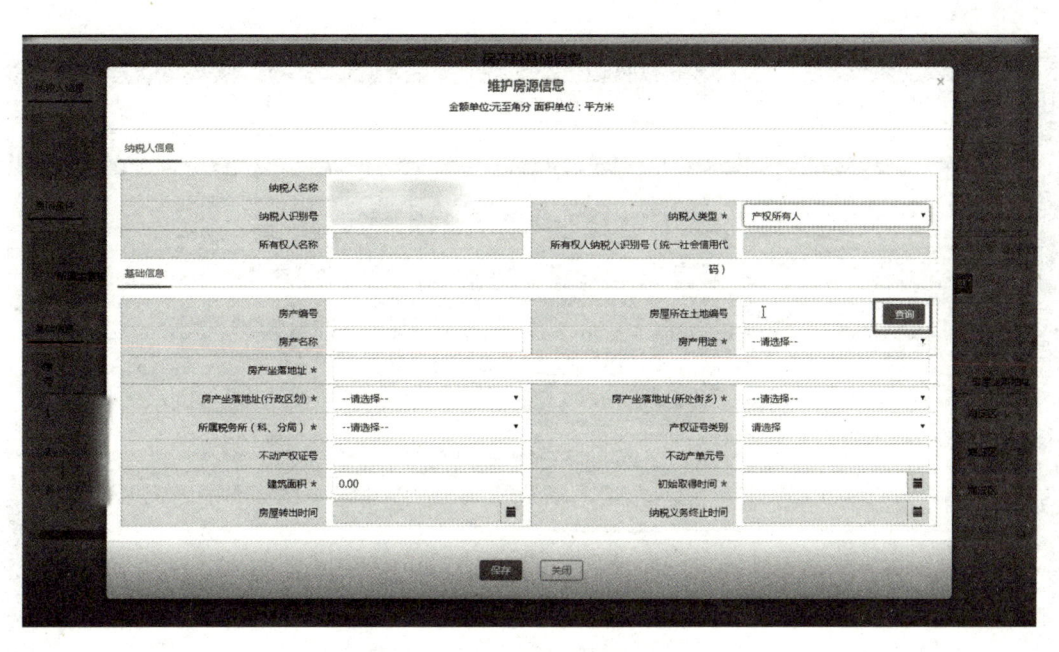

图 7-18　维护房源信息

步骤 5　填写完毕之后单击"保存"按钮，系统提示是否维护明细信息，如图 7-19 所示。单击"确定"按钮，跳转到"维护明细信息"界面，如图 7-20 所示。在此界面设置"房产原值"等项目。如果该房源有减免信息，则可以单击右下方的"增加"按钮，选择相应的减免性质代码，如图 7-21 所示。然后单击"保存"按钮。

图 7-19　确定维护明细信息

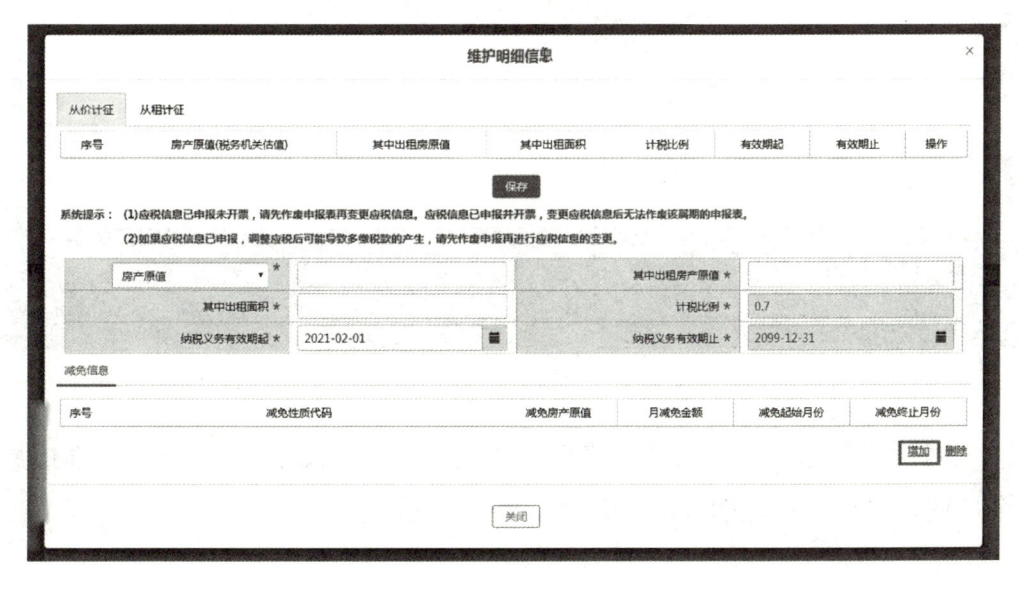

图 7-20　维护明细信息

税费计算与智能申报

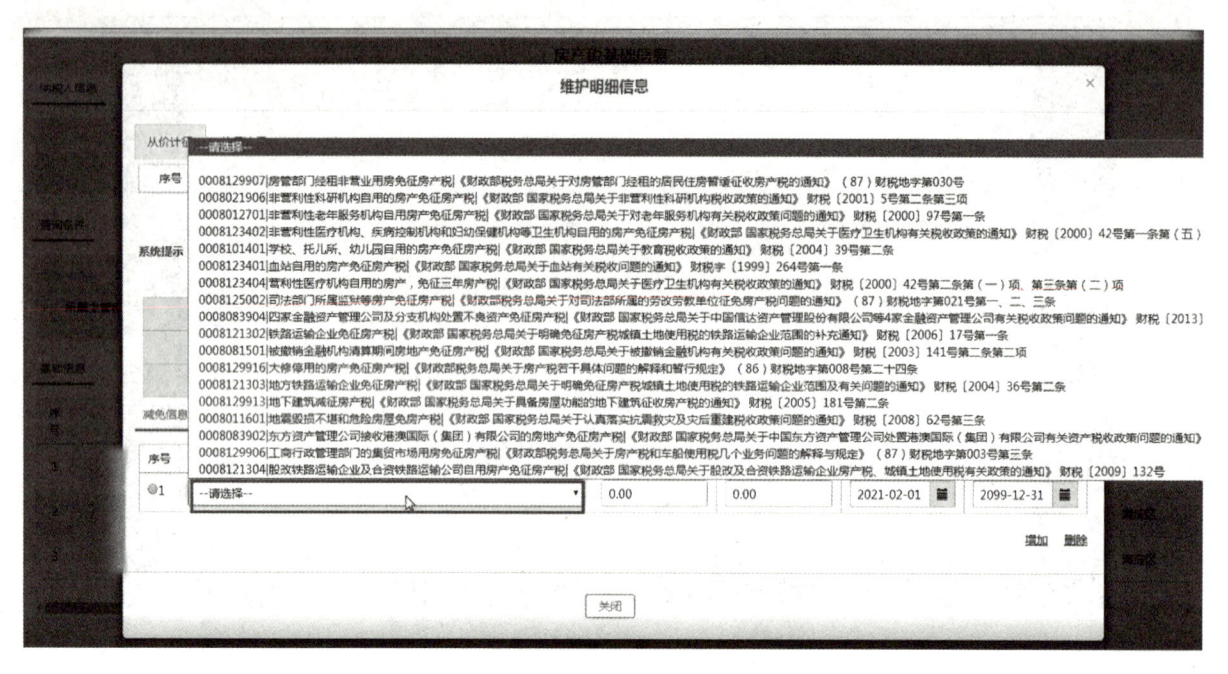

图 7-21 选择相应的减免性质代码

步骤 6 "从租计征"情况下,单击"新增"按钮,输入相关数据项和租赁起止日期,减免性质代码的处理与"从价计征"相同。填写完毕之后单击"保存"按钮,如图 7-22 所示。

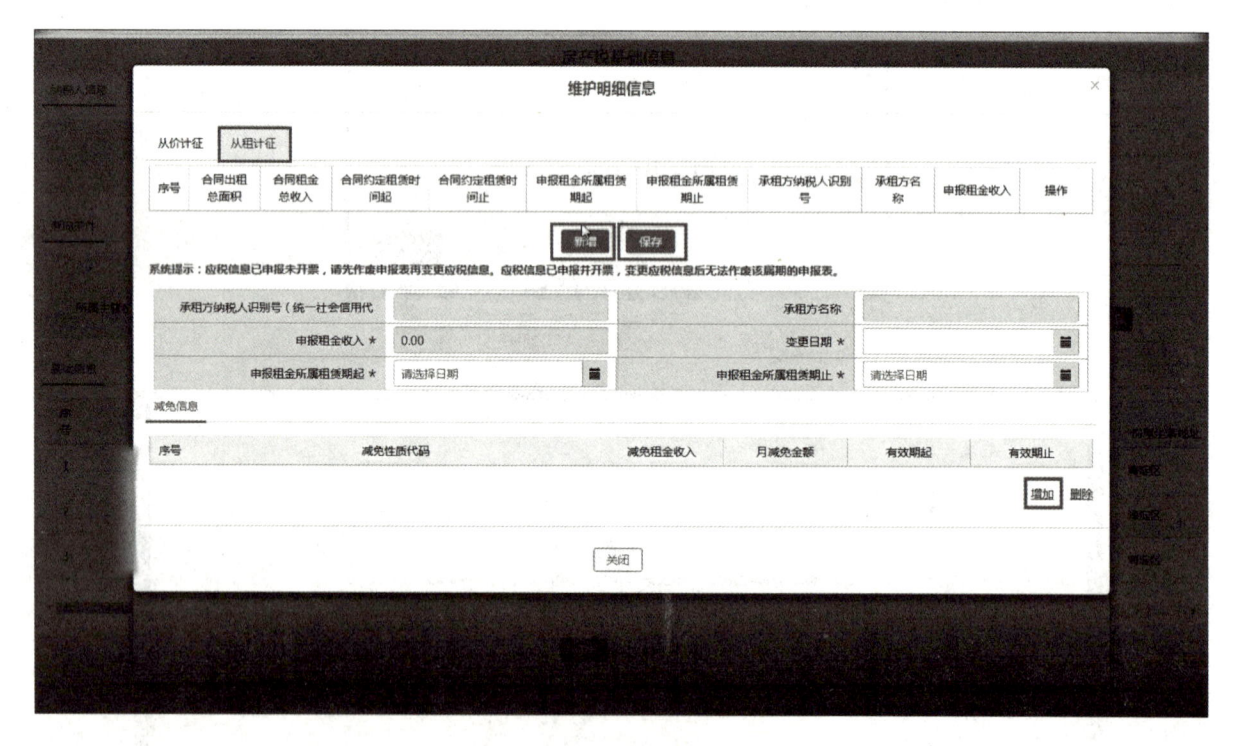

图 7-22 从租计征数据设置

步骤 7 回到主界面,在房源基础信息右侧有"维护房源信息""维护明细信息""删除房源"3 个按钮,可进行房源的维护和删除,如图 7-23 所示。

单元七 财产和行为税的计算与申报

图 7-23 房源的维护和删除

2. 填写房产税纳税申报表

步骤 1 税源信息维护完成之后，回到主界面，单击"财产和行为税纳税申报"右侧的"申报"按钮，如图 7-24 所示。进入财产和行为税纳税申报界面。

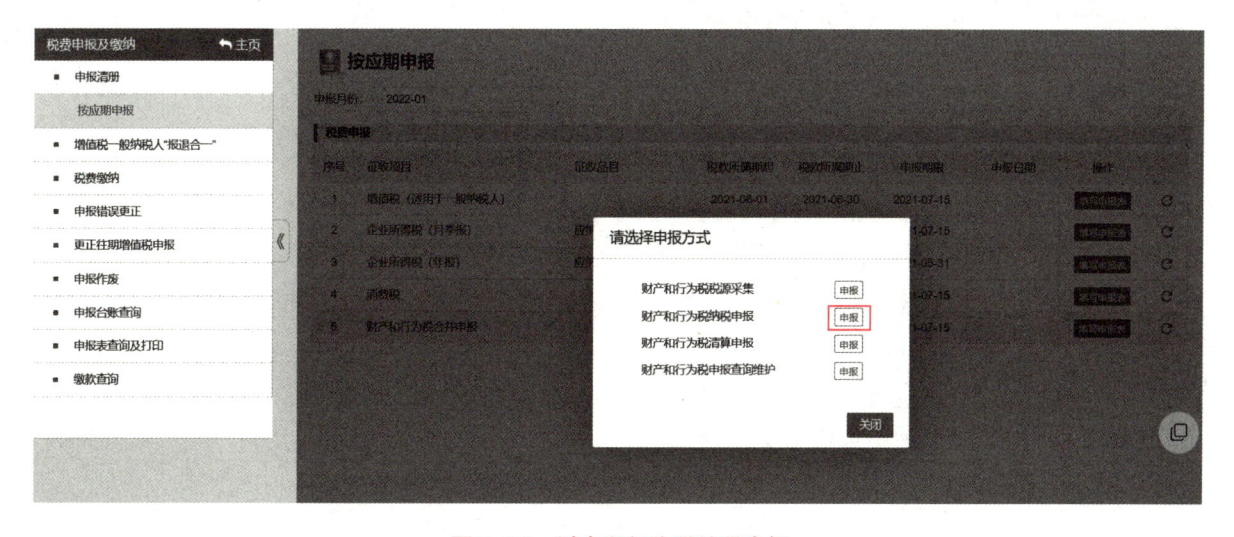

图 7-24 财产和行为税纳税申报

步骤 2 在下面的"待申报税种"区域，选中"房产税"前面的方框，单击界面下方的"申报"按钮，如图 7-25 所示。

177

税费计算与智能申报

图 7-25 选中"房产税"进行申报

3. 自动计算税款，审核无误后申报

系统根据之前的申报信息，自动生成财产和行为税纳税申报表。核对相关数据项是否准确无误，核对完毕后单击"申报"按钮，即可申报成功。

四、任务评价

请在表 7-3 中客观填写每一项工作任务的完成情况。

表 7-3 任务评价表

工作任务清单	完成情况
① 房产税政策的相关规定	
② 房产税的计算	
③ 在智能税务平台上进行房产税纳税申报，并缴纳税款	

任务三　车船税的计算与申报

一、任务情境

（一）任务场景

北京中益商贸有限公司（纳税人识别号 91110108MA005AGH0G）2022 年拥有 2 辆乘

178

用汽车，第 1 辆的车辆识别代号（车架号码）为 ABCD1232565001232，发动机气缸容量为 1.5 升，载客人数为 4 人；第 2 辆的车辆识别代号（车架号码）为 ABCD1232565006011，发动机气缸容量为 1.8 升，载客人数为 4 人。按照当地规定，每年年初申报缴纳当年全年的车船税（一般情况下，纳税人在购买交强险时，由扣缴义务人代收代缴车船税，但本任务是特殊情况，即纳税人自行申报缴纳车船税）。车船税税率为：发动机气缸容量为 1.0 升至 1.6 升（含）的，载客人数 9 人（含）以下的，年基准税额 420 元（减征后为 350 元）；1.6 升至 2.0 升（含）的载客为数 9 人（含）以下的乘用车每辆年基准税额维持 480 元（减征后为 400 元）。共享中心报税员李子健于 2022 年 1 月 10 日对 2022 年度的车船税进行纳税申报。

（二）任务布置

① 准确判断北京中益商贸有限公司是否为车船税纳税人。
② 准确判断车船税的征税范围、计税依据。
③ 根据以上判断进行车船税应纳税额的计算，并填写纳税申报表。

二、知识准备

2011 年 2 月 25 日，第十一届全国人民代表大会常务委员会第十九次会议通过《中华人民共和国车船税法》，自 2012 年 1 月 1 日起施行，并于 2019 年进行了修正。由国务院制定的《中华人民共和国车船税法实施条例》于 2012 年 1 月 1 日起与《中华人民共和国车船税法》（以下简称《车船税法》）同时施行。

车船税是对在中华人民共和国境内属于《车船税法》中车船税税目税额表所规定的车辆、船舶的所有人或管理人依法征收的一种财产税。

《中华人民共和国车船税法实施条例》　　《中华人民共和国车船税法》

（一）车船税的征税范围

车船税的征税范围为依法应当在车船登记管理部门登记的机动车辆和船舶，以及依法不需要在车船登记管理部门登记的、在单位内部场所行驶或作业的机动车辆和船舶。

1. 车辆

① 乘用车是指在设计和技术特性上主要用于载运乘客及随身行李，核定载客人数包括驾驶员在内不超过 9 人的汽车。
② 商用车是指除乘用车外，在设计和技术特性上用于载运乘客、货物的汽车，分为商用车客车（包括电车）和商用车货车（包括半挂牵引车、三轮汽车和低速载货汽车等）。

③挂车是指需要由汽车或拖拉机牵引才能正常使用的一种无动力的道路车辆。

④其他车辆包括专用作业车和轮式专用机械车，不包括拖拉机。专用作业车是指在其设计和技术特性上用于特殊工作的车辆；轮式专用机械车是指有特殊结构和专门功能，装有橡胶车轮可以自行行驶，最高设计车速大于每小时 20 千米的轮式工程机械车。

⑤摩托车是指无论采用何种驱动方式，最高设计车速大于每小时 50 千米，或者使用内燃机，排量大于 50 毫升的两轮或三轮车辆。

2. 船舶

船舶是指各类机动、非机动船舶及其他水上移动装置。但是船舶上装备的救生艇筏和长度小于 5 米的艇筏除外。其中，机动船舶是指用机器推进的船舶；拖船是指专门用于拖（推）动运输船舶的专业作业船舶；非机动驳船是指在船舶登记管理部门登记为驳船的非机动船舶；游艇是指具备内置机械推进动力装置，长度在 90 米以下，主要用于游览观光、休闲娱乐、水上体育运动等活动，并具有船舶检验证书和适航证书的船舶。

（二）车船税的纳税人

在中华人民共和国境内属于《车船税法》所附车船税税目税额表规定的车辆、船舶的所有人或管理人，为车船税的纳税人，应当依照《车船税法》缴纳车船税。其中，所有人是指在我国境内拥有车船的单位和个人；管理人是指对车船具有管理权或使用权，不具有所有权的单位。

图解车船税

外商投资企业、外国企业、华侨、外籍人员和港澳台同胞也属于车船税的纳税人。境内单位和个人租入外国籍船舶的，不征收车船税；境内单位和个人将船舶出租到境外的，应依法征收车船税。

（三）车船税的税目、税额

车船税采用定额定额税率，即对征税的车船规定单位上下限税额标准。具体适用税额由省、自治区、直辖市人民政府依照车船税税目税额表和国务院的规定确定。税额确定的总原则是：排气量低的车辆的税负轻于排气量高的车辆；小吨位船舶的税负轻于大船舶。车船税税目税额表如表 7-4 所示。

表 7-4　车船税税目税额表

税　目		计税单位	年基准税额/元	备　注
乘用车[按发动机汽缸容量（排气量）分档]	1.0 升（含）以下的	每辆	60～360	核定载客人数 9 人（含）以下
	1.0 升以上至 1.6 升（含）的		300～540	
	1.6 升以上至 2.0 升（含）的		360～660	
	2.0 升以上至 2.5 升（含）的		660～1 200	
	2.5 升以上至 3.0 升（含）的		1 200～2 400	
	3.0 升以上至 4.0 升（含）的		2 400～3 600	
	4.0 升以上的		3 600～5 400	

单元七　财产和行为税的计算与申报

(续表)

税　目		计税单位	年基准税额/元	备　注
商用车	客车	每辆	480～1 440	核定载客人数 9 人（包括电车）以上
	货车	整备质量每吨	16～120	包括半挂牵引车、挂车、客货两用汽车、三轮汽车和低速载货汽车等
挂车			16～120	按照货车税额的 50% 计算
其他车辆	专用作业车		16～120	
	轮式专用机械车		16～120	
摩托车		每辆	36～180	
机动船舶	净吨位不超过 200 吨的	净吨位每吨	3	拖船、非机动驳船分别按照机动船舶税额的 50% 计算
	净吨位 201～2 000 吨的		4	
	净吨位 2 001～10 000 吨的		5	
	净吨位 10 001 吨及以上的		6	
游艇	艇身长度不超过 10 米的	艇身长度每米	600	
	艇身长度 10～18 米的		900	
	艇身长度 18～30 米的		1 300	
	艇身长度超过 30 米的		2 000	
	辅助动力帆艇		600	

车船税的特殊规定：

① 拖船按照发动机功率每一千瓦折合净吨位 0.67 吨计算征收车船税。

②《车船税法》及其实施条例涉及的整备质量、净吨位、艇身长度等计税单位，有尾数的一律按照含尾数的计税单位据实计算车船税应纳税额，计算得出的应纳税额小数点后超过两位的可四舍五入保留两位小数。

(四) 车船税的优惠政策

1. 法定减免

① 捕捞、养殖渔船。

② 军队、武装警察部队专用的车船。

③ 警用车船。

④ 悬挂应急救援专用号牌的国家综合性消防救援车辆和国家综合性消防救援专用船舶。

⑤ 依照法律规定应当予以免税的外国驻华使领馆、国际组织驻华代表机构及其有关人员的车船。

⑥ 对节能能源、使用新能源的车船可以减征或免征车船税。具体范围由国务院财政、税务主管部门与国务院有关部门制定，报国务院批准。

⑦ 对受严重自然灾害影响纳税困难及有其他特殊原因需要减税、免税的，可以减征或免征车船税。具体减免期限和数额由省、自治区、直辖市人民政府确定，报国务院备案。

⑧ 省、自治区、直辖市人民政府根据当地实际情况，可以对公共交通车船、农村居民拥有并主要在农村地区使用的摩托车、三轮汽车和低速载货汽车定期减征或免征车船税。

2. 特定减免

① 经批准临时入境的外国车船和香港特别行政区、澳门特别行政区、台湾地区的车船，不征收车船税。

② 按照规定缴纳船舶吨税的机动船舶，自《车船税法》实施之日起 5 年内免征车船税。

③ 机场、港口内部行驶或作业的车船，自《车船税法》实施之日起 5 年内免征车船税。

（五）车船税应纳税额的计算

购置的新车船，购置当年的应纳税额自纳税义务发生的当月起按月计算。其计算公式为：

$$应纳税额 = 年应纳税额 \div 12 \times 应纳税月份数$$

$$应纳税月份数 = 12 - 纳税义务发生时间（取月份）+ 1$$

在一个纳税年度内，已完税的车船被盗抢、报废、灭失的，纳税人可以凭有关管理机关出具的证明和完税凭证，向纳税所在地的主管税务机关申请退还自被盗抢、报废、灭失月份起至该纳税年度终了期间的税款。

已办理退税的被盗抢车船失而复得的，纳税人应当从公安机关出具相关证明的当月起计算缴纳车船税。

（六）车船税的征收管理

1. 纳税方式

① 自行申报方式。纳税人自行向主管税务机关申报缴纳车船税。

② 代收代缴方式。纳税人在办理机动车交通事故责任强制保险时由保险机构代收代缴车船税。

2. 纳税义务时间和纳税期限

车船税纳税义务发生的时间为取得车船所有权或管理权的当月。以购买车船的发票或其他证明文件所载日期的当月为准。

车船税是按年申报，分月计算，一次性缴纳。纳税年度为公历 1 月 1 日至 12 月 31 日。车船税按年申报缴纳，具体申报纳税期限由省、自治区、直辖市人民政府规定。

3. 纳税地点

车船税的纳税地点为车船登记地或车船税扣缴义务人所在地。依法不需要办理登记的车船，纳税地点为车船的所有人或管理人所在地。

三、任务实施

（一）任务流程

车船税申报流程如图 7-26 所示。

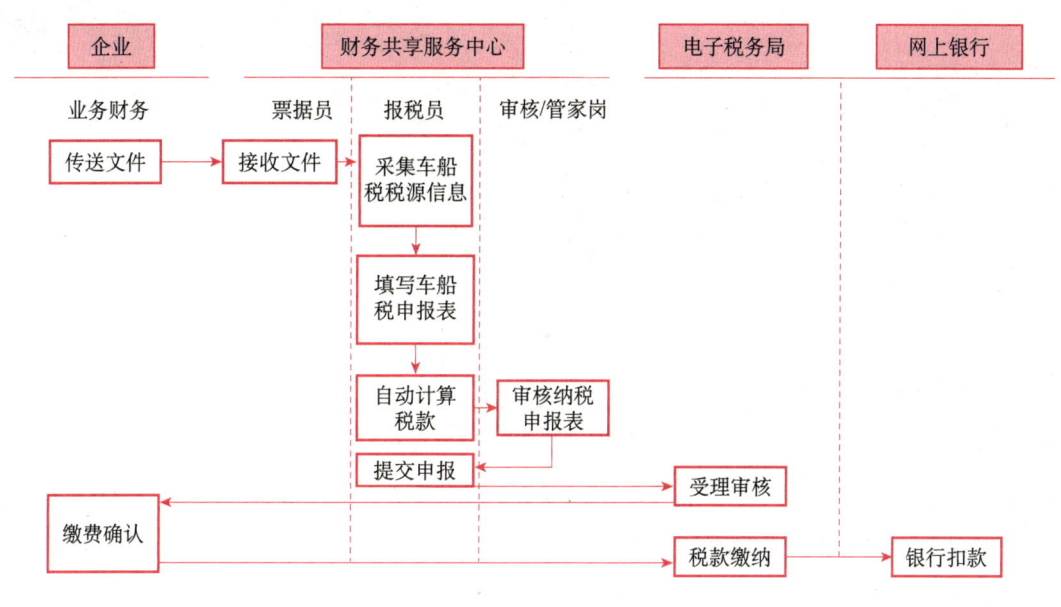

图 7-26　车船税申报流程

（二）任务操作

根据任务场景，北京中益商贸有限公司相关任务分析如下。

该公司 2 辆机动车均需要纳税，北京中益商贸有限公司属于车船税的纳税人。

发动机气缸容量为 1.5 升的机动车，年基准税额为 420 元，但由于实施交通管理限行措施期间，北京市乘用车辆按年减征 2 个月应纳税额计算全年应纳税款，所以该车辆减征后为 350 元，应纳税额＝1×350＝350（元）。

发动机气缸容量为 1.8 升的机动车，年基准税额为 480 元。同样，由于减征因素影响，所以该车辆减征后为 400 元，应纳税额＝1×400＝400（元）。

该公司年度应缴纳的车船税税额＝400＋350＝750（元）。

1. 登录并采集车船税税源信息

步骤 1　登录国家税务总局北京市电子税务局，单击"我要办税"下方的"税费申报及缴纳"，再单击"申报清册"下方的"按期应申报"。

步骤 2　单击"财产和行为税合并申报"右侧的"填写申报表"按钮。首次申报时，需要进行税源信息采集，单击"财产和行为税税源采集"右侧的"申报"按钮。

步骤 3　在"财产和行为税纳税申报税源采集"界面，单击"车船税"右侧的"税源采集"按钮，如图 7-27 所示。

税费计算与智能申报

图7-27 车船税税源采集

2. 查询车船税税源信息

进入税源采集界面之后，单击"查询"按钮，系统会自动带出纳税人名下的车辆，纳税人无法在此系统进行"新增"或"删除"等操作，仅可对车辆的减免性质代码和项目名称进行操作。享受现行减免政策的乘用车如果没有选择"减免性质代码"的话，则无法保存进行申报，如图7-28所示。

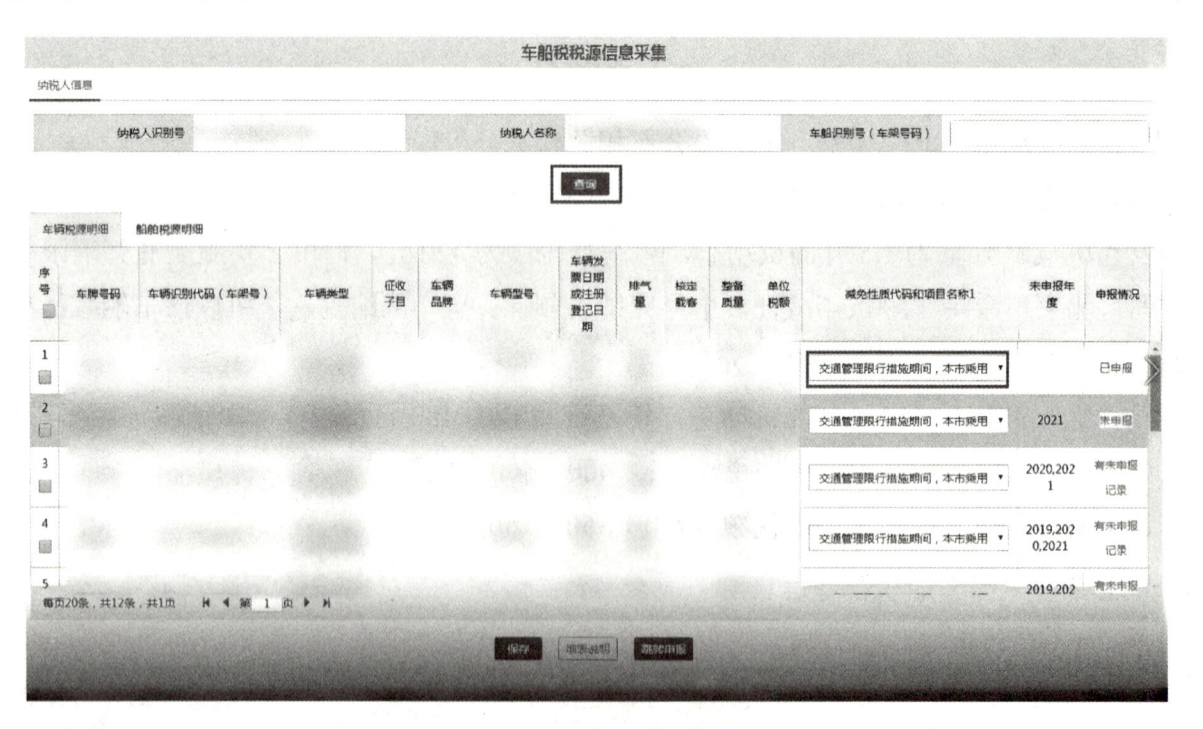

图7-28 选择减免性质代码

3. 自动计算税款，审核无误后申报

车辆申报明细核对无误之后，选中操作过的车辆税源之后，单击"保存"按钮，再单击"跳转申报"按钮，可以进行车船税申报，如图7-29所示。

单元七　财产和行为税的计算与申报

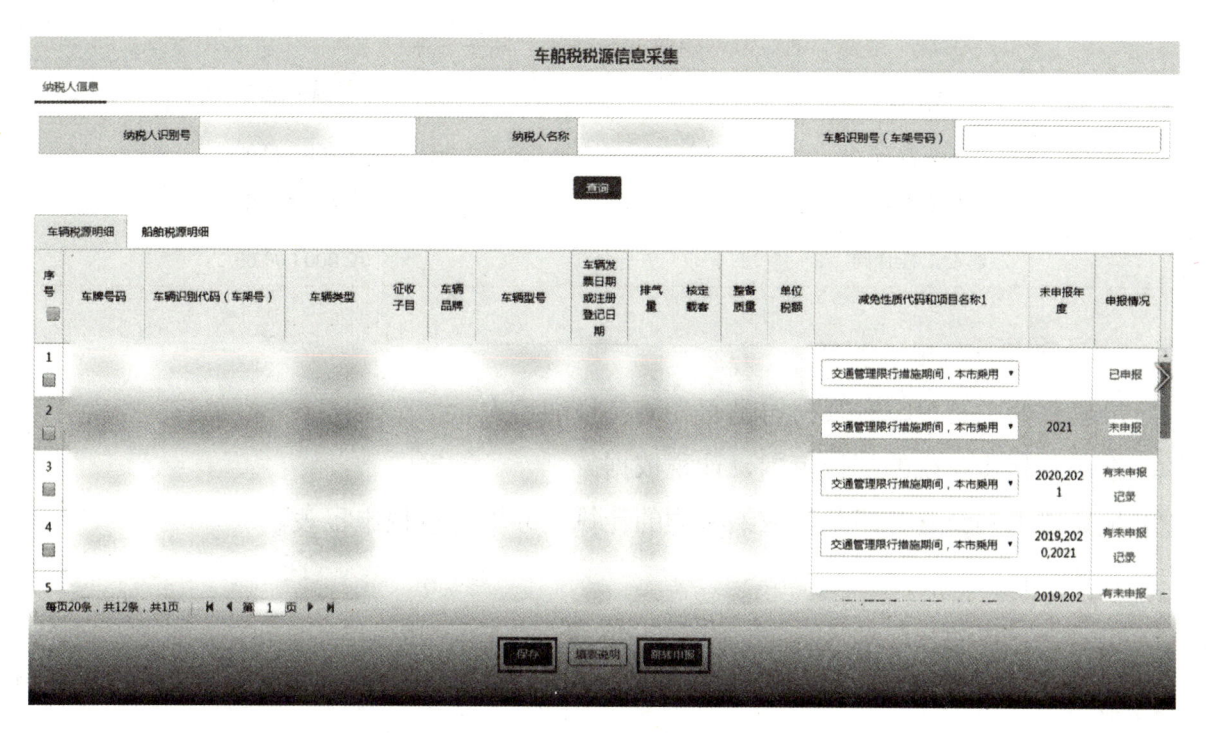

图 7-29　申报车船税

四、任务评价

请在表 7-5 中客观填写每一项工作任务的完成情况。

表 7-5　任务评价表

工作任务清单	完成情况
① 车船税政策的相关规定	
② 车船税的计算	
③ 在智能税务平台上进行车船税纳税申报，并缴纳税款	

任务四　印花税的计算与申报

一、任务情境

（一）任务场景

财务共享服务中心员工需要为其代理的中正建筑有限公司完成 2022 年 7 月的印花税纳税申报任务，对该公司签订合同或实际提供应税劳务书立的票据等进行识别归类，如表 7-6 所示。

表 7-6　中正建筑有限公司合同一览表　　　　　　　　　　　　　　　元

项　　目	金　　额
买卖合同	2 300 000.00
技术合同	610 500.00
建设工程合同	12 000 000.00

（二）任务布置

① 准确判断中正建筑有限公司是否为印花税纳税人。

② 准确判断印花税的征税范围、计税依据。

③ 根据以上判断进行印花税应纳税额的计算，并填写纳税申报表。

二、知识准备

1988 年 8 月 6 日，国务院发布《中华人民共和国印花税暂行条例》，自 1988 年 10 月 1 日起施行；2018 年 11 月 1 日，为了贯彻落实税收法定原则，提高立法公众参与度，广泛凝聚社会共识，推进科学立法、民主立法、开门立法，财政部起草了《中华人民共和国印花税法（征求意见稿）》，向社会公开征求意见；2021 年 1 月 4 日，通过《中华人民共和国印花税法（草案）》；2021 年 6 月 10 日，第十三届全国人民代表大会常务委员会第二十九次会议通过《中华人民共和国印花税法》，自 2022 年 7 月 1 日起施行，1988 年 8 月 6 日国务院发布的《中华人民共和国印花税暂行条例》同时废止。

印花税是对在中华人民共和国境内书立应税凭证（合同、产权转移书据、营业账簿）、进行证券交易的单位和个人及境外书立境内使用应税凭证的单位和个人所征收的一种税，具有覆盖面广、税率低、税负轻、纳税人自行完税等特点。

（一）印花税的征税范围

《中华人民共和国印花税法》规定只对列举的凭证征税，未列举的不征税。具体列举的凭证包括以下四大类。

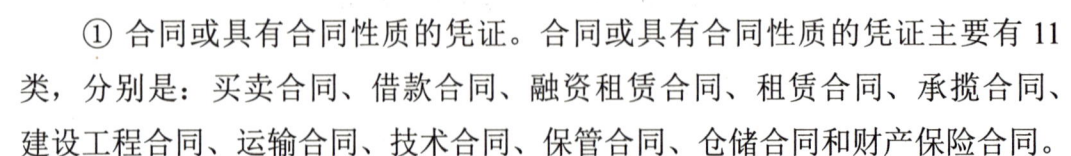

① 合同或具有合同性质的凭证。合同或具有合同性质的凭证主要有 11 类，分别是：买卖合同、借款合同、融资租赁合同、租赁合同、承揽合同、建设工程合同、运输合同、技术合同、保管合同、仓储合同和财产保险合同。

② 产权转移书据。产权转移书据包括土地使用权转让和出让，房屋等建筑物和构筑物所有权转让，股权转让（不包括应缴纳证券交易印花税的），商标专用权、著作权、专利权、专有技术使用权转让书据。专有技术使用权的转让需要在政府管理部门登记注册方能生效，因此专有技术使用权转让按 "产权转移书据" 税目贴花。

《中华人民共和国印花税法》

③ 营业账簿。营业账簿是指反映生产经营单位资本金数额增减变化的记载资金的营业账簿，即实收资本和资本公积账簿。

④ 证券交易。证券交易主要是指转让在依法设立的证券交易所、国务院批准的其他全国性证券交易场所交易的股票和以股票为基础的存托凭证。

思考：会计咨询合同、法律咨询合同、审计咨询合同是否属于印花税征税范围？

> **提示**
>
> 技术合同包括技术开发、转让、咨询、服务等合同。而一般的法律、会计、审计等方面的咨询不属于技术咨询，所立的合同不贴印花。

（二）纳税人

印花税的纳税义务人，是在中国境内书立、使用、领受《印花税暂行条例》所列举的凭证并应依法履行纳税义务的单位和个人。按照书立、使用、领受应税凭证的不同，分别为立合同人、立据人、立账簿人、领受人、使用人和各类电子应税凭证的签订人。

① 立合同人是指合同当事人，即对凭证有直接权利义务关系的单位和个人，但不包括合同的担保人、证人、鉴定人。

② 立据人是指书立产权转移书据的单位和个人。

③ 立账簿人是指开立并使用营业账簿的单位和个人。例如，某企业因生产需要，设立了若干营业账簿，该企业即为印花税的纳税人。

④ 领受人是指领取或接受并持有该项凭证的单位和个人。例如，某人因其发明创造，经申请依法取得国家专利机关颁发的专利证书，该人为纳税人。

⑤ 使用人是指在国外书立、领受，但在国内使用应税凭证的单位和个人。

⑥ 各类电子应税凭证的签订人是指以电子形式签订各类应税凭证的当事人。

值得注意的是，对应税凭证，凡由两方或两方以上当事人共同书立的，其当事人都是印花税的纳税人，应各就其所持凭证的计税金额履行纳税义务。证券交易印花税对证券交易的出让方征收，不对受让方征收。

思考：是否应税凭证的所有当事人都需要缴纳印花税？

> **提示**
>
> 合同当事人中的担保人、证人、鉴定人不需要缴纳印花税。证券交易的双方，仅卖方为印花税的纳税义务人。

（三）印花税的税目、税率

印花税采用比例税率，分为0.05‰、0.25‰、0.3‰、0.5‰、1‰五档。具体如表7-7所示。

图解印花税

表 7-7　印花税税目税率表

序号	税目	范围	税率	纳税义务人	说明
1	买卖合同	包括供应、预购、采购、购销结合及协作、调剂、补偿、易货等合同	按支付价款的0.3‰贴花	立合同人	指动产买卖合同（不包括个人书立的动产买卖合同）
2	借款合同	银行及其他金融组织和借款人（不包括银行同业拆借）所签订的借款合同	按借款金额的0.05‰贴花	立合同人	
3	融资租赁合同		按租金的0.05‰贴花	立合同人	
4	租赁合同	包括租赁房屋、船舶、飞机、机动车辆、机械、器具、设备等合同	按租金的1‰贴花	立合同人	
5	承揽合同	包括加工、定做、修缮、修理、印刷、广告、测绘、测试等合同	按支付报酬的0.3‰贴花	立合同人	
6	建设工程合同	包括建筑、安装工程承包合同	按支付价款的0.3‰贴花	立合同人	
7	运输合同	包括民用航空、铁路运输、海上运输、内河运输、公路运输和联运合同	按运输费用的0.3‰贴花	立合同人	指货运合同和多式联运合同（不包括管道运输合同）
8	技术合同	包括技术开发、转让、咨询、服务等合同	按支付价款、报酬或使用费的0.3‰贴花	立合同人	不包括专利权、专有技术使用权转让书据
9	保管合同		按保管费用的1‰贴花	立合同人	
10	仓储合同		按仓储费用的1‰贴花	立合同人	
11	财产保险合同	包括财产、责任、保证、信用等保险合同	按保险费收入的1‰贴花	立合同人	不包括再保险合同
12	土地使用权出让书据		按价款的0.5‰贴花	立据人	出让包括买卖（出售）、继承、赠予、互换、分割
13	土地使用权、房屋等建筑物和构筑物所有权转让书据（不包括土地承包经营权和土地经营权转移）		按价款的0.5‰贴花	立据人	
14	股权转让书据（不包括应缴纳证券交易印花税的）		按价款的0.5‰贴花	立据人	
15	商标专用权、著作权、专利权、专有技术使用权转让书据		按价款的0.3‰贴花	立据人	
16	营业账簿	实收资本与资本公积	记载资金的账簿，按实收资本与资本公积总额的0.25‰贴花	立账簿人	
17	股权转让书据	包括A股和B股	按实际成交金额的1‰贴花	立据人（出让方）	

（四）印花税的优惠政策

① 应税凭证的副本或抄本免税。

② 依照法律规定应当予以免税的外国驻华使馆、领事馆和国际组织驻华代表机构为获得馆舍书立的应税凭证。

③ 中国人民解放军、中国人民武装警察部队书立的应税凭证。

④ 农民、家庭农场、农民专业合作社、农村集体经济组织、村民委员会购买农业生产资料或销售农产品书立的买卖合同和农业保险合同。

⑤ 无息或贴息借款合同、国际金融组织向中国提供优惠贷款书立的借款合同。

⑥ 财产所有权人将财产赠予政府、学校、社会福利机构、慈善组织书立的产权转移书据。

⑦ 非营利性医疗卫生机构采购药品或卫生材料书立的买卖合同。

⑧ 个人与电子商务经营者订立的电子订单。

⑨ 根据国民经济和社会发展的需要，国务院对居民住房需求保障、企业改制重组、破产、支持小型微型企业发展等情形可以规定减征或免征印花税，报全国人民代表大会常务委员会备案。

（五）印花税的计税依据

印花税的计税依据，按照下列方法确定。

① 应税合同的计税依据，为合同所列的金额，不包括列明的增值税税额；合同中金额与增值税税额未分开列明的，按照合计金额确定。

应税合同未列明金额的，按照实际结算的金额确定。仍不能确定的，按照书立合同时的市场价格确定。依法应当执行政府定价或政府指导价的，按照国家有关规定确定。

思考：同一应税凭证载有两个或两个以上经济事项时，应纳税额应如何计算？

> **提示**
>
> 同一应税凭证载有两个或两个以上经济事项并分别列明价款或报酬的，按照各自适用税目税率计算应纳税额；未分别列明价款或报酬的，按税率高的计算应纳税额。

② 应税产权转移书据的计税依据，为产权转移书据所列的价款，不包括增值税税额；产权转移书据中价款与增值税税额未分开列明的，按照合计金额确定。

应税产权转移书据未列明金额的，按照实际结算的金额确定。仍不能确定的，按照书立产权转移书据时的市场价格确定。依法应当执行政府定价或政府指导价的，按照国家有关规定确定。

③ 应税营业账簿的计税依据，为账簿记载的实收资本（股本）、资本公积合计金额。

④ 证券交易的计税依据，为成交金额。

证券交易无转让价格的，按照办理过户登记手续时该证券前一个交易日收盘价计算确定计税依据。无收盘价的，按照证券面值计算确定计税依据。

思考：对已贴花的凭证，如果所载金额有变动，应如何缴纳印花税？

> **提示**
>
> 对已贴花的凭证，修改后所载金额增加的，其增加部分应当补贴印花税票。凡多贴印花税票的，不得申请退税或抵用。

（六）印花税应纳税额的计算

印花税应纳税额的计算公式为：

$$应纳税额 = 应税凭证计税金额 \times 比例税率$$

（七）印花税的征收管理

1. 纳税义务发生时间

印花税的纳税义务发生时间为纳税人书立应税凭证或完成证券交易的当日。

证券交易印花税扣缴义务发生时间为证券交易完成的当日。

思考：印花税是否可以在凭证生效日完税？

> **提示**
>
> 印花税不得延至凭证生效日期贴花，同一种类应纳印花税凭证若需要频繁贴花的，纳税人可向当地税务机关申请近期汇总缴纳印花税，经税务机关核准发给许可证后，按税务机关确定的限期（最长不超过1个月）汇总计算纳税。

2. 纳税地点

印花税一般实行就地纳税。

① 单位纳税人应当向其机构所在地的主管税务机关申报缴纳印花税。

② 个人纳税人应当向应税凭证书立地或纳税人居住地的主管税务机关申报缴纳印花税。

③ 不动产权发生转移的，纳税人应当向不动产所在地的税务机关申报缴纳印花税。

④ 证券登记结算机构为证券交易印花税的扣缴义务人，应当向其机构所在地的主管税务机关申报解缴税款及银行结算的利息。

3. 纳税期限

印花税按季、按年或按次计征。

① 实行按季、按年计征的，纳税人应当于季度、年度终了之日起15日内申报并缴纳税款。

② 实行按次计征的，纳税人应当于纳税义务发生之日起15日内申报并缴纳税款。

证券交易印花税按周解缴。证券交易印花税的扣缴义务人应当于每周终了之日起5日内申报解缴税款及利息。

三、任务实施

（一）任务流程

印花税申报流程如图 7-30 所示。

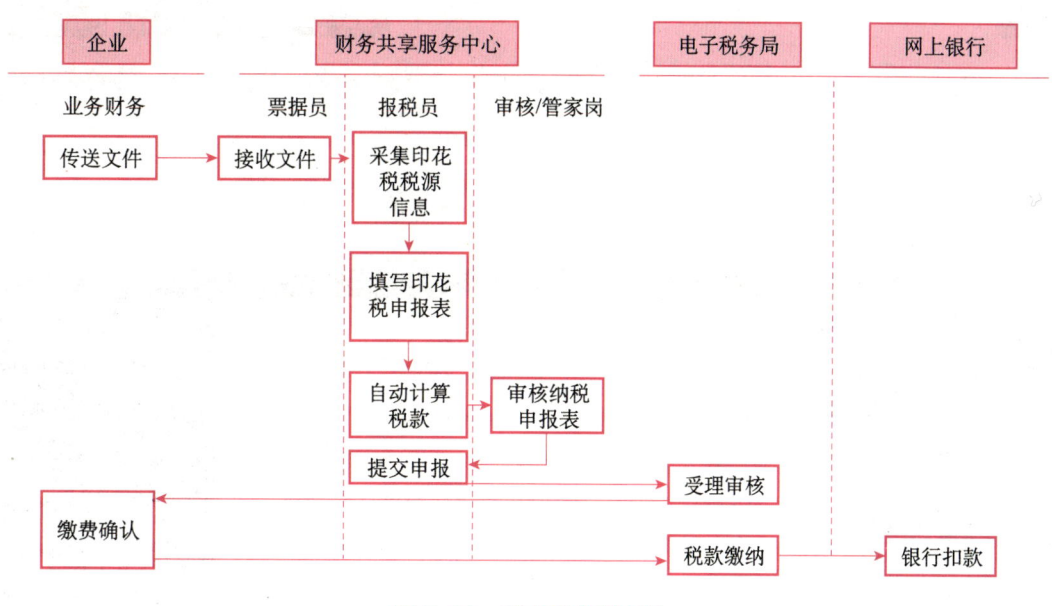

图 7-30　印花税申报流程

（二）任务操作

根据任务场景，中正建筑有限公司相关任务分析如下。

中正建筑有限公司是印花税的纳税人，其签订的买卖合同、技术合同、建设工程合同均需要缴纳印花税，税率均为 0.3‰。

该公司应缴纳的印花税税额＝(2 300 000＋610 500＋12 000 000)×0.3‰＝10 683（元）

1. 登录并采集房产税税源信息

步骤 1　登录国家税务总局北京市电子税务局，单击"我要办税"下方的"税费申报及缴纳"，再单击"申报清册"下方的"按期应申报"。

步骤 2　单击"财产和行为税合并申报"右侧的"填写申报表"按钮。首次申报时，需要进行税源信息采集，单击"财产和行为税税源采集"右侧的"申报"按钮。

步骤 3　在"财产和行为税纳税申报税源采集"界面，单击"印花税"右侧的"税源采集"按钮。

步骤 4　按期申报情况下，单击"新增按期申报税源"按钮，如图 7-31 所示。输入税款所属期起止期、应税凭证编号，应纳税凭证书立（领受）日期应在税款所属起止期之内，在"税目"下拉列表框中选择相应税目，输入计税金额或件数，如图 7-32 所示。

图 7-31　新增按期申报税源

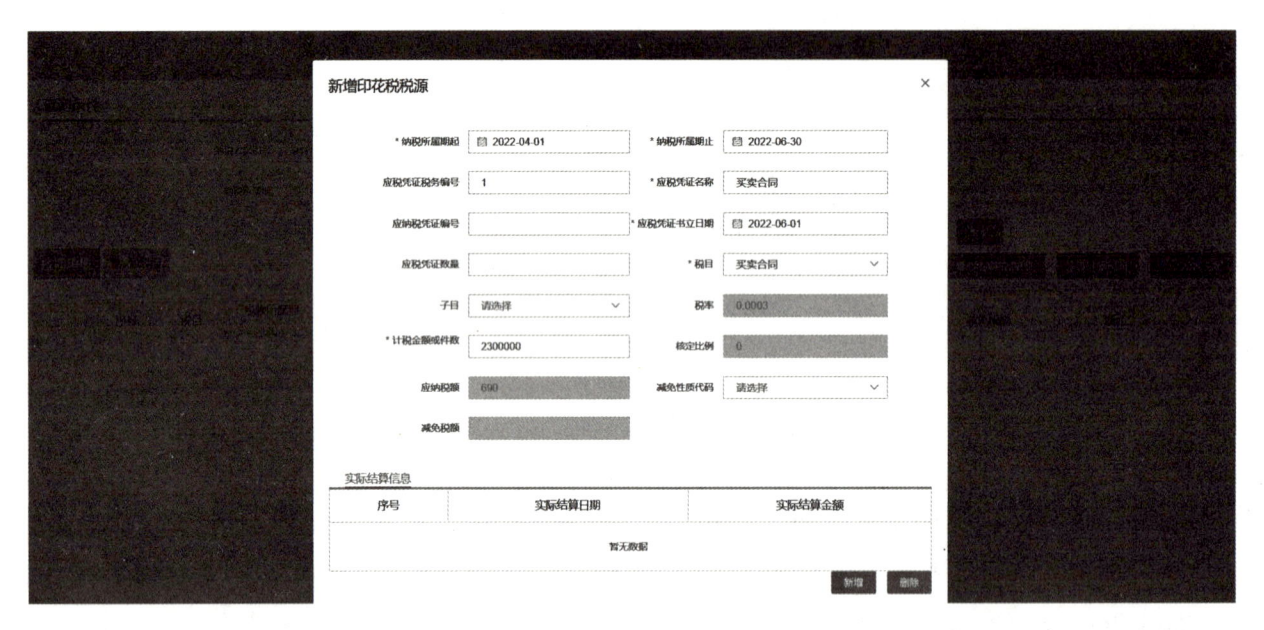

图 7-32　填写新增印花税税源数据

步骤 5　如果有减免性质，则可以在此处选择其代码，如图 7-33 所示。

图 7-33　选择减免性质代码

2. 填写印花税纳税申报表

如果在税款所属期内总共做过 3 条税费认定，则申报时均需要按照以上操作进行采集。按期申报税源采集完毕之后，需要单击"提交税源信息"按钮进行汇总提交才可申报，如图 7-34 所示。

图 7-34　提交税源信息

3. 自动计算税款，审核无误后申报

税源采集完毕之后，单击"跳转申报"按钮，到"财产和行为税合并申报"界面进行合并申报。

> **提示**
>
> 如果该税目在本税款所属期内没有相关业务，则需要进行零申报，计税金额或件数默认为 0。切换到按次申报，税款所属期起、税款所属期止、应纳税凭证书立（领受）日期为同一天，然后选择税目。

四、任务评价

请在表 7-8 中客观填写每一项工作任务的完成情况。

表 7-8　任务评价表

工作任务清单	完成情况
① 印花税政策的相关规定	
② 印花税的计算	
③ 在智能税务平台上进行印花税纳税申报，并缴纳税款	

思政栏目

回眸税收这十年，小窗口的大变化

单元八

关税申报

↘ 思政目标

1. 树立开放包容的心态。
2. 培养独立自主、自力更生的精神。
3. 坚定自主创新的信念。

↘ 知识目标

1. 理解关税的概念、纳税人、税率相关政策。
2. 掌握进出口关税应纳税额的计算。

↘ 技能目标

1. 能够准确计算进出口货物的关税完税价格。
2. 能够准确计算应纳关税税额。
3. 能够进行关税的纳税申报及税款缴纳。

任务一　关税认知

一、任务情境

（一）任务场景

唐山华腾钢材贸易公司为增值税一般纳税人，主要从事金属材料、五金交电和矿产品的进出口业务，纳税人识别号为911014589013465789。2021年12月，公司从加拿大进口一批未锻轧锑，国外口岸离岸价格为USD 217 740元，海外运输费、保险费分别为USD 4 354.80元、USD 557元，当日的外汇牌价为USD 1＝RMB 6.40。同月，该公司向英国出口一批铬矿砂及其精矿，我国口岸离岸价格为USD 800 000元，当日的外汇牌价为USD 1＝RMB 6.40。

（二）任务布置

① 准确判断唐山华腾钢材贸易公司是否为关税的纳税义务人。
② 准确判断两笔进出口业务是否属于关税的征税范围，适用税率为多少。

二、知识准备

关税是海关对进出境的货物、物品征收的一种税。

关税法是指国家制定的调整关税征收与缴纳权利义务关系的法律规范。我国现行关税法律规范以 2017 年 11 月全国人民代表大会修正颁布的《中华人民共和国海关法》为法律依据，以 2003 年 11 月国务院发布的《中华人民共和国进出口关税条例》，以及由国务院关税税则委员会审定并报国务院批准，作为条例组成部分的《中华人民共和国海关进出口税则》和《中华人民共和国海关入境旅客行李物品和个人邮递物品征收进口税办法》为基本法规，由负责关税政策制定和征收管理的主管部门依据基本法规拟定的管理办法和实施细则为主要内容。

《中华人民共和国海关法》

《中华人民共和国进出口关税条例》

（一）关税的概念

关税是由海关根据国家制定的有关法律，以进出关境的货物和物品为征税对象而征收的一种商品税。我国大部分税种由税务机关征收，而关税的征税机构则是海关。

定义中的关境又称税境、海关境域、关税境域，是指一个国家海关法规可以实施的领域，而国境包括国家全部的领土、领海、领空。

一般情况下，关境与国境是一致的，而我国实行了自贸区，又有港澳台 3 个单独关税区，这个时候我们的关境是小于国境的。而欧盟 25 个国家适用于同一个制度，这个时候关境大于国境。

（二）关税的征税对象和纳税人

关税的征税对象是准许进出关境的货物和物品。货物是指贸易性商品，包括进口商品和出口商品；物品是指入境旅客随身携带的个人行李物品、个人邮递物品、各种运输工具上的服务人员携带进口的自用物品、馈赠物品及其他方式进境的个人物品。

关税的纳税人分别为进口货物收货人、出口货物发货人、进出境物品的所有人和推定所有人。一般情况下，对于携带进境的物品，推定其携带人为所有人；对分离运输的行李，推定相应的进出境旅客为所有人；以邮递方式进境的物品，推定其收件人为所有人；以邮递或其他运输方式出境的物品，推定其寄件人或托运人为所有人。

（三）关税的税率

关税的税率分为进口税率和出口税率两种，其中进口税率又分为普通税率、最惠国税率、协定税率、特惠税率、关税配额税率和暂定税率。进口货物适用何种关税税率是以进口货物的原产地为标准的。进口关税一般采用比例税率，实行从价计征的办法，但对啤酒、原油等少数货物则实行从量计征；对广播用录像机、放像机、摄像机等实行从价加从量的复合税率。

70年从弱到强，关税变迁见证对外贸易发展历程

① 普通税率。对原产于未与我国共同适用最惠国条款的世界贸易组织成员，未与我国订有相互给予最惠国待遇、关税优惠条款贸易协定和特殊关税优惠条款贸易协定的国家或地区的进口货物，以及原产地不明的货物，按照普通税率征税。

② 最惠国税率。对原产于与我国共同适用最惠国条款的世界贸易组织成员的进口货物、原产于与我国签订含有相互给予最惠国待遇的双边贸易协定的国家或地区的进口货物，以及原产于我国的进口货物，按照最惠国税率征税。

③ 协定税率。对原产于与我国签订含有关税优惠条款的区域性贸易协定的国家或地区的进口货物，按协定税率征税。

④ 特惠税率。对原产于与我国签订含有特殊关税优惠条款的贸易协定的国家或地区的进口货物，按特惠税率征税。

⑤ 关税配额税率。关税配额税率是指对实行关税配额管理的进口货物，关税配额内的，适用关税配额税率；关税配额外的，按不同情况分别适用于最惠国税率、协定税率、特惠税率或普通税率。

⑥ 暂定税率。暂定税率是指在海关进出口税则规定的进口优惠税率的基础上，对进口的某些重要的工农业生产原材料和机电产品关键部件（但只限于从与中国订有关税互惠协议的国家和地区进口的货物）及出口的特定货物实施的更为优惠的关税税率。

知识拓展 8-1   **税率的适用原则**

① 适用最惠国税率的进口货物有暂定税率的，应当适用暂定税率；适用协定税率、特惠税率的进口货物有暂定税率的，应当从低适用税率；适用普通税率的进口货物，不适用暂定税率。

② 适用出口税率的出口货物有暂定税率的，应当适用暂定税率。

③ 按照国家规定实行关税配额管理的进口货物，在关税配额内的，适用关税配额税率；在关税配额外的，其税率的适用按照第①条规定执行。

（四）关税的税收优惠

① 免征关税的进出口货物包括关税税额在人民币50元以下的一票货物；无商业价值的广告品和货样；外国政府、国际组织无偿赠送的物资；在海关放行前损失的货物；进出境运输工具装载的途中必需的燃料、物料和包装用品。

② 在海关放行前遭受损坏的货物，可以根据海关认定的受损程度减征关税。

③ 因品质或规格原因，出口货物自出口之日起 1 年内原状复运进境的，不征收进口关税；因品质或规格原因，进口货物自进口之日起 1 年内原状复运出境的，不征收出口关税。

④ 因残损、短少、品质不良或规格不符原因，由进出口货物的发货人、承运人或保险公司免费补偿或更换的相同货物，进出口时不征收关税。被免费更换的原进口货物不退运出境或原出口货物不退运进境的，海关应当对原进出口货物重新按照规定征收关税。

三、任务实施

① 唐山华腾钢材贸易公司从加拿大进口的未锻轧锑属于关税征税范围，该贸易公司属于进口关税的纳税人。由于加拿大属于世界贸易组织成员方，因此适用最惠国税率，查找关税税则，未锻轧锑的最惠国税率为 3%，而 2021 年暂定税率为 1%。因此，该公司应以 1% 的暂定税率缴纳进口关税。

② 唐山华腾钢材贸易公司出口到英国的稀土金属矿属于出口关税的征税对象，该公司作为纳税义务人。查找关税税率表，铬矿砂及其精矿 2021 年的出口暂定税率为 15%。

四、任务评价

请在表 8-1 中客观填写每一项工作任务的完成情况。

表 8-1 任务评价表

工作任务清单	完成情况
① 能够准确判断哪些业务应当缴纳关税	
② 会界定关税纳税人	
③ 会选择关税适用税率	

任务二　关税的计算与申报

一、任务情境

（一）任务场景

见任务一中的任务场景。

（二）任务布置

① 准确计算唐山华腾钢材贸易公司进口货物的关税完税价格及关税。

② 准确计算唐山华腾钢材贸易公司出口货物的关税完税价格及关税。

③ 能进行关税纳税申报，并缴纳税款。

二、知识准备

（一）计税依据

我国对进出口货物征收关税，主要采取从价计征的办法，以商品价格为标准征收关税。因此，关税主要以进出口货物的完税价格为计税依据。

关税应纳税额的计算

1. 进口货物的完税价格

一般贸易项下进口货物的完税价格是以海关审定的成交价格为基础的到岸价格。具体又分为以下两种情况。

① 以我国口岸到岸价格（CIF）成交的，或者与我国毗邻的国家以两国共同边境地点交货价格成交的进口货物，其成交价格即为完税价格。

② 以国外口岸离岸价（FOB）或国外口岸到岸价格成交的，应另外加上从发货口岸或国外交货口岸运到我国口岸以前的运杂费和保险费作为完税价格。这里的运杂费、保险费应按实际支付的金额计算。

进口货物完税价格的计算公式为：

$$进口货物完税价格 = CIF = FOB + 运杂费 + 保险费$$

2. 出口货物的完税价格

出口货物的完税价格是以海关审定的货物售予境外的离岸价格扣除出口关税后的价格。其计算公式为：

$$出口货物完税价格 = 离岸价格 \div （1 + 出口税率）$$

离岸价格应以该项货物运离关境前的最后一个口岸的离岸价格为实际离岸价格。如果该项货物从内地起运，则从内地口岸至最后出境口岸所支付的国内段运输费用应予扣除。离岸价格不包括装船以后发生的费用。出口货物在成交价格以外支付给国外的佣金应予扣除，未单独列明的则不予扣除。出口货物在成交价格以外，买方另行支付的货物包装费，应计入成交价格。当离岸价格不能确定时，完税价格由海关估定。

（二）应纳税额计算

1. 从价税计算方法

从价税计算方法是最普遍的关税计征方法，以进（出）口货物的完税价格作为计税依据。进（出）口货物应纳关税税额的计算公式为：

$$应纳税额 = 应税进（出）口货物数量 \times 单位完税价格 \times 适用税率$$

课堂训练 8-1 锦云公司为增值税一般纳税人，主要从事化妆品生产和销售业务。2021 年 3 月，进口 100 箱高档化妆品，海关审定的货价为 2.1 万元/箱，运抵我国关境内输入地点起卸前的包装费为 0.11 万元/箱、运输费为 0.2 万元/箱、保险费为 0.04 万元/箱。已知化妆品进口关税税率为20%。计算锦云公司进口该批高档化妆品应缴纳的关税税额。

每箱高档化妆品的进口关税完税价格＝2.1＋0.11＋0.2＋0.04＝2.45（万元）

应纳关税税额＝100×2.45×20%＝49（万元）

2. 从量税计算方法

从量税计算方法是以进口商品的数量为计税依据的一种关税计征方法。其应纳关税税额的计算公式为：

$$应纳税额＝应税进口货物数量×关税单位税额$$

课堂训练 8-2 锦云公司为增值税一般纳税人，2021年3月进口1 000吨啤酒，海关审定的货价为2 100元/吨，运抵我国关境内输入地点起卸前的包装费为110元/吨、运输费为200元/吨、保险费为40元/吨。已知进口啤酒申报完税价格大于或等于2 500元/吨，关税价格是250元/吨；申报完税价格小于2 500元/吨，关税价格是220元/吨。计算该公司进口该批啤酒应缴纳的关税税额。

每吨啤酒的进口关税完税价格＝2 100＋110＋200＋40＝2 450（元）

应纳关税税额＝1 000×220＝220 000（元）

3. 复合税计算方法

复合税计算方法是对某种进口货物同时使用从价和从量计征的一种关税计征方法。其应纳关税税额的计算公式为：

$$应纳税额＝应税进口货物数量×关税单位税额＋应税进口货物数量×$$
$$单位完税价格×适用税率$$

4. 滑准税计算方法

滑准税是指关税的税率随着进口商品价格的变动而反方向变动的一种税率形式，即价格越高税率越低，税率为比例税率。因此，对实行滑准税的进口商品应纳关税税额的计算方法与从价税的计算方法相同。

（三）关税征收管理

1. 报关时间

进口货物的纳税人应当自运输工具申报进境之日起14日内向海关申报，如实填写海关进口货物报关单，并提交进口货物的发票、装箱单、进口货物提货单或运单、关税免税或免于查验的证明文件等。

出口货物的发货人除海关特准外，应当在运抵海关监管区装货的24小时以前，填报出口货物报关单，交验出口许可证和其他证件，申报出口，由海关放行。否则，货物不得离境出口。

2. 关税的缴纳

一般情况下，关税应当在关境地缴纳，也就是进出口货物在哪里通关，

税费计算与智能申报

纳税人即在哪里缴纳关税。海关在接受进出口货物通关手续申报后，逐票计算应征关税并向纳税人或其代理人填发海关进（出）口关税专用缴款书，纳税人或其代理人应自海关填发税款缴纳凭证之日起 15 日内到指定银行缴纳。逾期缴纳的，由海关征收滞纳金。

如果因不可抗力或在国家税收政策调整的情形下，不能按期缴纳税款，则在依法提供税款担保后，可以直接向海关办理延期缴纳税款手续，延期纳税最长不超过 6 个月。

3. 关税的退还、补征与追征

① 退还是海关将实际征收多于应当征收的税额退还给原纳税人的一种行政行为。海关发现后应立即退回；纳税人发现后，自纳税之日起一年内书面申请退税，并加算银行同期活期存款利息。

② 补征是指进出口货物、进出境物品放行后，海关发现少征或漏征税款，应当自缴纳税款或货物、物品放行之日起一年内，向纳税人补征税款。

③ 追征是指因纳税义务人违反规定而造成的少征或漏征，自纳税人应缴纳税款之日起 3 年内追征税款，并按日加收少征或漏征税款 0.5‰的滞纳金。

三、任务实施

（一）任务流程

关税申报流程如图 8-1 所示。

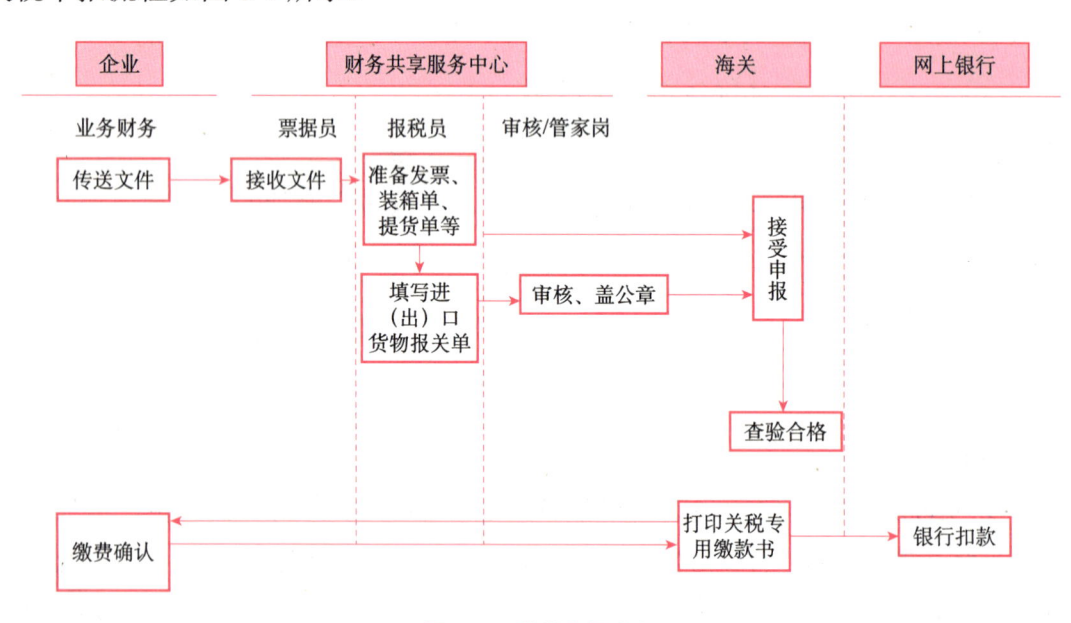

图 8-1 关税申报流程

（二）任务操作

1. 企业申报

进出口企业登记进入中国电子口岸网上支付系统，向隶属海关申报通关，填入在中国银行的纳税结算账户、账号等相关信息。

关税的申报

2. 海关发出关税专用缴款书

隶属海关接受企业申报后，生成关税专用缴款书，通过计算机系统传送至电子口岸数据中心，如表 8-2 和表 8-3 所示。

表 8-2　海关进（出）口关税专用缴款书

收入系统：海关系统　　　　　　　　　　　　　　　　　　　　　　　　　　　　填发日期：2021.12.3

收款单位	收入机关		中央金库		缴款单位（人）	名　称	唐山华腾钢材贸易公司
	科目	进口关税	预算级次	中央		账　号	5266872879225 42273
	收款国库					开户银行	中国银行唐山分行
税　号	货物名称		数量	单位	完税价格（¥）	税率（%）	税款金额（¥）
8110.1010	未锻轧锑		3 000	千克	1 424 971.52	1	14 249.72
金额人民币（大写）壹万肆仟贰佰肆拾玖元柒角贰分						合计（¥）	¥14 249.72
申请单位编号	911014589013465789		报关单编号	51002016042012345		填制单位	收款国库（银行）
合同（批文）号	7E248250254JP		运输工具（号）	ELIZABETH001		制单人	
缴纳期限	2021.12.17		提/装货号	ISBLPCL20084315		复核人	
备　注	一般贸易　照章纳税 国标代码：					单证专用章	业务公章

表 8-3　海关进（出）口关税专用缴款书

收入系统：海关系统　　　　　　　　　　　　　　　　　　　　　　　　　　　　填发日期：2021.12.3

收款单位	收入机关		中央金库		缴款单位（人）	名　称	唐山华腾钢材贸易公司
	科目	出口关税	预算级次	中央		账　号	5266872879225 42273
	收款国库					开户银行	中国银行唐山分行
税　号	货物名称		数量	单位	完税价格（¥）	税率（%）	税款金额（¥）
2610.0000	铬矿砂及其精矿		1 600 000	千克	4 452 173.91	15	667 826.09
金额人民币（大写）陆拾陆万柒仟捌佰贰拾陆元零玖分						合计（¥）	¥667 826.09
申请单位编号	911014589013465789		报关单编号	51002016097568432		填制单位	收款国库（银行）
合同（批文）号	7E248983254EN		运输工具（号）	ELIESVHTH008		制单人	
缴纳期限	2021.12.17		提/装货号	ISBLPCL20084316		复核人	
备　注	一般贸易　照章纳税 国标代码：					单证专用章	业务公章

3. 企业发布支付指令

企业登录电子口岸系统，查询"关税专用缴款书"。如果对通知内容无异议，则可选择网上支付方式，发送"税费支付"指令进行支付；如果有异议，则向隶属海关提出重新处理申请。

4. 银行预扣税费

银行根据企业确认的关税专用缴款书，银关通系统自动将税费款从纳税结算账户（A户）结转到纳税专用账户（B户），进行税费预扣。

5. 海关查验放行

根据银关通系统的预扣成功回执，海关办理查验手续并对货物实施放行后，向银行发送实扣资金通知。

6. 工商银行实扣税费资金

银关通系统根据实扣通知将预扣资金实扣。

7. 取送纸制凭证及核对电子数据

实扣完毕，银行派专人到海关各关口取回纸质缴库凭证，将纸质缴库凭证内容与数据库中的数据进行核对。审核无误后，将纸质缴库凭证加盖印章，交企业作为完税凭证。

四、任务评价

请在表8-4中客观填写每一项工作任务的完成情况。

表8-4 任务评价表

工作任务清单	完成情况
①能够确定关税完税价格	
②能够计算关税的应纳税额	
③能够熟练、准确地进行关税的纳税申报，并缴纳税款	

思政栏目

降关税惠民生促进口，给"双循环"添动力

尊敬的老师：

您好。

请您认真、完整地填写以下表格的内容（务必填写每一项），索取相关图书的教学资源。

教学资源索取表

书　　　名			作者名	
姓　　　名		所在学校		
职　　　称		职　　务		职　　称
联 系 方 式	电话		E-mail	
	QQ号		微信号	
地 址 (含 邮 编)				
贵校已购本教材的数量（本）				
所 需 教 学 资 源				
系 / 院 主 任 姓 名				

系／院主任：＿＿＿＿＿＿＿＿＿＿（签字）

（系／院办公室公章）

20＿＿＿年＿＿＿月＿＿＿日

注意：

① 本配套教学资源仅向购买了相关教材的学校老师免费提供。

② 请任课老师认真填写以上信息，并请系／院加盖公章，然后传真到（010）80115555 转 718438 索取配套教学资源。也可将加盖公章的文件扫描后，发送到 fservice@126.com 索取教学资源。欢迎各位老师扫码加我们的微信号，随时与我们进行沟通和互动。

③ 个人购买的读者，请提供含有书名的购书凭证，如发票、网络交易信息，以及购书地点和本人工作单位证明来索取。

微信号